Zink · Von Atlantis zu den Sternen

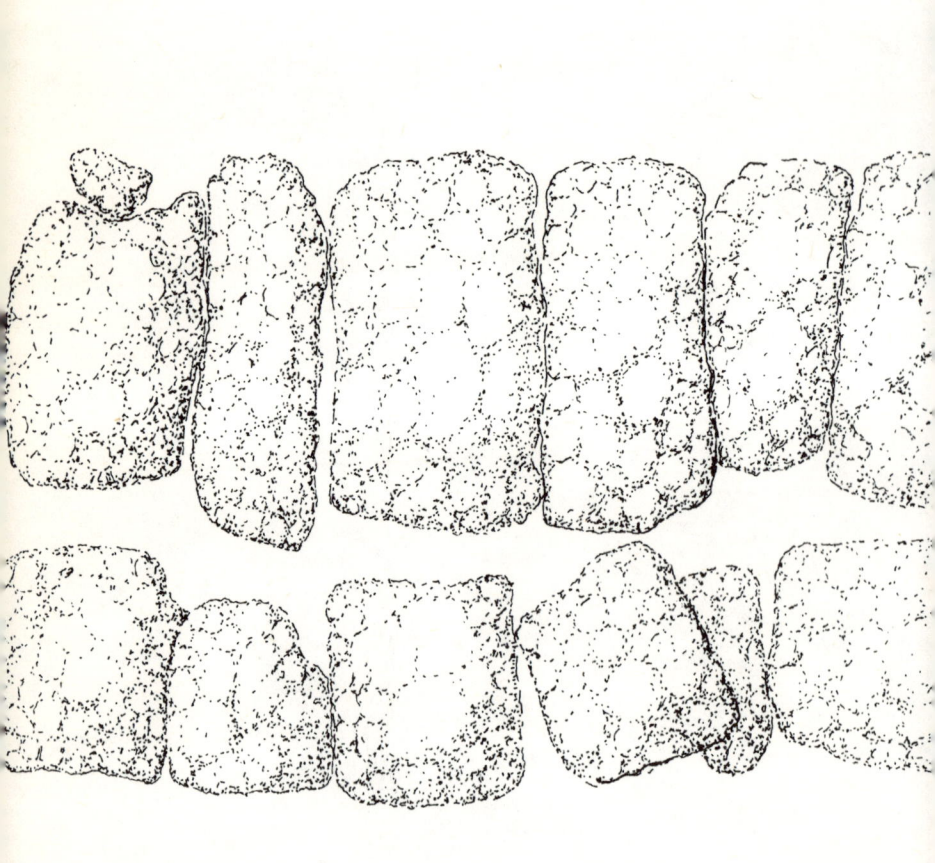

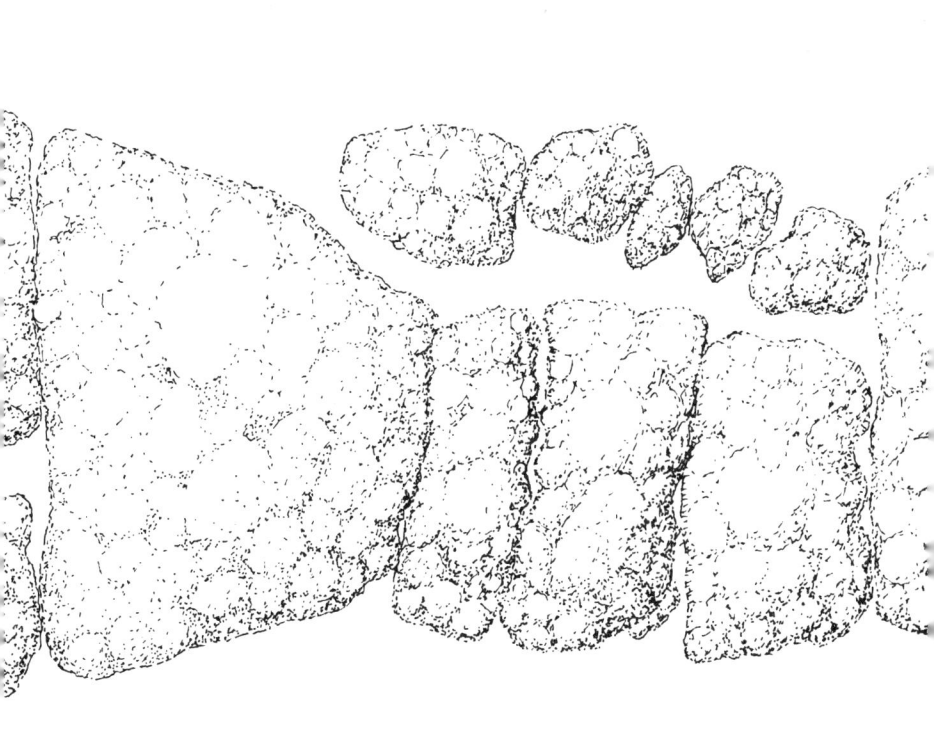

David Zink

Von Atlantis zu den Sternen

Das Bimini-Rätsel

C. Bertelsmann Verlag

Die amerikanische Originalausgabe erschien
im Verlag Jonathan-James Books, Toronto, unter dem Titel
»The Stones Of Atlantis«
Aus dem Amerikanischen von Wolfgang Rhiel
Platos Legende von Atlantis S. 200 ff wird zitiert nach
Platon, Sämtliche Werke Band V, rk 47
© Rowohlt Taschenbuch Verlag GmbH, Hamburg, 1959

Wie jemand einmal gesagt hat, besteht die Aufgabe des Gelehrten darin, »die Wahrheit zu finden, wie verborgen sie auch sein mag; sie zu erkennen, in welch ausgefallener Form sie immer sich auch zeigt; sie unverfälscht festzuhalten; sie unmißverständlich darzulegen; und aus ihr unerbittlich und ohne Rücksicht auf Vorurteile die Folgerungen zu ziehen«.

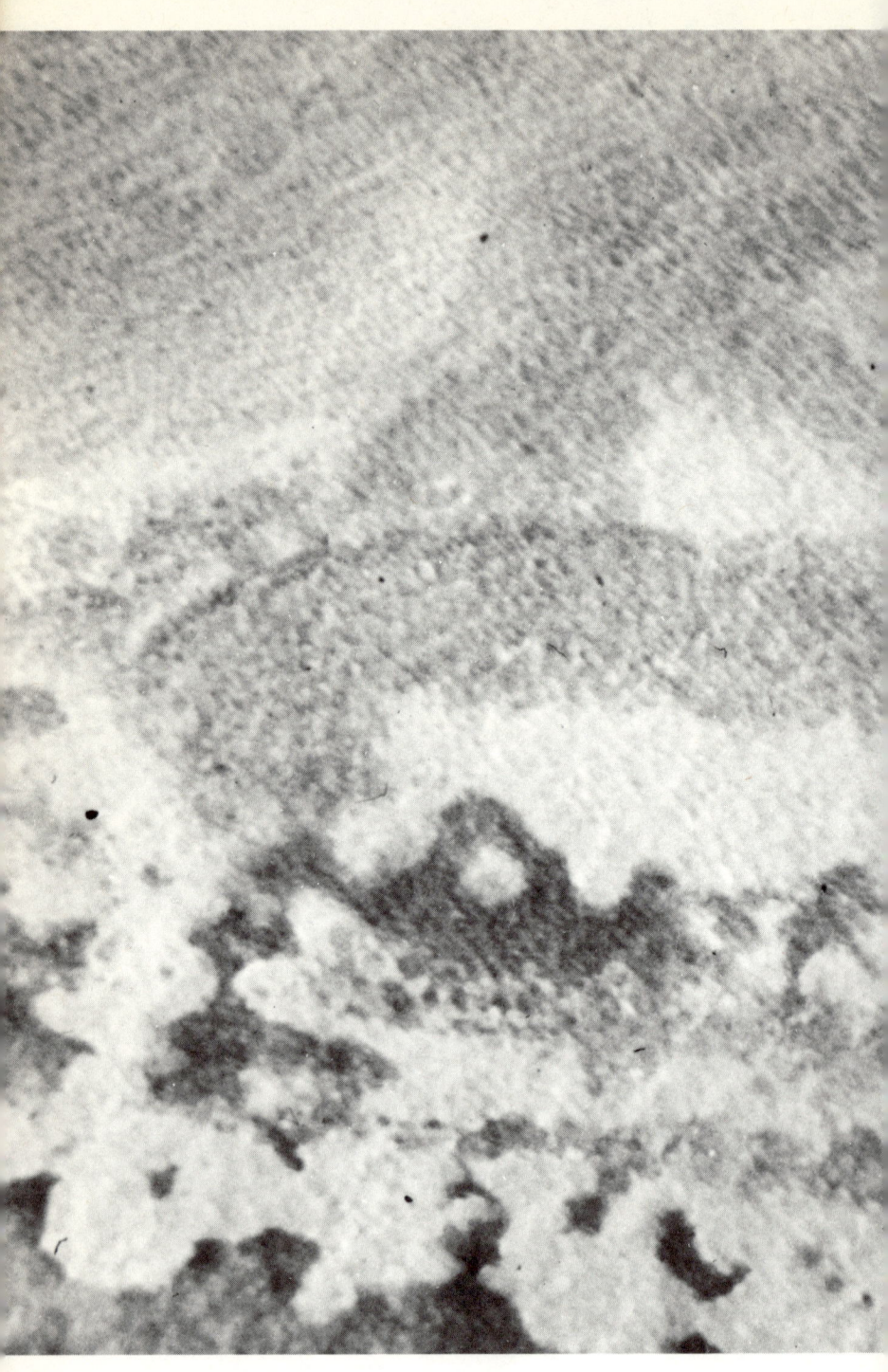

Die Formation in Gestalt eines J.

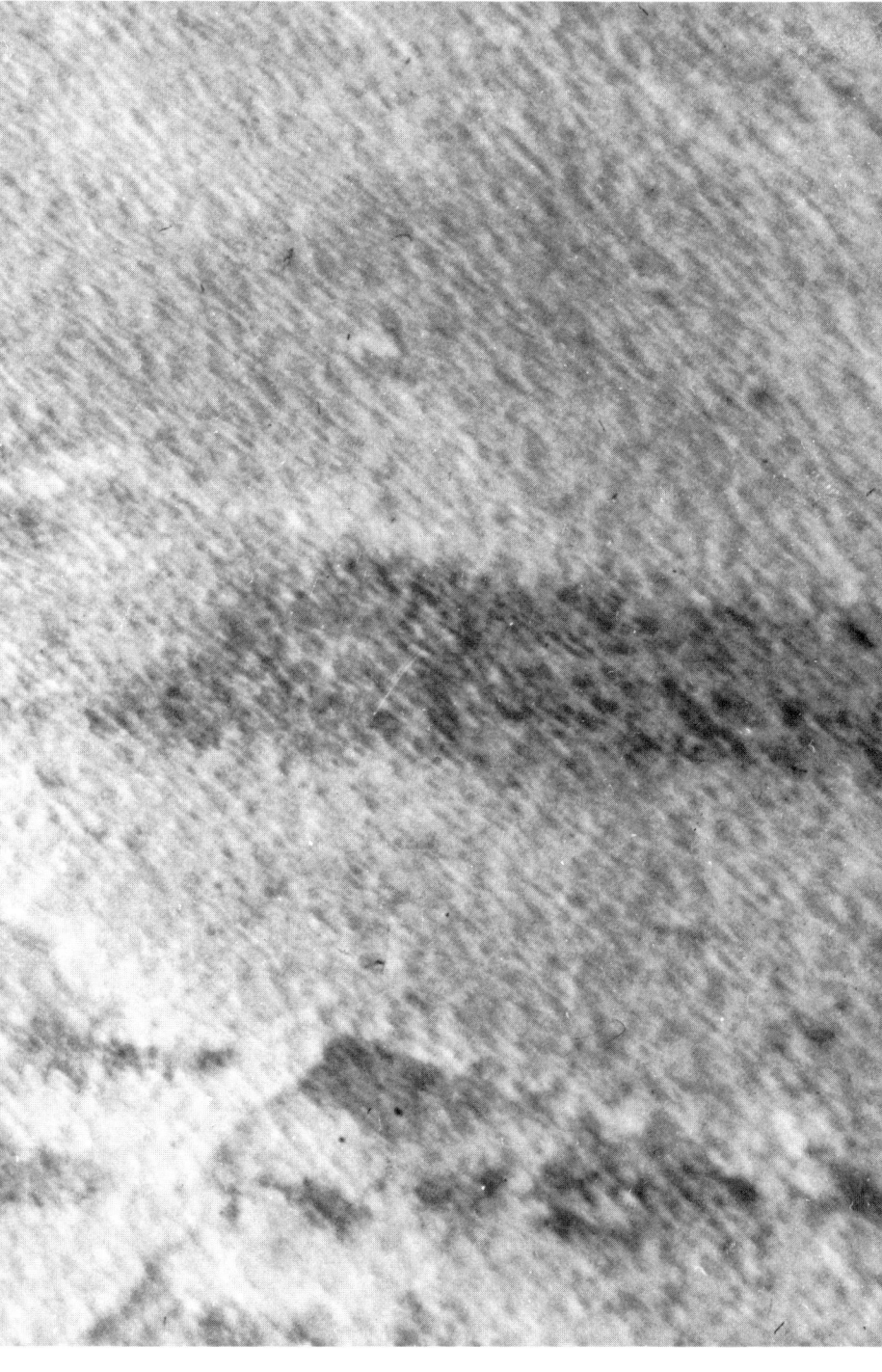

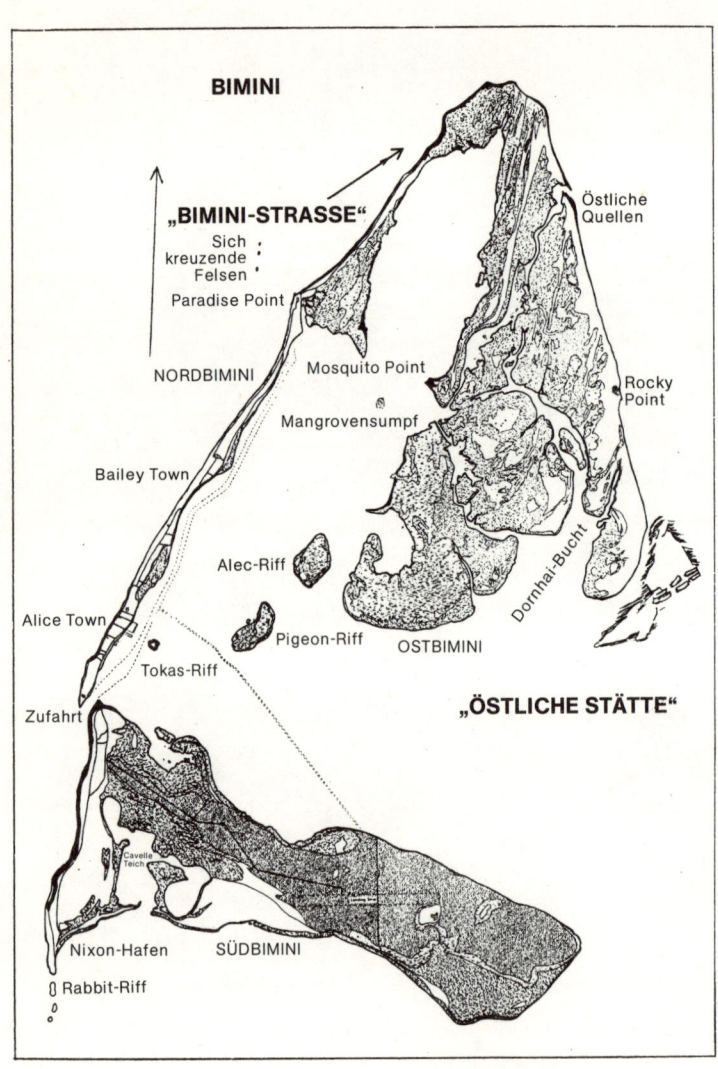

BIMINI

"BIMINI-STRASSE"

Sich
kreuzende
Felsen

Paradise Point

Östliche
Quellen

NORDBIMINI

Mosquito Point

Mangrovensumpf

Rocky
Point

Bailey Town

Alec-Riff

Alice Town

Pigeon-Riff

Tokas-Riff

OSTBIMINI

Dornhai-Bucht

Zufahrt

"ÖSTLICHE STÄTTE"

Cavelle
Teich

Nixon-Hafen

SÜDBIMINI

Rabbit-Riff

Inhalt

Teil IV
Wieder unterwegs: Poseidia '76 und '77   157

Anhang   199

Bibliographie   241

Danksagung   248

Register   249

Bildnachweis   252

1

Die Suche beginnt

Browns Dock. Nördliche Bimini-Insel.

An einem Abend des Jahres 1975 saß ich noch spät gedankenverloren und allein in Brown's Bar im Norden der Insel Bimini. Die Juninacht draußen war schwül, der vorherrschende Wind abgeflaut. Drinnen, in der klimatisierten Luft, räumte Neville Brown die Theke auf und sah sich dabei das Fernsehen an. In der Bar war es still, weil die meisten der Inselbesucher und auch die Mitglieder meiner Expedition irgendwo auf der Insel waren und zur Musik der Eingeborenen tanzten. Wie, so fragte ich mich, konnte ein englischer Professor wie ich so weit vom rechten Weg der viktorianischen Literatur abkommen und Atlantis als eine ernsthafte, archäologische Möglichkeit verfolgen? Es war eine Sache, Studenten der Literatur die Sagen Platos nahezubringen, eine ganz andere, ernstlich darüber zu diskutieren, ob diese Erzählungen einige Wahrheiten enthielten, ob es wirklich ein Atlantis gegeben hat. Offenkundig glaubte ich letzteres, sonst hätte ich mich nicht zu dieser Expedition eingeschifft. Noch vor zehn Jahren hätten wenige – ich selbst zuletzt – daran gedacht, daß ich bei einer solchen Suche mitmachen würde. Einige tatsächlich erfolgte Expeditionen im Bermuda-Dreieck vorhergesagt zu haben, wäre noch abenteuerlicher gewesen.

Fünf Meter unter dem Wasser, nur fünf Kilometer entfernt von dem Platz, an dem ich jetzt in Brown's Bar saß, lagen die geheimnisvollen Steine, die mich erneut auf die Bahamas zurückgeholt hatten. Ich war ein zweites Mal zurückgekommen, überzeugter denn je, daß diese riesigen, verkrusteten Kalksteinblöcke, die seit nun mindestens 6000 Jahren das Meer bedeckte, möglicherweise den Schlüssel zu einem Kapitel der Frühgeschichte bargen. Waren es, wie einige behaupteten, lediglich natürliche, geologische Formationen? Oder doch etwas Unerklärbareres und Bedeutenderes – vielleicht sogar die Überreste von Atlantis oder einer seiner Kolonien? Ich erhoffte sehnlichst, daß die jetzige Expedition das Geheimnis dieser gigantischen Steine vor dem Paradise Point lüften würde. Wie auch immer – ich wollte jetzt eine Antwort.

Meine Tätigkeit als Nachrichten- und Elektronikoffizier bei der Luftwaffe ist eigentlich nicht die übliche Voraussetzung für eine Mission dieser Art. Doch gerade beim Militär lernte ich viele Techniken und Disziplinen kennen, die sich bei der späteren Suche als äußerst wertvoll erwiesen. Als Leiter von Nachrichtenstellungen in Korea jonglierte ich mit Aufgaben, wie Generatoren in Gang zu halten, Straßen zu bauen, den notwendigen Nachschub (oft durch glückliche Fügung) zu besorgen und LKW-Operationen zu überwachen – und das alles unter äußerst primitiven Bedingungen.

Nach vier Jahren im Feld verlagerte sich mein Interesse von der Elektronik auf das Lehren, und ich bekam eine Stelle an der neuen Luftwaffenakademie in Denver in Colorado. Bei der Vorbereitung auf diese Tätigkeit hatte ich das Glück, einen Kursus bei Professor Joseph Cohen zu belegen, der das Begabtenstudium an den

Universitäten der Vereinigten Staaten ins Leben rief. Sein Seminar über Philosophie und Literatur war ein ungezwungener Ausflug des Geistes zu den großen Themen westlicher Kultur, der die Wissenschaften abhandelte, aber auch die Künste, um deren Ursprüngen auf die Spur zu kommen.

Auf der Akademie war ich glücklich über die freie und allem Neuen offene Atmosphäre. Vorstellungen vom »militärischen Geist« trafen sicher nicht auf meine Offizierskollegen und Fakultätsmitglieder zu. Sie waren eine lebendige, begeisterungsfähige Gruppe. Man bat mich, eine zweisemestrige Vorlesung über klassische Literatur zu halten, in deren Mittelpunkt Klassiker der westlichen Literatur stehen sollten. Der Kurs sollte die Aufmerksamkeit der Offiziersanwärter etwas von den verführerischen Vorlesungen über das Zeitalter der Weltraumfahrt ablenken, und wir in der englischen Abteilung gaben uns Mühe, die besten Titel zu finden und sie möglichst wirkungsvoll anzubieten. Beim Studium der griechischen Tragödien taten wir alles, den Studenten ein Gefühl für diese Zeit zu vermitteln. Wir sollten z. B. »Die griechischen Sagen« von Robert Graves behandeln, die verschiedenen Sagen, die den Dramen zugrunde lagen, in biologischem, anthropologischem und politischem Zusammenhang sehen. Dieses Vorgehen machte sich bezahlt, da die Klassiker die Studenten zu fesseln begannen, und die Vorlesung füllte sich.

Meine Studenten brachen bei ihrer Lektüre aus, zu Peter Tompkins »Die Jungfrau und der Eunuch« und Velikovskys »Welten im Widerstreit«, und ich versuchte, mit ihnen Schritt zu halten. Für Lehrer und Studenten bedeutete diese gegenseitige Befruchtung eine beträchtliche Erweiterung des geistigen Horizontes, die uns zu einigen erstaunlichen, neuen Theorien über die Frühgeschichte unseres Planeten führte. Aufgrund meiner ziemlich konventionellen Ausbildung war ich zuerst geneigt, diese Vorstellungen als recht weit hergeholt abzulehnen. Schließlich fesselten mich diese Theorien doch zumindest soweit, daß ich mich fragte, wie weit sie durch wissenschaftliche Beweise gestützt wurden. Eine der schillerndsten Gestalten unter den neuen Theoretikern war Immanuel Velikovsky. Er fand heraus, daß Legenden und Sagen, über die ganze Welt verteilt, von sieben Zerstörungen durch Feuer und Wasser berichten, und stellte die Frage, ob diese Erzählungen nicht Erinnerungsreste schrecklicher Naturkatastrophen waren, die die vorgeschichtlichen Menschen tatsächlich erlebt hatten. Er suchte und fand erste wissenschaftliche Beweise für solche Kata- 15 strophen. Als Auslöser dieser zerstörerischen Gewalt hob er die erdnahen Umlaufbahnen von Mars und Venus besonders hervor.

Obwohl Velikovskys Theorien jahrelang das Ziel zahlloser Spöttereien waren, trat 1973 ein Wandel bei den Wissenschaftlern ein, als er eingeladen wurde, in Harvard zu sprechen. Im Jahr darauf hielt die renommierte Amerikanische Gesellschaft für den Fortschritt in der Wissenschaft eine Versammlung ab, die seine Theorien diskutierte. Eine Reihe von Entdeckungen im Rahmen des amerikanischen Raumfahrtprogramms hat seitdem einige der Vorhersagen, die er von seiner Theorie ableitete, erhärtet. Man fand z.B. heraus, daß auf der Venus eine Temperatur von ca. 425° herrscht – weißglühend, wie Velikovsky vorausgesagt hatte. (Einstein hatte im übrigen vermutet, der Planet sei kalt: −25°). Der Jupiter, von dem Velikovsky vorausgesagt hatte, er sende Radiostrahlen aus, erwies sich tatsächlich als im Bereich von 80 Megahertz aktiv.

Ich dachte über Velikovskys Schriften nach und darüber, daß Behauptungen von ihm wissenschaftlich belegt worden waren. Mir wurde immer klarer, daß die früheste Geschichte höchstwahrscheinlich eine Reihe unvorstellbarer Veränderungen der Erde barg. Diese Erfahrungen könnten, wie Velikovsky behauptete, in das, wie C. G. Jung es nennt, kollektive Unbewußte oder Rassengedächtnis verdrängt worden sein. Jung verstand das menschliche Unbewußte als einen in Schichten angelegten Mechanismus – es gab das persönliche Unbewußte und eine tiefer gelegene Schicht, das kollektive Unbewußte. (Neuere psychologische Forschung hat zur Stützung dieser Hypothese beigetragen.) Das kollektive Unbewußte umfaßt den Menschen gemeinsame universelle Ideen oder »Archetypen«. Das wieder auflebende Interesse an Atlantis z.B. könnte ein Ergebnis seiner Existenz als eine archetypische Erinnerung im Unterbewußten des Menschen sein. Auf der anderen Seite machte mich der Respekt vor den Regeln der Beweisführung und wissenschaftlicher Methodik skeptisch, und ich brannte auf handfeste Beweise.

Im Verlauf meiner Forschungen wurde mir bewußt, daß Atlantis möglicherweise nur ein Beispiel einer ausgelöschten Zivilisation war. Dem Menschen tatsächlich widerfahrene Ereignisse werden oft auf drei Arten an die Geschichte verloren: 1) Das Zeugnis wird durch die natürliche Zerstörung einer Stadt oder den Untergang eines Volkes ausgelöscht; 2) das fehlbare Gedächtnis des Men-

16

schen spielt eine Rolle; 3) das Zeugnis wird durch den eigensüchtigen Wunsch von Herrschern vernichtet, das Werk aller zu zerstören, die vor ihnen gelebt haben. Das kann noch durch religiöse und politische Motive verstärkt werden. Bestätigen die Entdeckungen der Archäologen die Existenz dieser sagenhaften Zivilisationen, erhalten die Erzählungen selbst eine ganz neue Deutung. Troja war zuerst eine legendäre Stadt, über die Homer geschrieben hatte, bis Heinrich Schliemann, ein romantischer deutscher Millionär, die Anlage bei Hissarlik in der Türkei 1871 entdeckte und damit entscheidend von literarischen Spekulationen befreite. Im Jahr 79 v. Chr. begrub ein furchtbarer Ausbruch des Vesuv die Städte Pompei und Herculaneum unter seiner Asche. In den 1700 Jahren bis zu ihrer Ausgrabung verflüchtigte sich ihre Existenz bis auf eine vage Erinnerung. 1738 enthüllten die Ausgrabungen den ganzen Schrecken dieser Naturkatastrophe und brachten das Ereignis in das geschichtliche Bewußtsein zurück.

Als ich studierte, waren König Arthur und seine sagenumwobenen Ritter von der Tafelrunde noch bloße Literatur. Jetzt rücken archäologische Grabungen in Wales auch Arthur in den Bereich historischer Wirklichkeit. In den Jahren an der Akademie verfolgte ich mit wachsendem Interesse, wie diese Legende sich in Geschichte verwandelte.

Selbst die noch nicht weit zurückliegende Vergangenheit ist uns oft entschwunden. Erst 1969 erfuhren wir von Leistungen der Tudors auf dem Gebiet des Hüttenwesens. Die Techniker Heinrichs VIII. wußten schon 1545, wie man schmiedeeiserne Kanonen aus Eisenblechen herstellt und die Rohre schweißt. Dieser Beweis kam bei der Suche nach dem Wrack der »Mary Rose«, dem Stolz der Flotte Heinrichs, an den Tag, das 400 Jahre unter dem Schlamm des Hafens von Portsmouth gelegen hatte. Angesichts unserer Unwissenheit über Einzelheiten selbst der letzten Jahrhunderte sollte uns unsere Unkenntnis historischer Ereignisse nicht verwundern.

Neben den Naturkatastrophen zeigte sich durch die ganze Geschichte hindurch das Bestreben der Herrscher, Vergangenes als unbedeutend abzutun. Die Paläontologin Loren Eiseley schreibt dazu: »Ist Ihnen bekannt, daß die Geschichte voller Beweise von Haß auf die Vergangenheit ist, vom Wunsch einiger Männer, die Erinnerung an ihre Vorgänger auszulöschen! Baudenkmäler sind verschwunden, Namen zerstört, Geschichte wurde umgeschrieben. Es kam vor, daß die gesamte geistige Elite abgeschlachtet wurde, damit die Bauern um so leichter dazu gebracht werden konnten, das Vergangene zu vergessen.« Ich selbst glaube, daß vor allem zwei Ereignisse der Geschichte der Frühzeit nicht wieder gutzumachenden Schaden zugefügt haben. Das eine war die Zerstörung der Bibliothek von Alexandria. 642 n. Chr. verbrannten die Truppen des Kalifen Omar die Bibliothek in den Öfen der alexandrinischen Bäder, die sie so mehrere Monate heizten. Der Kalif soll gesagt haben: »Wenn das, was in ihnen steht, auch im Koran steht, sind sie wertlos, und ihr könnt sie verbrennen. Wenn das, was in ihnen steht, nicht im Koran steht, sind sie verderblich und müssen vernichtet werden.« Angesichts der unglaublichen Höhe, auf der das ägyptische Wissen stand – so konnten z.B. Landvermesser im dritten Jahrtausend v. Chr. Länge und Breite mit einer Genauigkeit bestimmen, wie sie erst wieder im 18. Jahrhundert n. Chr. möglich war –, war diese Bücherverbrennung eine Katastrophe für die Frühgeschichte.

Als die spanischen Invasoren im 16. Jahrhundert die gesamte Kultur der Mayas und Azteken in Mexiko zerstörten, verbrannte Diego de Landa, der spätere Bischof von Yucatan, bis auf drei alle Bücher der Mayas. Diese drei Texte, die sich heute in Paris, Dresden und Madrid befinden, boten bislang keine ausreichende Grundlage, die Sprache der Mayas zu rekonstruieren. Diese beiden Akte eines angeordneten Glaubensfanatismus haben die Suche nach dem Wissen dieser Kulturen auf das schwerste geschädigt, weil durch sie aufgezeichnete historische Tatsachen vernichtet wurden.

Als Folge all dessen sah ich in den Mythen immer weniger primitive, unwissenschaftliche und unzulängliche Deutungen natürlicher Vorkommnisse. Mehr Gültigkeit besaß für mich die Auffassung Professor Giorgio de Santillanas vom Massachusetts Institute of Technology, Mythen als verschlüsselte Botschaften mit astronomischen und geophysikalischen Mitteilungen zu sehen. Als ich sein Buch »Hamlet's Mill« (Hamlets Mühle) las, faszinierte es mich, daß einer der angesehensten Historiker sich eine so ausgefallene Meinung zu eigen gemacht hatte. Diese Überbleibsel eines sehr alten Bewußtseins, so versichert Santillana, enthalten »die Spuren einer nicht schriftlich belegten kodierten Sprache von unmißverständlicher Klarheit ... Eine allen geläufige Sprache, die alle lokalen Religionen und Götter überging ... und sich auf Zahlen, Bilder, Maße, generell gültige Daten stützte ... auf Zahlensysteme, auf Geometrie.« Er bezeichnet ägyptische und mesopotamische »rituelle Dokumente« als »die letzte Form einer internationalen Einheits- (oder Geheim-) Sprache, die darauf abzielte, von mißtrauischen Beamten ebenso falsch verstanden zu werden wie von der unwissenden Masse«. Bringt man Santillanas Vorstellung mit dem Konzept C. G. Jungs vom Unbewußten und Rassengedächtnis zusammen, könnte man zu dem Schluß kommen, daß Sagen Tatsächliches aus der Vergangenheit wiedergeben, wie Velikovsky und andere behauptet hatten.

Mein neuerworbenes Interesse an Mythen und der Frühgeschichte konzentrierte sich mehr und mehr auf die Legenden um das verlorene Atlantis. Wie bei der Sage von Troja schien auch hier eine gewisse Grundlage in Form von Tatsachen vorzuliegen. Ich war der Meinung, das Auffinden verläßlicher Beweise für die Existenz von Atlantis würde nicht nur die Mängel unseres geschichtlichen Wissens deutlich machen, sondern auch den Wert der Legenden und der Psychologie als Werkzeuge der Geschichtsforschung.

Ich bemühte mich, nicht zu sehr vom Thema Atlantis gefangengenommen zu werden. Die meisten Akademiker neigen dazu, Abstand zu ihrem Objekt zu halten und ihre etwas zu gutgläubigen Kollegen mit einem gewissen Mißtrauen zu betrachten. Das ist verständlich. Mit den Jahren hat die Suche nach dem historischen Atlantis derart viele Scharlatane und Phantasten angelockt, daß man eigentlich jedem neuen »Beweis« seiner Existenz mit der größten Vorsicht begegnen muß. Ich nahm mir fest vor, nicht zum Opfer jener »Atlantis-Besessenheit« zu werden. Jedes neue Beweisstück würde genauestens untersucht, jede Hypothese, egal, wie bruchstückhaft sie sein mochte, sorgfältig verfolgt werden. Bevor sie jedoch anerkannt würden, mußten konkrete Beweise vorliegen.

Andererseits sah ich keinen Grund, die Nachforschungen nicht auch mit unkonventionellen Mitteln voranzutreiben. Es war gleichgültig, was ich über die Verläßlichkeit dieser Mittel vorab denken mochte. Das einzige Kriterium war, ob sie am Ende ein nachprüfbares Resultat erbringen würden oder nicht. Ich war daher durchaus bereit, auch das zu berücksichtigen, was paranormale Quellen zum Thema Atlantis zu sagen hatten.

Anläßlich eines Besuchs bei Freunden in Boulder in Colorado hatte man mir das atemberaubende Material gezeigt, das in den Vorträgen des berühmten und weitsichtigen Amerikaners Edgar Cayce gesammelt war. Mein Freund Frank Richter, ein nüchterner

Ingenieur bei Dow Chemical, erzählte mir von seiner Begeisterung über dieses Material.

Die Vorträge von Cayce berichten über Naturkatastrophen, die sich zu Zeiten der Existenz des Menschen auf diesem Planeten zugetragen haben, ungeachtet der Tatsache, daß sie von der Geschichtsschreibung nicht beachtet wurden. (Darüber hinaus geben die Vorträge wesentlichen Aufschluß darüber, seit wann der Mensch auf der Erde siedelt. Sie zeigen, daß wir seit über 10 Millionen Jahren existieren.)

Cayce beschrieb Atlantis als eine Zivilisation, die aus einstiger Tapferkeit und großem Wissen in selbstsüchtigen Materialismus abglitt, der zu internen Streitigkeiten und Chaos führte, bis das Land schließlich auch materiell unterging. Insoweit deckt sich der Bericht von Cayce ziemlich mit dem Platos. Der große Unterschied bei Cayce besteht darin, daß die Atlanter nach seinem Bericht große Kenntnisse der physikalischen Gesetze besaßen, daß sie mit einer relativ einfachen Grundausstattung eine hochentwickelte Technologie entwickelten, die auch Flugmaschinen und Unterwasserfahrzeuge umfaßte. Angetrieben wurden sie durch eine »Feuerkristall« genannte Vorrichtung, die in irgendeiner Form Sonnen- und andere kosmische Energie bündelte und nutzbar machte. Der Gebrauch der Energie durch die Atlanter stand in Einklang mit ihrer Umwelt, bis in jene letzten Tage, als diese Energie zu vernichtenden Zwecken mißbraucht wurde.

1933 hielt Edgar Cayce einen Vortrag über Atlantis, der offensichtlich den ersten Hinweis auf die mögliche Rolle Biminis in diesem Puzzlespiel gab: auf dem Meeresgrund vor den Bimini-Inseln in der Gruppe der Bahamas seien möglicherweise die Überreste eines atlantischen Tempels zu finden. Später, 1940, sagte Cayce das Auftauchen des westlichen Teils von Atlantis voraus: nach 28 Jahren, d. h. für 1968 oder 1969. Ich kenne keine andere Informationsquelle, die so früh die Aufmerksamkeit auf Bimini lenkte.

Ich war sehr skeptisch, da Material von Medien sich mit meinen konventionellen Prinzipien westlicher, humanistischer Schulbildung nicht vertrug. Aber im darauffolgenden Frühjahr las ich »PSI. Die wissenschaftliche Erforschung und praktische Nutzung übersinnlicher Kräfte des Geistes und der Seele im Ostblock« von Sheila Ostrander und Lynn Schroeder, was mich veranlaßte, die ernsthafte Literatur über dieses Gebiet intensiver zu studieren. Im Westen tauchten verschiedene parapsychologische Forschungsberichte der Russen auf, die auch eine militärische Anwendung nicht ausschlossen. Sie zeigten deutlich, daß der Großteil unserer eigenen veröffentlichten Forschung übertrieben vorsichtig, langweilig, ja phantasielos war. Gleichgültig, wie sehr beispielsweise die Ergebnisse eines Experimentes das Phänomen der Telepathie stützten, es ließ sich jederzeit wegrationalisieren. Warum Zeit und Geld verschwenden, um immer wieder abzuschreiben, was für alle offensichtlich ist, die dieses Gebiet erforscht haben? Ich entschloß mich schließlich, selbst Personen zu befragen, die behaupteten, über verschiedene übersinnliche Fähigkeiten zu verfügen.

Als erstes untersuchte ich die Kirlian-Photographie. Dr. Joseph Pizzo, ein Physiker-Kollege, und ich experimentierten mehrere Jahre mit diesem Hochfrequenzprozeß, bei dem die »menschliche Aura« photographiert wird. Unsere Experimente überzeugten uns davon, daß zwischen dem körperlichen, geistigen oder übersinnlichen Zustand einer Person und den Kirlian-Photographien ihrer Fingerspitzen ein starker Zusammenhang bestand. (Einzelheiten dieser Experimente finden sich in einem Buch, das ich zusammen mit meiner Frau unter dem Titel »Das Geheimnis bist du« geschrieben habe.) Des weiteren fand ich beeindruckende Beweise, daß eine gewisse Heilung körperlicher und geistiger Krankheiten mit paranormalen Methoden möglich ist. Ebenso fesselnd war meine Entdeckung, daß viele übersinnlich Veranlagte über Entfernungen hinweg die körperlichen Probleme eines Patienten diagnostizieren können.

Bei dieser Forschungsarbeit entwickelte ich langsam ein Gefühl dafür, wozu Medien in der Lage waren und wozu nicht. Ich entdeckte beispielsweise, daß die paranormale Fähigkeit, Daten zukünftiger Ereignisse vorauszusagen, offensichtlich am schwächsten entwickelt zu sein scheint. Auch wenn ein Medium durch Hellseherei ein zukünftiges Ereignis richtig voraussah, konnte es sich in der Zeit völlig irren. Ich griff die Hinweise aus der russischen Forschung auf und suchte zu ergründen, wie es sich mit übersinnlichen Fähigkeiten verhält und was man von ihnen erwarten konnte. Diese Jahre der Erforschung okkulter Phänomene erschlossen mir viele Gebiete, die mir sonst verborgen geblieben wären.

Ich begann, Platos Atlantis-Legende im Zusammenhang mit Erkenntnissen der Astrophysik, Geologie, Anthropologie, Archäologie, Psychologie und Parapsychologie zu untersuchen und kam dadurch mehr und mehr zu der Überzeugung, die Erzählung 21 könnte einen realen Hintergrund haben. 1966 brachte dann eine neue Entwicklung die Atlantis-Frage wieder in Bewegung. James W. Mavor jr., der Erfinder des Forschungs-U-Bootes ›Alvin‹, und ein Forscher aus Woods Hole behaupteten, Atlantis im Ägäischen Meer gefunden zu haben. Er verglich das unter dem Wasser liegende Profil eines erloschenen Vulkans auf Thera mit dem Bericht Platos und glaubte, topographische Ähnlichkeiten entdeckt zu haben. Obgleich ich später Mavors Behauptung, Atlantis liege im Ägäischen Meer, anzweifelte, bestärkte sein ernstzunehmender Versuch mich in der Überzeugung, daß Atlantis tatsächlich existiert haben konnte.

Meine Vermutung, daß Atlantis eher im Atlantischen Ozean gelegen haben könnte, fand Unterstützung durch Entdeckungen einer schwedischen ozeanographischen Expedition zur Sierra-Leone-Schwelle. Die Wissenschaft besaß inzwischen erste Erkenntnisse darüber, daß das Atlantik-Becken instabil ist. Proben aus dem Meeresboden ließen den Schluß zu, daß der Mittelatlantische Rücken vor 10000 Jahren möglicherweise über dem Wasserspiegel gelegen hatte. Diese Bohrproben aus 3650 m Tiefe enthielten fossile Süßwasserstabalgen – eine Lebensform, die man normalerweise in Süßwasserseen vorfindet. Offensichtlich hatte es an dieser Stelle einmal ein Landmassiv mit Süßwasser gegeben.

Im Sommer 1968 sahen die Piloten Robert Brush und Trigg Adams im seichten Wasser nördlich der Insel Andros, etwa 80 km westlich von Nassau auf den Bahamas und 240 km östlich von Bimini, was man seither »Tempelstätte« nennt. Der sogenannte Tempel ist ein sockelähnlicher Bau von etwa 18 × 30 m. Die Piloten berichteten Dr. J. Manson Valentine, einem Archäologen und Zoologen aus Miami, und Dimitri Rebikoff von ihrer Entdeckung. Rebikoff ging nach Andros und beschrieb später die 90 cm dicken, kunstvoll bearbeiteten Mauern aus Kalkstein. Dr. Valentine fiel auf, daß Größe und Proportionen der Anlage dem Grundriß des Maya-Tempels der Schildkröten in Uxmal, auf der Halbinsel Yucatan, glichen. Ein Zeitungsbericht vom 23. August 1968 informierte die Öffentlichkeit über den Tempel, der in knapp 2 m tiefem Wasser lag und etwa einen halben Meter aus dem Ozean ragte. Im Umkreis von 1,5 km fanden Valentine und Rebikoff zwei weitere versunkene Bauwerke. Bis heute sind angeblich insgesamt zwölf verschiedene Anlagen entdeckt worden, die im Gebiet von Andros im Meer liegen.

22   Am 2. September des gleichen Jahres entdeckten Dr. Valentine

und andere auf der Suche nach angeblich gesichteten Schauplätzen zwei Bauwerke, die sie als Wälle bezeichneten. Sie ragten knapp einen Meter aus dem Meeresboden und bildeten eine etwa 580 m lange Linie, anscheinend parallel zur Küste. Das war ca. 800 m weit im Meer vor Paradise Point bei Nordbimini, in dem Gebiet, das man seither als »Bimini-Straße« bezeichnet. Dr. Valentine sah »ein ausgedehntes Mauerwerk aus rechtwinkligen und vielekkigen flachen Steinen verschiedener Größe und Stärke, die ganz offensichtlich zu dem Zweck hergestellt und zusammengefügt worden waren, ein Objekt mit einem praktischen Nutzen abzugeben. Die Steine waren anscheinend schon seit langem überflutet, denn die Kanten der größten unter ihnen hatten sich abgeschliffen, was ihnen das Aussehen von riesigen Brotlaiben oder Kissen gab. Einige waren vollkommen rechtwinklig und kamen nahe an die Form von Würfeln heran.« Er schloß, diese gewaltigen Steine seien Überreste einer megalithischen Stätte ähnlich der von Stonehenge.

Im Februar 1969 schlossen sich Valentine und Rebikoff mit *Mars*, einer archäologischen Forschungsgruppe von Cayce, zusammen. In der letzten Februarwoche fand diese Gruppe einen weiteren Wall von etwa 90 m Länge und 9 m Breite. Später, am 15. März, entdeckte Pino Turolla, ein anderer Taucher, einen Felsblock von 4,5 × 10,5 m bei der Bimini-Straße und gab an, daß es metallisch klang, wenn man an ihn schlug. (Unsere eigenen Nachforschungen ergaben später, daß die Härte dieser Kalksteinblöcke auf chemische Veränderungen zurückzuführen war, die nach den Ablagerungen durch die Meeresfauna und -flora sowie den Schlamm eingesetzt hatten. Das sollte uns später auf eine wichtige Entdeckung über ihren Ursprung bringen.) Zwischen dem 12. Juli und dem 29. November des gleichen Jahres fand Turolla 44 Säulen von 1–1,5 m Länge und 60–90 cm Durchmesser westlich der Stätten in der Bimini-Straße in 4,5 m Wassertiefe. Ein Artikel in der Zeitschrift ›Argosy‹ bezifferte den Durchmesser der Säulen mit 90 bis 180 cm und die Länge mit 1 bis 4 m. Einige ständen noch aufrecht, insgesamt bildeten sie einen Kreis.

1970 erkundete eine Gruppe unter John Gifford erneut die Stätten vor Paradise Point. Gifford hatte sein Studium in Meeresgeologie an der Universität von Miami gemacht. Er unternahm noch zwei weitere Erkundungen, von denen eine von der National Geographic Society, die andere von der Universität von Miami gefördert wurde.

All diese Expeditionen drehten sich um die eine Frage: Sind bestimmte Gebilde unter dem Meer vor Paradise Point das Werk von Menschen oder sind es natürliche Formationen? Bislang waren die Ergebnisse nicht eindeutig. Unmittelbar nach seiner zweiten Expedition veröffentlichte Gifford ein Papier, in dem es hieß, daß »keines der Zeugnisse . . . eine menschliche Intervention ausschließt«. Später korrigierte er sich und sprach sich gegen die Vorstellung aus, daß Menschen am Bau dieser Stätten mitgewirkt hätten.

Ich setzte meine Studien über Atlantis fort und erlebte ein quälendes Phänomen. Der von einem Biophysiker der Universität Pittsburgh geprägte Ausdruck dafür ist »Angst vor Anomalie«. Der konventionelle, auf einem bestimmten Fachgebiet ausgebildete Forscher neigt zu dieser Reaktion, wenn er sich neuem Beweismaterial gegenübersieht, das nicht in sein bisheriges Wissensbild hineinpaßt. Das beste Beispiel ist vielleicht die (hoffentlich) nicht wahre Geschichte jenes Meeresbiologen, dem man eines Tages eine ihm unbekannte Seemuschel in die Hand gab. Ihre bloße Existenz drohte, sein gesamtes Lebenswerk über Klassifikation zu zerstören; er hätte von vorne anfangen müssen. Als er die Folgen bedachte, die sich für ihn aus diesem Fund ergaben, wuchs seine Angst. Er sprang schließlich auf und zermalmte die Muschel mit dem Fuß. »Bitte«, sagte er, »sie existiert nicht!«

Mir wurde klar, daß der Spezialist dieser Angst vor Anomalie stärker ausgesetzt ist als der allgemein Forschende – und daß für das Problem Atlantis nur letzterer in Frage kam. Der Atlantis-Forscher muß sich frei fühlen und auf die Erkenntnisse vieler Disziplinen zurückgreifen können, es durfte ihn nicht berühren, auch auf Gebieten anderer arbeiten zu müssen.

Ich hatte mich auf dieses Unterfangen eingelassen und nahm mir die Zeit, darüber nachzudenken, wohin das alles führen mochte. Der theoretische Rahmen, den ich zusammensetzte, enthielt eine Reihe unterschiedlicher Elemente: neue Wege, die alten Mythen und das Bewußtsein des frühgeschichtlichen Menschen zu sehen: die neuen Methoden, mit denen unsere Wissenschaften den Planeten Erde als einen komplizierten Mechanismus angingen, und dabei das schwierige Gleichgewicht ungeheurer Kräfte mit einschlossen; dynamische, astrophysikalische Wechselbeziehungen im Sonnensystem; die Ergebnisse dreijähriger Untersuchungen über paranormale Phänomene; die Voraussagen von Edgar Cayce über Bimini; die Behauptungen Dr. Valentines und anderer hinsichtlich Bimini. Aber meine etwas exotischen Theorien bedurften dringend der Unterstützung durch einige handfeste Werte. Ich wollte kein Büchergelehrter werden wie so viele, die gerade auf diesem Gebiet forschten. Ich entschied mich schließlich, mich von der Universität beurlauben zu lassen, um selbst am Schauplatz zu arbeiten und Ergebnisse aus erster Hand zu erhalten.

Teil I

Die ersten Poseidia-Expeditionen

2

Poseidia '74

Ich kann mich noch genau an die Gesichter meiner Crew-Mitglieder an jenem Neujahrstag 1974 erinnern, als wir aus dem Hafen von Galveston tuckerten, um Segel zu setzen. Wir waren unterwegs nach St. Petersburg, etwa 1300 km jenseits des winterlichen Golfs von Mexico. Als wir die tief ziehenden Wolken beobachteten und die für kleine Schiffe gehißte Warnflagge der Küstenwachtstation passierten, war mein erfahrener Maat der einzige fröhliche Mensch an Bord. Eric und ich, wir hatten diese Neuntonnen-Schaluppe »Makai II« schon einmal nach Florida gesegelt, und wir wußten, daß sie schnelle Fahrt machen würde, vor allem, weil wir mit dem Ausläufer eines Nordsturms segelten. In dieser Nacht genossen wir das herrliche Rollen der Zweimeter-Wellen, die Reste eines Sturms, der sich ausgetobt hatte. Doch während wir das Leuchten der Schaumkronen betrachteten, saß einer der beiden jungen, unerfahrenen Männer der Mannschaft zusammengesunken in einer Ecke, der andere hing seekrank über der Reling. Beide beeindruckte die Schönheit dieser Nacht wenig.

Am dritten Tag überfiel uns ein plötzlicher Sturm. Eines der beiden Mannschaftsmitglieder lag immer noch krank unter Deck. Es war ein Glück, daß mich die vorausgegangene Ruhe mißtrauisch gemacht und ich die Segel gerefft hatte. Binnen Stunden hatte der Sturm uns dreieinhalb Meter hohe Wellen gebracht, doch wir hielten weiter unseren Kurs und schafften pro Tag etwa 160 km. Wir waren erleichtert, als wir uns am fünften Tag in den östlichen Teil des Golfs durchgekämpft hatten, der es auch im Winter besser mit den Seglern meint.

Ungefähr 150 km vor St. Petersburg hörten wir über Funk von möglichem Küstennebel. Ich montierte einen Radarrichtspiegel in der Takelung an einer Signalleine, um bessere Sicht zu bekommen. Wenig später hörten wir das nicht weit entfernte Tuten eines

Dampfers. Er war etwa einen Kilometer von uns entfernt. Trotzdem konnten wir ihn nicht sehen. Aufs höchste alarmiert, ließ ich unser vier Mann fassendes Gummifloß klarmachen. Wir bliesen bereits das Notsignal. Sekunden später, keine 500 m von uns entfernt, hielt ein kleines englisches Motorschiff aus dem Nebel auf uns zu. Glücklicherweise paßte der Rudergänger auf und drehte den Tausendtonner schwungvoll wie eine kleine Yacht ab. Wir brauchten einige Zeit, um zu begreifen, wie knapp wir einer Kollision entgangen waren.

Als wir in St. Petersburg angekommen waren, entschloß sich Ricky, unser 18jähriges Mannschaftsmitglied, bei uns zu bleiben. Die anderen beiden kehrten nach Texas zurück. Meine Frau Joan, Tochter Laurie und Sohn David kamen an Bord. Zehn Tage später hatten wir den Okeechobee-See überquert und warteten auf gutes Wetter, um von Ft. Lauderdale über den unberechenbaren Golfstrom nach Bimini zu segeln. Während die anderen ein Auge auf das Wetter hatten, fuhr ich nach Miami zu einem Treffen, das sich für unsere Forschungen auf Bimini als außerordentlich wichtig erweisen sollte.

Auf dem Weg dorthin dachte ich über die Ereignisse nach, die mich hierher gebracht hatten. Im vergangenen Jahr hatte ich mich soweit wie eben möglich mit Nachforschungen in der Bibliothek befaßt. Ich hoffte, daß mir neben der Lektüre auch meine Erfahrungen im Tauchen mit Atemgerät und kommerzieller Fotografie zugute kommen würden. Zwischen Galveston und Südflorida hatte ich auch einige Male die »Makai II« gesegelt und hielt sie für seetüchtig und für unser Vorhaben geeignet. Unerwartete Hilfe hatte ich einige Monate früher erhalten. Aufgrund meiner Vorschläge zu »Geheimnisse versunkener Welten« hatte mich ihr Autor, Charles Berlitz, mit Dr. J. Manson Valentine bekannt gemacht, der mir anbot, mir einiges nützliches Hintergrundmaterial über das Gebiet von Bimini zu besorgen.

Nach meiner Ankunft zeigte mir mein Gastgeber zahlreiche Fotos mit eigenartigen Seegrasmustern vor den Bänken von Bimini. Es waren Luftaufnahmen aus über 15 Jahren. Die Formen dieser Muster ließen oft auf mögliche, von Menschenhand geschaffene darunterliegende Bauwerke schließen. Dr. Valentines Material erwies sich als hochinteressant, und ich war dankbar für diese Einführung in die Geheimnisse der bahamesischen Gewässer. Gleichzeitig erkannte ich erstmals, daß eine ernsthafte Erforschung der Bahamas eine enorme Aufgabe war, die einen wissenschaftlichen Einsatz erforderte, der jenseits dessen lag, was ich mir nach meiner Lektüre vorgestellt hatte.

Nach unserer Besprechung mit Dr. Valentine wählten wir zwei Stellen für unsere fünfwöchige Erkundung aus. Eine lag in der Bimini-Straße nahe bei Paradise Point, die andere war eine unter Wasser liegende dreieckige Senke, die einem Reservoir glich. Sie lag im Osten der nördlichen Bimini-Insel und hieß später östliche Fundstelle. Ausgestattet mit den neuen Informationen beeilte ich mich, zur »Makai« zurückzukehren und unsere Fahrt durch das Dreieck zu beginnen.

Zurück in Ft. Lauderdale, machten wir das Boot für eine Golfstromdurchquerung startklar. In der Mitte des Golfstroms herrscht eine 4 Knoten starke Strömung, die nordwärts treibt, und Nordwinde können die See für kleine Schiffe gefährlich aufwühlen. Als wir ablegten, rechneten wir mit einer anstrengenden, regnerischen Nacht. Wir kämpften gegen die von vorn kommenden Brecher. Das Geschirr triefte vor Gischt, oft klatschte der Rumpf in die Wellentäler, die der gegen den Strom blasende Sturm vor uns entstehen ließ.

Um 1 Uhr nachts hatten wir das Schlimmste hinter uns. Um 8 Uhr morgens machten wir erschöpft in Bimini fest und erledigten die Zollformalitäten. Wir schrieben Februar 1974.

Am nächsten Tag saßen wir in einem gemieteten Walfänger aus Boston und fuhren an den märchenhaft weißen Stränden vor der nördlichen Bimini-Insel entlang. Palmen streckten ihre Wedel im Passatwind, noch überragt von den dunklen, australischen Pinien. Es war unser erster Ausflug zu den Stätten in der Bimini-Straße vor Paradise Point, und wir warteten alle gespannt darauf, zum ersten Mal tauchen zu können. Über uns schien eine gleißende Sonne, die Flut hatte ihren höchsten Stand erreicht, und das kristallklare Wasser war unbeschreiblich schön. Ein Jammer, daran zu denken, daß man sich auch vor Florida einmal an einem solchen Meer erfreut hatte, bevor der Mensch es nach dem Zweiten Weltkrieg überrannte. Ich versuchte, mir vorzustellen, wie diese Inseln ausgesehen haben mochten, als Kolumbus sie 1492 entdeckte. Zu jener Zeit bewohnten kulturell einfache, freundliche Lucaya-Indianer, die wahrscheinlich mit den friedfertigen Arawaks aus der Karibik verwandt waren, die Inseln. Sie lebten in strohgedeckten Hütten, flochten Körbe, töpferten und fuhren in Einbäumen. Nichts in der Kultur der Lucayas ließ auf eine Verbindung zu den

30   gewaltigen Steinquadern vor Paradise Point schließen.

Nachdem Kolumbus die Lucaya-Indianer entdeckt hatte, machten die Spanier 40000 von ihnen zu Sklaven und schleppten sie nach Haiti in die Bergwerke, wo viele sehr schnell starben. So blieben die Inseln fast ein Jahrhundert unbewohnt. In dieser Zeit entstand der heutige Name der Inseln, aus dem Spanischen »bajamar« (Tiefwasser) wurden die Bahamas, Inseln der tiefen See.

Jetzt sahen wir auf dem Grund dieses Wassers ganz schwach die riesigen Steinblöcke, hinter denen Dr. Valentine megalithische Stätten vermutete. Sie waren erstaunlich in ihrer Größe und ganz offensichtlich angeordnet. Obwohl das Wasser 5,5 m tief war, konnten wir sie von Deck aus fotografieren.

Wir schwammen mit Schnorcheln, einige von uns hatten Sauerstoffgeräte. Alle waren von den gigantischen Kalksteinblöcken tief beeindruckt. Aus der Perspektive eines Tauchers schienen sie sich endlos hinzustrecken. Wir befanden uns erst wenige Augenblicke im Wasser, als ich plötzlich einen 5,5 m großen Hammerhai erblickte, der ruhig und gelassen unter uns über den riesigen Blöcken schwamm. Der Hai schien mit sich selbst beschäftigt, doch ich fürchtete, daß die anderen in Panik geraten könnten, wenn sie ihn sähen, und ihn durch ihre Unruhe auf sich aufmerksam machen würden. Ich tauchte auf und sagte mit, wie ich hoffte, ruhiger Stimme: »Alle sofort ins Boot«, ohne eine weitere Erklärung. Nachdem alle an Bord waren, lehnten wir uns mit Sichtscheiben über die Reling, und ich zeigte ihnen den hin- und hergleitenden Hai. Später erfuhren wir, daß man diesen großen Burschen hier in der Gegend den Hafenmeister nannte. In Anbetracht seiner Größe schien das angemessen.

Als das erste überwältigende Gefühl beim Anblick der zyklopischen Blöcke vorüber war, enttäuschten uns die nächsten Tage, in denen wir vor Paradise Point tauchten, doch ein wenig. Darüber, daß diese Blöcke nach einem übergeordneten Plan angelegt waren, gab es keinen Zweifel – vor allem aus der Luft konnte man das deutlich sehen. Wenn man jedoch nahe an sie herankam, verschwand diese Ordnung – zumindest zeitweise. Wie jedes Fingerspitzengefühl erfordernde Problem bedurfte auch dieses der Geduld, Ausdauer und Objektivität.

Die Stelle in der Bimini-Straße, die sich im übrigen durchaus nicht als Straße entpuppte, hat die Form eines großen, umgekehrten »J«. Sein längerer Ast mißt etwa 580 m und setzt sich aus zwei Reihen parallel verlaufender megalithischer Blöcke zusammen, die an einem erweiterten, einer gepflasterten Straße ähnlichen Teil

*Blick aus der Luft auf den Schauplatz in der Bimini-Straße und
die »J«-förmige Anlage.*

aus etwas kleineren Steinen endet. Der gepflasterte Teil läuft nach
einem rechtwinkligen Knick auf den Strand zu (bis auf etwa 800
m). Geht man ein wenig über das Pflaster hinaus, stößt man auf
zwei parallele, ca. 100 m lange Reihen, die den kürzeren Ast des
»J« bilden.

Schließlich ergab sich doch ein Anhaltspunkt für die Anordnung
der Blöcke, als wir auf dem 580 m langen Teil der Anlage den,
wie wir ihn nannten, »Quadratstein« fanden, etwa 2,5 × 3 m in
der Größe.

Als ich diesen Stein zum ersten Mal fotografierte, war er natürlich
von Verbindungssteinen umgeben, die gegen ihn lehnten, wie von
einem Steinmetz eingepaßt. Dem, der zum ersten Mal hierher
kommt, vermittelt das wohl am ehesten den Eindruck, daß es sich
um Menschenwerk handelt. Warum diese Anordnung bestand,
mußten wir noch herausfinden. Wir hielten einstweilen fest, daß
diese Steine offensichtlich zu einem bestimmten Zweck so zusam-
mengestellt worden waren, und forschten weiter.

32   Von Anfang an galt unsere Aufmerksamkeit vor allem dem kür-

Der »Quadratstein«.

zeren Ast des »J« und hier insbesondere dem der Küste am nächsten liegenden Abschnitt, weil dessen Steine besonders regelmäßig waren. In der auf den Strand zulaufenden Reihe befand sich ein Block von etwa 3,65 × 3,65 m, den der Boden an einer Seite hochgedrückt hatte, und der sich jetzt an einen benachbarten Block lehnte. Wir waren erstaunt darüber, daß diese Blöcke nicht mit der Felsunterlage verbunden waren. Die offenkundige Antwort war, daß man sie ursprünglich nicht dort bearbeitet hatte, wo sie jetzt lagen. Im Moment konnten wir dem nicht nachgehen, begnügten uns vielmehr damit, die Blöcke zu fotografieren, vor allem die Fugen.

Einige Tage darauf wandten wir uns dem östlichen Teil zu. Er ist ungefähr 400 000 m² groß, im Süden von einem dammähnlichen Wall begrenzt und weist parallel zueinander rechtwinklige Formen auf, die sich mehrere 100 m weit ausdehnen. Unsere Luftaufnahmen zeigen das Wirken des Wassers durch die Gezeitenströme, die dieser Damm ablenkt. Tatsächlich bildet Seegras die Formen. Es könnte Steine bedeckt haben, die einst darunterlagen 33

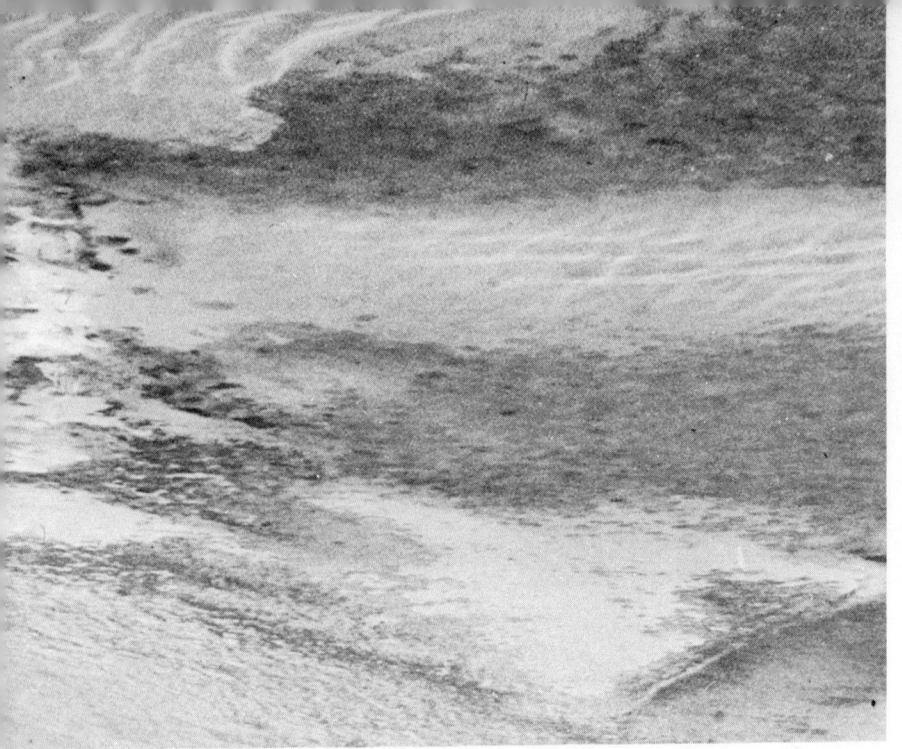

Durch einen Deich im östlichen Teil erzeugte Strömung.

und sich inzwischen aufgelöst haben. Unsere Annahme ging dahin, daß es sich bei diesem Platz möglicherweise um einen alten Wasserspeicher gehandelt hatte.

Unsere Neugierde stieg. Meine Frau Joan und ich entschlossen uns, nach Nassau zu fliegen, um aus der Luft einen Blick auf den Tempel bei der Insel Andros zu werfen, über den 1968 Trigg Adams und Robert Brush berichtet hatten. Wir konnten ihn deutlich erkennen. Seine Entfernung vom Ufer schien gegen eine Errichtung durch den Menschen in neuerer Zeit zu sprechen. Doch im Jahr zuvor hatte John Keasler, ein Reporter der Miami ›News‹, den 55jährigen Reuben Russel interviewt, einen Polizisten auf Andros. Er behauptete, beim Bau der Anlage für einen Nassauer in den dreißiger Jahren geholfen zu haben, der sie als Lager für Schwämme benutzte, die verschifft werden sollten. Dr. Valentine und andere fanden in den Gewässern nördlich von Andros elf weitere geometrische Gebilde, darunter ein Sechseck, parallel zueinander verlaufende Linien und einen Halbkreis am Ende einer Geraden. Ebenso zu sehen ist ein riesiges, umgedrehtes »E«. Es handelt sich hier um mehrere verschiedene Gebilde, und es er-

Einst hielt man diese Anlage für eine Tempelstätte, heute glaubt man, es handle sich um ein in den dreißiger Jahren gebautes Lager für Schwämme.

scheint kaum vernünftig, sie alle als Schwammlager hinstellen zu wollen.

Kurz bevor wir unsere fünfwöchigen Forschungen beendeten, legten wir mittels Echolot ein Profil der beiden kürzeren Steinreihen am Paradise Point an, um die Neigung des Meeresbodens feststellen zu können. Wir kamen zu dem Ergebnis, daß der Boden parallel zur Wasseroberfläche war, also kein Gefälle hatte. Da Küstenfelsen sich normalerweise auf geneigtem Gelände bilden, schien das gegen die Annahme zu sprechen, es handele sich um Küstenfelsen oder um an dieser Stelle natürlich entstandene Felsen.

Am Ende unserer Arbeit 1974 stand das wachsende Gefühl, daß die Stätte in der Bimini-Straße keine natürliche Formation war, sondern durchaus von Menschen hätte entwickelt worden sein können. Eine 580 m lange Gerade ließ eine Präzision vermuten, hinter der ein Plan stand. Die Anordnung der verschiedenen Steinblockreihen; die Tatsache, daß sie nicht mit dem Meeresbo- 35

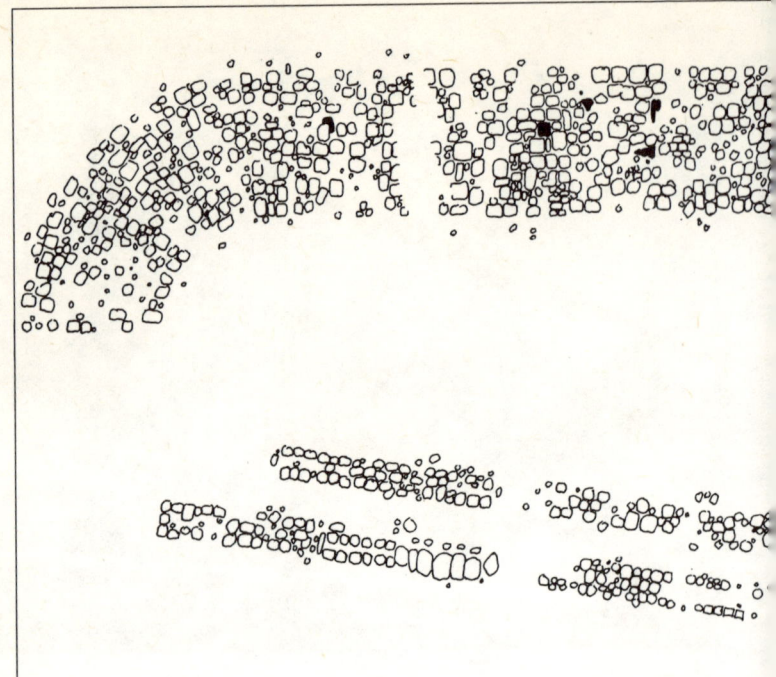

Die Formation in Gestalt eines J.

Messungen mit dem Echolot, die vermuten lassen, daß die gewaltigen Blöcke keine Küstenfelsen sind.

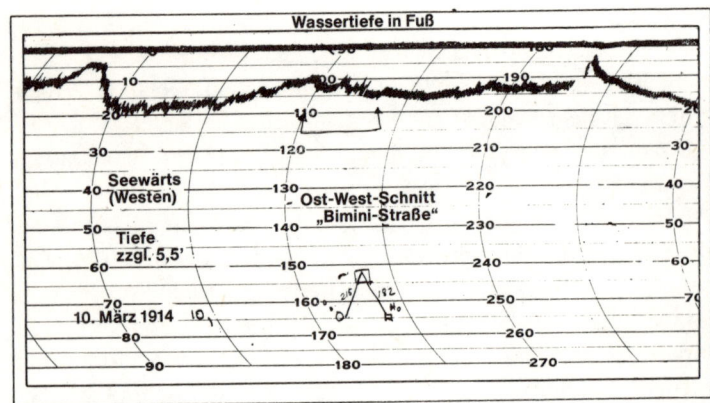

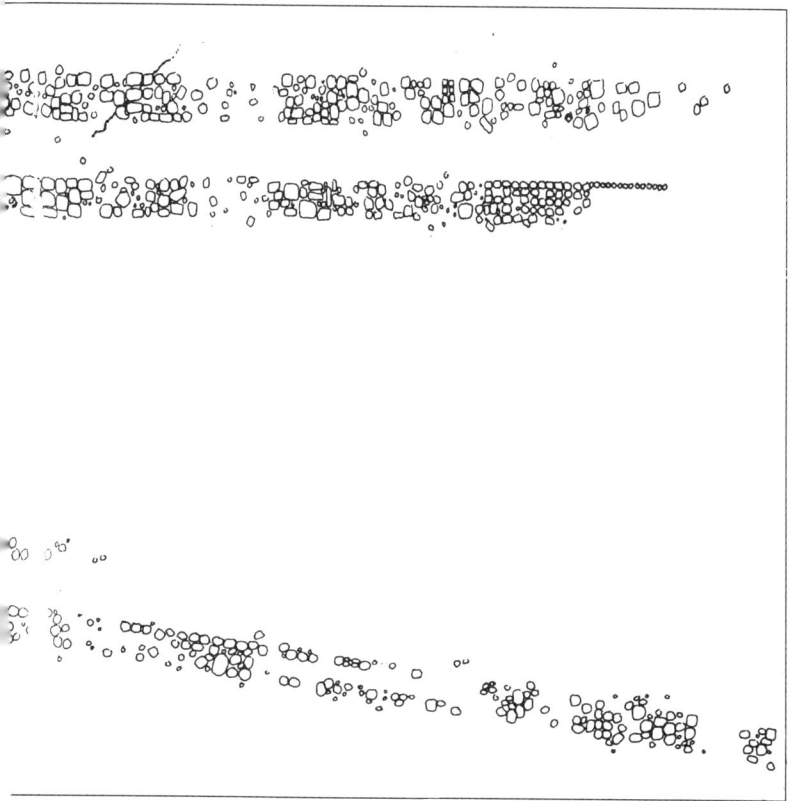

den verbunden waren; unsere Aufzeichnungen, nach der ihre gesamte Ausrichtung um 7° von der heutigen Küstenlinie abwich – all das brachte uns zu dem Schluß, daß wir es höchstwahrscheinlich mit einem unter Wasser liegenden archäologischen Schauplatz zu tun hatten. Falls Dr. Valentines Theorie von Bimini als einer megalithischen Stätte richtig war, wäre es sicher gut, einen Spezialisten auf diesem Gebiet zu finden, der sich uns anschloß.

3

Bimini – eine megalithische Stätte

Am Vorabend der 1975er Expedition nach Bimini saßen wir im Le Joint, einem beliebten Restaurant in Miami, direkt am Wasser und hörten dem Archäologen John Steele zu. Steele, Anfang 30 und modisch gekleidet, berichtete von megalithischen Fundstätten in England und Irland. Er hatte schon 1973 an der Unterwasserexpedition von Dr. Maxine Asher auf der Suche nach Spuren von Atlantis vor der spanischen Küste teilgenommen und war von einem Dozentenposten an der Londoner Universität hierher geflogen. Außerdem hatte er an wissenschaftlichen Projekten der NASA und der National Science Foundation mitgearbeitet. Und gerade hatte er zusammen mit John Mitchell, dem englischen Fachmann für megalithische Stätten, ein Papier für ein Symposium über Energie in der Frühzeit veröffentlicht.

John, der noch nicht in Bimini gewesen war, drehte sich plötzlich zu mir um und fragte: »Glauben Sie wirklich, daß es sich um eine megalithische Stätte handelt, wie Valentine behauptet hat?«

»Eigentlich ja. Was wir bisher gesehen haben, stützt die Theorie, daß Menschen am Werk waren.«

»Welche Funktionen hatte Ihrer Meinung nach die Stätte in der Bimini-Straße?«

Ich erklärte ihm, daß ich sie nicht für eine Straße hielt, sondern aufgrund ihrer Form eher für eine alte Hafenanlage oder etwas Ähnliches.

John war der Ansicht, daß das bloße Vorhandensein derart ausgedehnter, bearbeiteter Steinformationen, was immer ihre Funktion gewesen sein mochte, sich in keines der bisher bekannten kulturellen Muster auf den Bahamas einfügen lasse. Er erläuterte dann die grundsätzlichen Merkmale megalithischer Stätten. Megalithen, oder riesige Steine, sind Teil prähistorischer Denkmäler und Architektur. Jeder Stein (oder Monolith) ist entweder als Menhir (ein einzelner, aufrecht stehender Stein) aufgerichtet,

Menhir

kreisförmig um einen Hügel angeordnet, oder dient als Stütze für den Schlußstein eines Dolmens. Sie können völlig unbearbeitet, teilweise behauen oder verziert sein. Da man in einigen Dolmen Knochen, Werkzeuge und offensichtlich Grabbeilagen gefunden hat, glaubt man, daß sie (und möglicherweise alle megalithischen Stätten) früher Grabstätten waren oder zumindest ein Teil davon.

John erzählte uns, eine der erstaunlichsten Tatsachen dieser megalithischen Schauplätze seien die Größe und das Gewicht der unverändert gelassenen wie auch der angeordneten Steine. Die Ägypter verwendeten beispielsweise 70 t schwere Granitblöcke für die Königskammer der Großen Pyramide. In Stonehenge hat eine der gewaltigen Steinsäulen eine Gesamthöhe von 5,94 m und wiegt etwa 50 t. Der große Menhir in Locmariaquer in Frankreich, der einst als Monolith errichtet wurde, jetzt aber in vier Teile zerbrochen am Boden liegt, mißt 23,5 m und wiegt über 300 t. Die megalithische Fundstätte Mystery Hill in New Hampshire, über die es gegensätzliche Auffassungen gibt, weist Steine mit über 6 t Gewicht auf. Die größeren Blöcke in Bimini werden etwa 15 t wiegen. Allein die Größe und das Gewicht dieser Steine werfen

viele schwierige Fragen auf. Manchmal sind die Blöcke außeror-

Der aus großen Sandsteinen bestehende Kreis in Stonehenge.

Linke Seite: Zwei Dolmen

dentlich schön behauen und geformt, oft weisen Teile meisterliche Steinmetzarbeiten auf, was dem Rätsel ihres Ursprungs neue hinzufügt. Die Behauptungen, daß sie mit Geräten aus Stein oder gehärteter Bronze bearbeitet wurden, sind überzeugend, wenn man sich die Steine von nahem ansieht. Die Feinheit der Muster liegt weit jenseits dessen, was man mit einfachem Gerät erreichen kann.

Mir fiel auf, daß John, wie ich auch, die Bezeichnung »megalithisch« in einem umfassenderen Sinn gebrauchte. Sie schloß auch Stätten der Neuen Welt wie Tiahuanaco in Bolivien und Machu Picchu in Peru mit ein. Einige der bearbeiteten Steine in Tiahuanaco z. B. liegen in der Größenordnung von mehreren 100 t. Die gröberen monolithischen Steine des Haupttempels sind immerhin 2,9 m hoch und kommen damit in die Nähe der großen, 4,25 m hohen Trilithen von Stonehenge. Das wichtigste hinsichtlich megalithischer Kultur ist die noch junge Erkenntnis, daß hinter den verblüffenden Bauwerken eine sehr viel entwickeltere neolithische oder bronzezeitliche Wissenschaft steht, als man je angenommen hatte. Die Architektur ist z. T. astronomisch ausgerichtet, z. B. nach Sonnen- und Mond-Auf- und -Untergängen.

Was den Grundriß angeht, ist Stonehenge die eindrucksvollste 41 megalithische Stätte Europas. Je mehr man über sie in Erfahrung bringt, desto weniger versteht man ihren Ursprung, Zweck oder den unerklärlichen Plan ihrer Baumeister. Wer immer Stonehenge erbaut hat, besaß einen erstaunlichen Sinn für Ästhetik. Der mit Querbalken aus großen Sandsteinen abgedeckte Kreis, den der Besucher als erstes von der Straße aus sieht, zeigt eine Bautechnik, wie sie bei den Säulen der klassischen griechischen Tempel angewandt wurde. Um die perspektivische Wirkung zu korrigieren, sind die großen Sandsteine, die sich nach oben verjüngen, zusätzlich konvex gebogen. Wie fand ein so hohes kulturelles Bewußtsein in der Steinzeit seinen Weg in die Ebene von Salisbury?

Gerald Hawkins, der dem Problem Stonehenge erfolgreich mit dem Computer zu Leibe rückte, ging von einer fotogrammetrischen Vermessung aus, um die Sichtlinien astronomischer Phänomene mit größerer Genauigkeit als bisher aufzuzeichnen. Er gab diese und astronomische Daten in den Computer ein und entdeckte, daß Stonehenge auf die Sonne zu Zeiten der Tagundnachtgleiche sowie der Sonnenwende ausgerichtet ist, aber auch auf die Exzentrizitäten der Mondbahn. Er machte außerdem die verblüffende Entdeckung, daß die Stätte als Computer für die Voraussage von Mondfinsternissen benutzt werden konnte. Seither sind noch genauere Messungen von Alexander Thom durchgeführt worden, die den Gedanken der Voraussage von Mondfinsternissen noch erhärtet haben.

Etwa 1974, im Jahr meiner ersten Expedition nach Bimini, hatte sich die neue Disziplin der Archäoastronomie schon soweit etabliert, daß ein Astronom in der Zeitschrift »Science« schreiben konnte: »Daß Stonehenge und andere megalithische Bauwerke, die Pyramiden und Tempel der Ägypter und Mayas auf die Sonnenwenden ausgerichtet waren, wird inzwischen allgemein anerkannt.« Der Autor dieser Zeilen, John A. Eddy, der das amerikanische Stonehenge untersucht, das »Medizinische Rad« in den Big Horn-Bergen im Norden Wyomings, hatte sich ausgefalleneren astronomischen Phänomenen zugewandt, dem heliakischen Aufgang der Sterne. (Ein heliakischer Aufgang, der für die Menschen in der Frühzeit für kalendarische Zwecke von Bedeutung war, findet statt, wenn ein Stern wenige Augenblicke vor Sonnenaufgang aufgeht und dann vom Licht der Vordämmerung überstrahlt wird.) Die Ägypter orientierten sich am heliakischen Aufgang des Sirius, um mit dessen Hilfe die Sommersonnenwende bestimmen

zu können, die den alljährlichen Anstieg des Nils ankündigte. Die jährliche Überflutung der Felder durch den Nil war für die Landwirtschaft wichtig, aber man mußte die Menschen warnen, sich auf den Hügeln in Sicherheit zu bringen. Aufgrund seiner Nachforschungen behauptete Eddy, daß in Wyoming die Sommersonnenwende mit dem heliakischen Aufgang des Aldebaran, dem hellen Stern im Sternbild des Stier, zusammenfiel. Für die Astronomen der Frühzeit waren Sonnen- und Mond-Auf- und -Untergänge, die Mittagsdurchgänge von Sternen, der heliakische Aufgang von Sternen und sogar die Voraussagen von Verfinsterungen wichtige Beobachtungen, die sie in ihre Bauwerke mit einbezogen. Interessant ist die Ausrichtung beider megalithischer Schauplätze auf den Sonnenaufgang.

Computer aus der Steinzeit

Weil es so wenige Zeugnisse megalithischer Kultur gibt, offenbart jede neu entdeckte Stätte außergewöhnliche Möglichkeiten, besonders, wenn man sie auf einem anderen Kontinent findet. Der Mystery Hill in New Hampshire, von dem man einst annahm, er sei von einem Bauern im 19. Jahrhundert errichtet worden, weist Steine von über 6 t Gewicht auf, die die Winter- und Sommersonnenwende markieren. Dr. Berry Fell, Professor für Zoologie wirbelloser Tiere an der Harvard-Universität und Präsident der Epigraphischen Gesellschaft (die die Inschriften frühgeschichtlicher Steine prüft und übersetzt), hat Texte über den keltischen Son-

Interessant, daß beide megalithischen Stätten auf den Sonnenaufgang ausgerichtet sind.

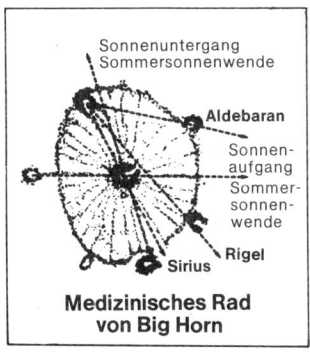

Sonnenuntergang
Sommersonnenwende

Aldebaran

Sonnenaufgang
Sommersonnenwende

Sirius   Rigel

**Medizinisches Rad
von Big Horn**

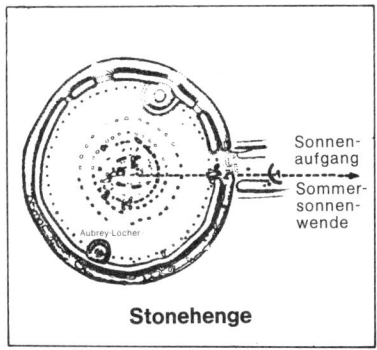

Aubrey-Löcher

Sonnenaufgang
Sommersonnenwende

Stonehenge

nengott Belos und über Baal, die höchste Gottheit der Phönizier, auf einem einzigen Stein in Mystery Hill entziffert. Dieses Zeugnis läßt sehr stark vermuten, daß es in Amerika zwei alte Kulturen gab, die mindestens aus dem 8. vorchristlichen Jahrhundert stammen. Die frühestmögliche Besiedlung der Stätte liegt, nach der korrigierten Radiokarbondatierung, bei etwa 2000 v. Chr. Im Moment untersucht die Gruppe, die diese Stätte erforscht hat, einen anderen Schauplatz in Vermont, der wahrscheinlich ebenfalls sehr viele keltische Artefakte und Inschriften birgt.

Megalithische Bauwerke weisen sehr viel mehr feine Merkmale auf als riesige, schwere Steine. John Michell, der heute seriöseste Autor auf diesem Gebiet, hat gezeigt, daß der frühgeschichtliche Mensch, seine Tempel und der Kosmos als Teile *eines* Systems angesehen werden müssen. Alle echten megalithischen Bauten, so Michell, sind im Grunde »sakrale Baukunst«. So wurden der Code einer Zivilisation, ihr geistiges Bewußtsein und der Einklang der Technik mit der Umwelt zu wirklichen Bestandteilen ihrer Bauwerke – und nicht etwa später hinzugefügt. Die Gebäude enthalten Maßeinheiten, die jetzt mit Hilfe der Gematrie dechiffriert werden, einem System korrespondierender Zahlen und Buchstaben. Man entdeckte an den Gebäuden außerdem geometrische und geodätische Proportionen wie Pi und Phi sowie Äquivalente für die Erdumdrehung und die Lage der Stätten in Beziehung auf die Sterne, Sonne, Mond, andere megalithische Stätten, wichtige Berge, Inseln usw. Das Vorhandensein derartiger Elemente spiegelt den Gedanken wider, daß der kosmische Tempel ein lebender Organismus war, der die Fähigkeit hatte, mit allen anderen lebenden Systemen in Verbindung zu treten. Das ist ein wirklich gewaltiger Gedanke, dessen Auswirkungen man erst allmählich begreift.

John Michell fuhr fort: »Megalithische Bauwerke hatten in der frühgeschichtlichen Welt stets eine geweihte Aufgabe, deren Sinn es war, den Menschen in seine Umwelt zu integrieren, nicht, ihn von ihr zu trennen, ihn gleichzeitig mit dem Makrokosmos der Sterne wie dem Mikrokosmos des Atoms zu verbinden.« Diese Vorstellung baut auf der hermetischen Tradition »oben so wie unten« auf. Um die Elemente der Erde mit denen des Himmels auszusöhnen, brauchte man die ausgleichende Kraft eines Vermittlers, so wie die Leistung eines Verstärkers an die Lautsprecher weitergegeben wird. In »City of Revelation« (Stadt der Offenbarung) schreibt John Michell: »Der kosmische Tempel hatte die

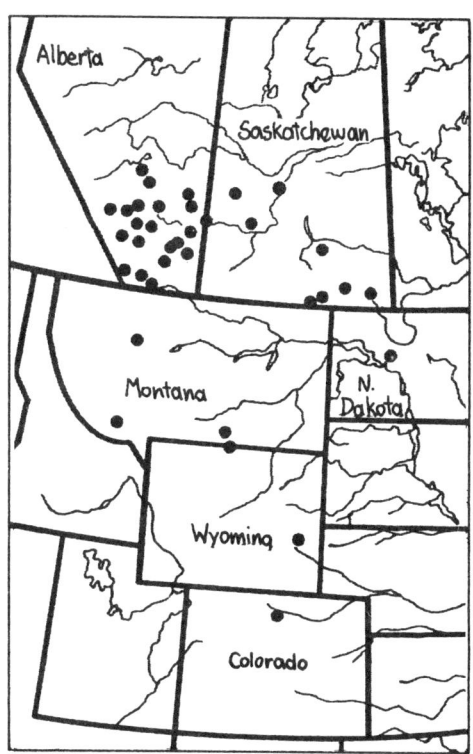

*Radkultstätten
in Nordamerika.*

Aufgabe, auszugleichen, all die verschiedenen und sich gegen-
überstehenden Elemente der Natur miteinander in Einklang zu
bringen.«
Als ich zum ersten Mal etwas von Michell las, faßte ich das nur
symbolisch auf. Allmählich begriff ich jedoch, daß nicht nur die
mathematische Ordnung in der Natur ihren Ursprung hat, sondern daß auf irgendeine, wenn auch noch unbekannte Art geometrische Formen verschiedenartige, auch minimale kosmische
Energien verstärken und sammeln. Deshalb faszinierte mich das
Buch »PSI. Die wissenschaftliche Erforschung und praktische
Nutzung übersinnlicher Kräfte des Geistes und der Seele im Ostblock« von Schroeder und Ostrander, die berichten, daß in den
späten fünfziger Jahren ein Franzose namens Bovis in einem Ab-
fallbehälter in der Königskammer der Großen Pyramide kleine
Tierkadaver fand. Sie waren mumifiziert und verbreiteten keinen
Geruch. Experimente in Europa ermöglichten schließlich die
Herstellung patentierter Milchbehälter in der Form, wie man sie 45

in der Pyramide entdeckt hatte, die die Gefahr des Verderbens mindern. Desgleichen entwickelte man Rasierklingenschärfer und andere Geräte. Ein befreundeter Arzt hatte in Houston in Texas umfangreiche Experimente durchgeführt und dabei herausgefunden, daß selbst in dem warmen, feuchten Klima der Golfküste Frischfisch ähnlich mumifiziert werden kann. Selbstverständlich war die trockene Wüstenluft von Giseh nicht der einzige Faktor von Bedeutung.

Viele Wissenschaftler haben vernünftige Erklärungen dafür abgegeben, mit welcher Technik man die riesigen Steine in Stonehenge und auf den Osterinseln bewegt hat. Und vielleicht konnte man den Transport der gewaltigen Steine mit bis zu 1000 t Gewicht in einem bevölkerungsreichen, gut organisierten Land wie Ägypten mit den erwähnten Techniken bewältigen – wie im Fall des rosafarbenen Granitobelisken, den man viele Kilometer nilabwärts brachte. Ist es jedoch vorstellbar, daß ein einfaches Volk derart aufwendige Methoden angewendet hat? Selbst im Fall der ägyptischen Kultur können wir nicht die unglaubliche Genauigkeit erklären, mit der viele der Steine der Großen Pyramide um 2600 v. Chr. aufeinandergetürmt wurden. In den achtziger Jahren des 19. Jahrhunderts untersuchte ein Forscher mit Präzisionsinstrumenten einige der 15 t schweren äußeren Steine, die er freigelegt hatte.

Er stellte fest, daß die durchschnittliche Abweichung sowohl von der Geraden wie dem exakten Quadrat 0,13 mm auf 1 m betrug. Das ist die Genauigkeit gelernter Optiker, nicht die eines Steinmetzen. Solche Leistungen müssen dem ein Dorn im Auge sein, der immer noch die Unwissenheit der Ägypter propagiert. In den sechziger Jahren, so schrieb Peter Tompkins in »Secrets of the Great Pyramide« (Geheimnisse der Großen Pyramide), stellte ein gewisser Autor die abenteuerliche Behauptung auf, die Ägypter hätten von den vier Himmelsrichtungen nur Ost und West gekannt und letztere auch nur von den Sonnenauf- und -untergängen. Hätte eine solche Kultur Werke wie die Große Pyramide vollbringen können?

In eigenen Experimenten entdeckte ich später, daß eine Pyramide, die groß genug ist, um eine Person aufzunehmen, und die genau nach Norden ausgerichtet ist, anscheinend die Tätigkeit der Alpha-Hirnwellen steigerte und außerdem einige ungewollte außerkörperliche Erfahrungen anregte. Letzteres überraschte mich

46 nicht im geringsten, denn eingeweihte Quellen behaupten, daß

dies eine der Funktionen der großen Pyramide war, wenn man sie für Weihen benutzte.

In verschiedenen Versuchen erforschte ich die Art der von der Pyramide in bezug auf ihre Lage erzeugten Energie. Ich verband einer medial veranlagten Frau die Augen und ließ sie die Pyramide auf maximale Energie hin »stimmen«, indem sie sie drehte. Wenn die Pyramide genau nach Norden ausgerichtet war, nahm das Medium die meiste Energie wahr. Der Energieausstoß blieb eindeutig erhalten, solange die Lage der Pyramide nicht um mehr als 10° zu jeder Seite von Norden abwich. Andere Medien, denen die Augen verbunden waren, berichteten von der maximalen Energie über der Pyramidenspitze. All diese Hinweise hätten mir helfen können, Michells Gedanken vom »Ausgleich« als eine wissenschaftliche Menge zu verstehen, gleichgültig, ob wir heute das Wissen haben, das zu verstehen.

Bei meiner Forschungsarbeit hatte ich entdeckt, daß der Mensch

Kompaß eines chinesischen Geomanten.

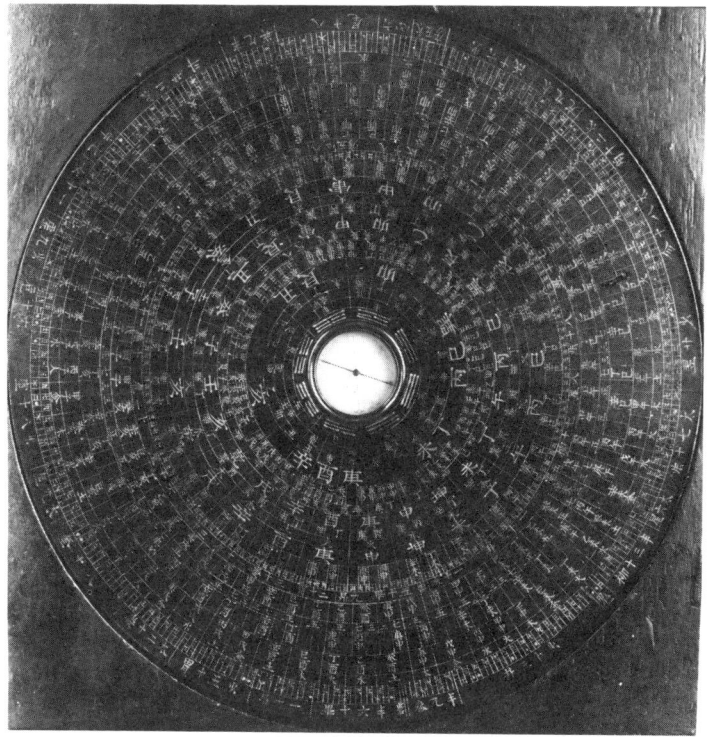

der Frühzeit augenscheinlich in der Lage war, starke, magnetische Energieströme an verschiedenen Punkten der Erdoberfläche wahrzunehmen. Von China bis nach England bedienten sich die Architekten jener Zeit sensitiver Menschen, der Geomanten, die ihnen helfen sollten, ihre heiligen Bauwerke an Stellen mit großer magnetischer Energie zu errichten, an denen die Taten des Menschen im Einklang mit den irdischen Strömen stehen würden. Diese Kraftpunkte, die durch aufgerichtete Steine gekennzeichnet waren (und später durch Kirchen), wurden durch unsichtbare magnetische Energielinien, die »Brachlandlinien«, verbunden.

Heute sieht man diese Energiemodelle umfassender, und sie scheinen tatsächlich erdumspannend zu sein. In Nr. 5 des »New Age Journal« von 1975 schreibt Chris Bird, Co-Autor von Peter Tompkins' »Das geheime Leben der Pflanzen«, daß einige Wissenschaftler inzwischen ernsthaft den alten, metaphysischen Gedanken untersuchen, nach dem »unsere Erde und alle Dinge auf ihr, ob sie für ›lebend‹ oder ›nicht-lebend‹ gehalten werden, letztlich das Ergebnis einer Transformation von Energie sind . . .«

Sein Beitrag »Das planetarische Gitter« faßt mehrere russische Theorien über die Existenz globaler Energiemodelle zusammen. Die Erde wird als kristalline Struktur gesehen, die sich durch Kraftpunkte in einem Zweiersystem geometrischer Figuren widerspiegelt (12 Fünfecke und 20 gleichseitige Dreiecke). Diese Figuren überlagern die Erde und bilden bedeutsame Schnittpunkte im Bermuda-Dreieck (das Bimini mit einschließt), in Giseh in Ägypten und in Peru. Diese und andere Schnittpunkte sind auch Punkte maximaler Sonnenstrahlung sowie die Zentren der ungeklärten magnetischen Schwankungen auf der Erde. Die Linien dieses planetarischen Gittersystems fallen offenbar zusammen mit Wetterzentren (einschließlich Hurrikans), den Mittozeanrücken und den Rändern kontinentaler Platten.

Als z. B. ein Schiff bei einer Reise durch die Karibik den puertoricanischen Graben überquerte, stellte ein sensitiver Passagier unabhängig eine magnetische Abweichung fest, die auch an den Instrumenten an Bord abzulesen war. Bei meinen eigenen Untersuchungen erzählte mir ein Medium, eine Studentin meiner Universität, ihre Sensitivität werde jedesmal drastisch erhöht, wenn sie das Haus ihrer Mutter im Westen von Texas besuche. Sie

Rechts: Punkte im planetarischen Gitter – die Energieschwerpunkte
48 *der Erde.*

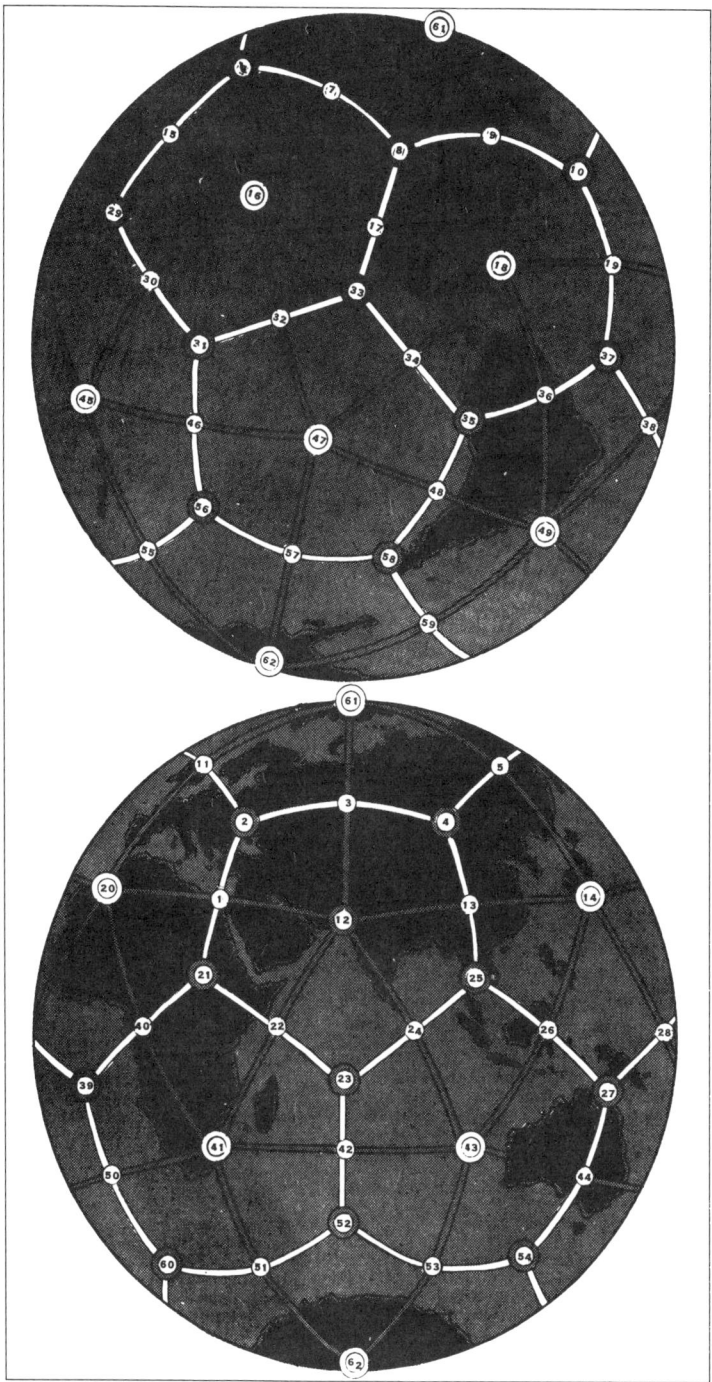

zog eine Karte mit magnetischen Vermessungen zu Rate und entdeckte schließlich, daß die Stelle, an der das Haus ihrer Mutter stand, durch starke magnetische Unregelmäßigkeiten gekennzeichnet war.

Die ausgezeichnete Studie von John Michell, »Stadt der Offenbarung«, nennt verschiedene Bestandteile megalithischer Stätten, u. a.: 1) eine astronomische Ausrichtung und eine Lage, die in Beziehung steht zu anderen Stätten und Indikatoren, wie Bergen und Magnetfeldern; 2) zahlenkundliche Merkmale, die sich in den Dimensionen und dem Plan der Anlage ausdrücken; 3) geometrische Systeme, die zu wichtigen Zahlen in Beziehung stehen und sich im Grundriß des Tempels widerspiegeln.

Der erste Punkt ist im Fall Stonehenge durch die Ausrichtung auf Sonne und Mond erfüllt, durch seine Lage auf in der Erde liegenden magnetischen Kraftlinien und durch seine Beziehung zu unterirdischen Wasserläufen; (die beiden letzten Merkmale zählen, so vermute ich, ebenfalls zu den kosmischen Energien, die an sakralen Stätten erzeugt werden). Der zweite Punkt ist erfüllt, wenn der Schauplatz die Zahl 6 enthält (die mit anorganischen Gebilden wie Kristallen zusammenhängt), die Zahl 5 (die mit organischem Leben zusammenhängt), die »geistige und geheime« Zahl 7, die in vielen Kulturen als heilig gilt, und die 12 aus dem Mondzyklus. Den letzten Punkt erfüllen geometrische Figuren, die zu diesen Zahlen in Beziehung stehen, wie der Kreis, das Quadrat, Kreuz, Dreieck, Sechseck, Fünfeck u. a., die man im Grundriß des Tempels findet. (Weitere Einzelheiten über sakrale Geometrie im Anhang: sakrale Geometrie.)

Inwieweit, so fragte ich mich, würde Bimini die Kriterien einer megalithischen Stätte erfüllen? Die gewaltigen Steinblöcke waren ein Anhaltspunkt. Aber wie sah es mit der sakralen Geometrie, der ungewöhnlichen magnetischen Aktivität und der astronomischen Ausrichtung aus? Würden wir derartige Zeichen finden? Die Ausführungen John Steeles über megalithische Stätten gaben uns viel zu denken – und vielleicht auch zu entdecken.

4
Poseidia '75: Neue Spuren in die Vergangenheit

Wieder waren wir nach einer Reise über den Golfstrom in Bimini eingetroffen, die dieses Mal glücklicherweise ruhiger verlaufen war als 1974. John Steele und C. W. Conn, meine Tauchpartner, waren ebenso voller Erwartung wie ich. Das Wetter am ersten Tag in der Bimini-Straße war gut – keine sich auftürmenden Gewitterwolken oder von Sturmböen getriebenen Wellen waren zu sehen, und in der gewaltigen Wetterküche am Golfstrom war es still. Diesmal waren wir an Bord eines 18 m langen Tauchbootes, der »Fosi III«, und C. W. Conn und ich, wir machten unser Tauchgerät fertig, um einen ersten Blick auf den Schauplatz zu werfen. Schon um 9 Uhr morgens brannte die tropische Sonne auf uns herunter, für die beste Beleuchtung war es jedoch noch etwas früh. Das Wasser war zwar klar, aber die Sonne mußte noch höher steigen.

Wir tauchten von der »Fosi« hinunter zu den megalithischen Steinblöcken, wo ich langsam ein Verhältnis zu unserer Umgebung bekam. Wir schwammen jetzt über der langen, äußeren Reihe der Blöcke, etwa in der Mitte des langen Astes des »J«. In dem ungefähr 4,5 m tiefen Wasser umgab uns eine farbenprächtige Welt tropischer Fische. Für sie war die Stätte ein Riff, das sie vor den größeren Fischen schützte. Vor uns hatten sie aber keine Angst, solange wir nicht zu nahe kamen.

Während ich die Lage der Blöcke untersuchte, bemerkte ich plötzlich unterhalb der Fuge zweier Steine einen Riß im festen Kalksteinboden des Meeres. Was mir bedeutsam erschien, war, daß er sich nicht mit der Fuge deckte oder parallel zu ihr verlief. Die Fuge und der Riß kreuzten sich vielmehr in einem Winkel von ca. 45°. Ich winkte C. W. Conn herbei, damit er sich die Sache ansehe. Wir nahmen einige Maße und sahen, daß die Verbindung zwischen den beiden Blöcken einen Winkel von 315° nach Nordwesten bildete, zur Steinreihe selbst in rechtem Winkel verlief, die ih-

Die Bruchstelle im Meeresboden.

rerseits unter 45° nach Nordosten lief. Wir untersuchten den Bruch des Meeresbodens, der eindeutig auf natürliche Ursachen zurückzuführen war, und fanden, daß er einen Azimut von 0° bildete, d. h. nach Norden lief. Das warf natürlich einige Fragen auf. Geologen, die früher versucht hatten, das Fugenmuster dieser großen Blöcke zu erklären, hatten natürlichen Druck oder Spannungen als Grund genannt. Wenn das so war, hätte die Fuge zwischen den Blöcken mit dem Bruch im Meeresboden übereinstimmen müssen. Bereits bei unserem ersten Tauchversuch hatten wir einen möglichen Widerspruch zu dieser Theorie gefunden. Im Verlauf der Expedition sollten wir später noch auf zwei weitere, identische Fälle stoßen, wo natürliche Risse im Meeresboden in keinem erkennbaren Zusammenhang mit den Fugen der megalithischen Blöcke standen.

Wir schwammen weiter und entdeckten noch etwas Erstaunliches. 52 Eine Reihe aus vier oder fünf Steinen schien die Steine darunter

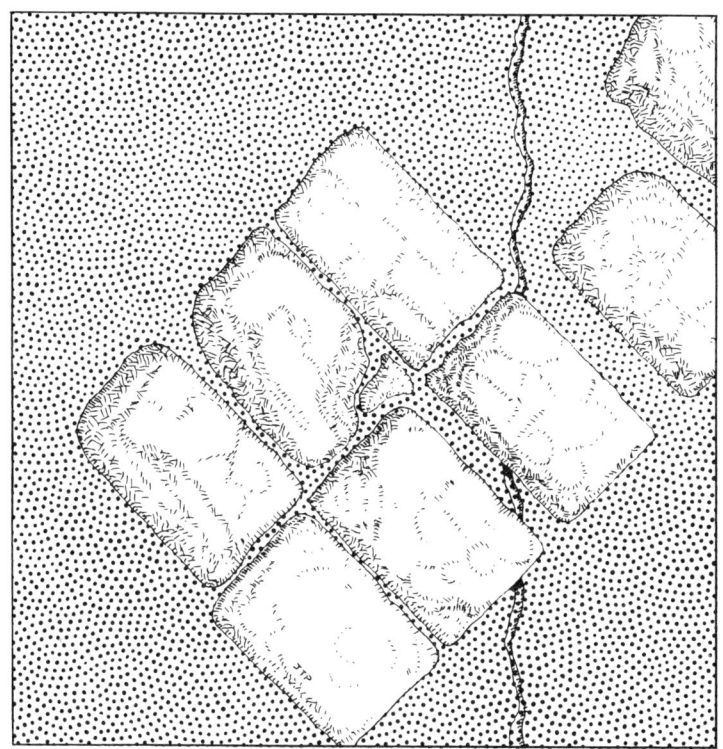

Verbindungsfugen, die in offensichtlichem Widerspruch zu den natürlichen Belastungen am Meeresboden stehen.

zu überlappen; es sah so aus, als seien sie daraufgefallen und jetzt in einer völlig unnatürlichen Lage. In früheren Berichten hatte es geheißen, es lägen keine Steine übereinander.

Am Abend nach dem Essen diskutierten wir unsere Entdeckungen und wandten uns dann praktischeren Fragen der Wochen, die vor uns lagen, zu. Aufgaben wurden verteilt, Gesundheitstips ausgetauscht. Wir sprachen über die Notwendigkeit allgemeiner Höflichkeit und der Rücksichtnahme auf andere in den engen Quartieren und bei dem ermüdenden tropischen Klima. Ich riet zu Salztabletten, um dem Wasserentzug vorzubeugen, und zu Alkohol in den Ohren gegen Probleme im inneren Ohr. Jeder wurde an das bahamesische Gesetz erinnert, das den Gebrauch komprimierter Luft oder des Atemgerätes zum Fangen von Hummern oder zum Jagen von Fischen verbietet; beim Fischen war nur der Schnorchel erlaubt. Wir betonten auch, wie wichtig es sei, sich gegen die tropische Sonne zu schützen. Dann unterzeichnete jeder 53

Standen diese Steine einmal aufrecht?

unsere Übereinkunft von Poseidia '75. Die Expeditionsmitglieder kamen an Bord der »Makai II« und einer anderen Schaluppe, der »Gipsy«, die uns Frank Spampinato, ein Geologe, freundlicherweise geliehen hatte.

Der zweite Tag war genauso arbeitsreich wie der erste. Weiter südlich, nur wenige Meter vom »Quadratstein« entfernt, entdeckten wir den, wie ich ihn nannte, »Steinkeil«. Er hatte die Form eines Tortenstücks, dessen Spitze man abgeschnitten hatte, und erinnerte mich an Steine, die Felskamine versperren. Er ähnelte außerdem dem Schlußstein in einem Bogen. Die Hauptachse verlief von Norden nach Süden. Zum Süden hin öffnete er sich nach jeder Seite um 30°. Das schien bei weitem zu gleichmäßig, um auf natürliche Art entstanden zu sein. Als wir die Blöcke in den folgenden Tagen untersuchten, erwies sich der »Steinkeil« bald als bedeutender Teil eines geometrischen Musters, das sich etwa 18 m nach Osten und ebensoweit nach Nordosten die Steinreihe entlang erstreckte. Ich fragte mich, ob dies ein Hinweis auf die von Michell beschriebene sakrale Geometrie sein konnte.

Eines unserer wichtigsten Ziele war, die Stätte komplett mit Band und Kompaß zu vermessen, um schließlich eine Karte anlegen zu können, zu der wir auch noch Luftaufnahmen hinzuziehen wollten. Wir hatten den Zeitpunkt offensichtlich glücklich gewählt, denn die ständige Bewegung des Sandes hatte für uns gearbeitet. Bis auf eine Stelle war alles sehr viel besser sichtbar als im Jahr zuvor.

Man konnte jetzt gut erkennen, daß die meisten Steinblöcke entweder auf dem felsigen Grund lagerten oder auf kleineren Steinen des Meeresbodens. Außer, daß es uns beim Vermessen half, ergab sich daraus noch eine bedeutsame archäologische Folgerung: die von einigen Atlantis-Forschern gehegte Vorstellung, daß die jetzt sichtbar gewordenen Blöcke nur die Spitze eines größeren Bauwerkes seien, war höchstwahrscheinlich falsch. Obwohl es möglich ist, daß tiefere Schichten des Bauwerks unter den Kalksteinschichten des Meeresbodens begraben wurden, ist die Stätte jetzt eindeutig auf eine, manchmal zwei übereinanderliegende Steinschichten begrenzt.

Uns wurde klar, daß wir uns etwas mehr mit dem geologischen Aufbau der Stätte und der Insel vertraut machen mußten, desgleichen mit den Vorgängen beim Entstehen von Kalkstein, dem hauptsächlich hier anzutreffenden Bodengestein. Wir mußten auch etwas über die genaue Zusammensetzung anderer Kalksteinarten wissen, um feststellen zu können, woher die riesigen Steine eigentlich kamen. Bereits bestehende geologische Vermessungen von Bimini beantworteten diese Fragen nicht zufriedenstellend.

Die Ankunft von John Parks brachte uns den Fachmann, den wir für unsere geologischen Probleme brauchten. John, ein junger

Der keilförmige »Steinkeil.«

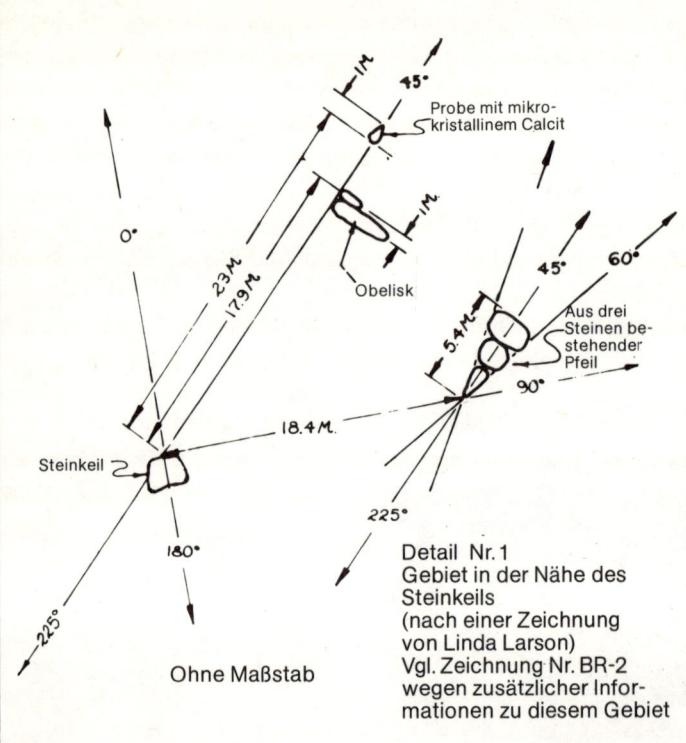

Einleitender Überblick über die Stätte
an der Bimini-Straße
anläßlich von Poseidia '75.
Expeditionsleiter: Dr. David D. Zink
Notizen aus dem Expeditionstagebuch
Zeichnung von L. B. – Dezember 1975
    Maßstab: 1 cm = ca. 5,9 m
Ergänzt durch DDZ – März 1976

1 M

45°

Probe mit mikro-
kristallinem Calcit

0°

1 M

23 M

17,9 M

Obelisk

45°

60°

5,4 M.

Aus drei
Steinen be-
stehender
Pfeil

90°

18.4 M.

Steinkeil

225°

180°

225°

Detail Nr. 1
Gebiet in der Nähe des
Steinkeils
(nach einer Zeichnung
von Linda Larson)
Vgl. Zeichnung Nr. BR-2
wegen zusätzlicher Infor-
mationen zu diesem Gebiet

Ohne Maßstab

Geologe, war Dozent an der Universität im Osten Tennessees, das
jüngste Mitglied seiner Fakultät und zu meiner besonderen
Freude mit beachtlichen künstlerischen Fähigkeiten, wie seine
Zeichnungen in diesem Buch erkennen lassen. Er war ein versier-
ter Taucher mit Atemgerät, an Bord half mir John vor allem, unseren 25jährigen Geologen, der noch kein Examen hatte, auf den
56 neuesten Stand zu bringen.

5

Geologie auf den Bahamas: Die Steine beginnen zu sprechen

Bei unseren Nachforschungen untersuchten wir auch den Aufbau des Hauptgebietes der Bahama, die Große Bahama-Bank, an deren Nordwestecke die Bimini-Gruppe liegt, und die Andros-Insel am Ostrand. Im Norden, hinter dem tiefen Nordwest-Providence-Kanal, liegt die Kleine Bahama-Bank. Die dritte, westlich der beiden anderen liegende Bank ist die Cay Sal-Bank, die fast immer von Wasser bedeckt ist. Der gesamte Archipel umfaßt 700 Inseln auf einer Fläche von über 100000 km².

Als geologische Einheit datieren die Bahamas mindestens aus der Kreidezeit. Das Alter der tieferen Kalksteinschichten beträgt etwa 130 Millionen Jahre, die exponierteren Lagen sind sehr viel jünger. In dieser ungeheuren Zeitspanne hat sich die Grundschicht aus Fels langsam gesenkt, und Karbon-Fels hat sich allmählich auf der abgesenkten Plattform aufgebaut. Die Platte ist die Bahama-Plattform, die mit den Kontinentalplatten Nordamerikas zusammenhängt. Als die Platte absank, lagerten riffbildende Organismen, u.a. Korallen, Stoffe aus Karbon-Fels ab, und zwar mindestens im gleichen Tempo wie die Platte sank. Der Untergrund der Bahamas setzt sich infolgedessen aus Karbon-Fels und verschiedenen Kalksteinarten zusammen.

Das Muttergestein der Bimini-Inseln ist äolisch, d.h. ein durch Windwirkung entstandener Kalkstein, der sich im Pleistozän gebildet hat und Old Bimini genannt wird. Die mikroskopische Analyse zeigt, daß er aus mittelgroßen Körnern, Oolithen, besteht, die in einer Grundmasse aus Kalziumkarbonat zusammengepreßt sind, das die Form blockförmiger Kristalle annimmt (Kalkspat). Die Oolithen selbst sind Kalziumkerne, die von konzentrischen Schichten (oder sternförmig angelegten Nadeln wie bei einem Stachelschwein) aus Kalziumkarbonat umgeben sind. Im wesentlichen wurden diese Körner durch den Wind aussortiert und zusammengetragen, dann durch Kristallisation (durch eine 57

Untersuchung der Blöcke unter Wasser – ist ihre Anordnung geplant oder zufällig?

übersättigte Seewasserlösung) oder durch blockförmige Strukturen der mineralischen Form von Kalziumkarbonat verbunden. Man spricht bei diesem durch Windwirkung entstandenen Kalkstein von durch Kalkspat verbundenen Oolithen. Ein alternatives Verbindungsmittel ist Aragonit, lange nadelförmige Kristalle, allerdings eine andere Form von Kalziumkarbonat.

Die Schicht über dem Old Bimini-Muttergestein bezeichnet man als New Bimini. Dieser Kalkstein ist gröber und viel reichhaltiger an Fossilien. Das Verbindungsmaterial bindet nur die Körner selbst und läßt den porösen Raum um sie herum unausgefüllt. Der Fels ist daher sehr viel weicher. Er stammt aus dem Holozän, also den letzten 10 000 Jahren, und ist wahrscheinlich durch Sturmablagerungen im jüngsten der geologischen Abschnitte entstanden.

Die dritte bedeutendere Felsart auf der Bimini-Gruppe sind die Küstenfelsen, von denen einige noch ganz jungen Datums sind. Sie liegen in der Gezeitenzone und ragen daher zeitweise aus dem Wasser. Wie sie genau entstehen, ist noch nicht geklärt. Sicher ist aber, daß sie sich unter günstigen Bedingungen sehr schnell bilden können, wie Bierflaschen bewiesen haben, die man einzementiert in ihnen gefunden hat. Gegenwärtig entsteht der Küstenfels aus Kalksteinblöcken des New Bimini, die in Sand eingebettet sind,

in dem auch Flügelschnecken, Korallenskelette, karbonatverkrustete Kiesel oder Kalksteinkiesel und Glasscherben lagern. Das wird alles durch Aragonit-Kristalle miteinander verschmolzen, wobei sich die Kristalle sternförmig um jedes Korn bilden.

Die vierte, für unsere Untersuchung wichtige Felsart ist ein Meereskalkstein, der, sogar für den Laien erkenntlich, sich deutlich von den megalithischen Blöcken unterscheidet. Die Körner sind sehr fein und gleichmäßig verteilt. Die Körner oder Kügelchen sind biologischen Ursprungs und werden durch Kalkspat gebunden.

John Parks machte sich sofort an die Arbeit und sammelte Proben der Blöcke, aus denen er dünne Scheiben für die mikroskopische Analyse vorbereitete. Er entnahm auch Proben aus den beinahe unsichtbaren Fugen zwischen den Blöcken. Er benutzte dazu eine schwimmende Wasserpumpe, die zwar klein war, aber an der Öffnung auf 6,5 cm² fast 45 Kilo Druck erzeugte. Er trennte die Blöcke an einer Stelle und fand eine engere Fuge als zwischen den Blöcken, die den verschiedenen Arten von Erosion stärker ausgesetzt waren. Die Fugen waren wirklich so schmal, als seien Steinmetze am Werk gewesen. Wir verbrachten geduldig viele Stunden unter Wasser und untersuchten die Anordnung der Blöcke, um festzustellen, ob ihre Ordnung mehr mit einer natürlichen Forma-

Prof. Zink prüft den Unterschied zwischen Küstenfelsen (im Bild) und Steinen von der Fundstätte in der Bimini-Straße.

tion gemein hatte oder mit einem planvollen, menschlichen Bauwerk.

Es war schon spät am Nachmittag, als ich einmal John Parks suchte und ihn schließlich fand, wie er geschäftig einige der Proben ordnete, die er unter Wasser vor Paradise Point genommen hatte. Wir saßen am Rand des Anlegeplatzes, und ich fragte ihn schließlich etwas, das in den letzten Wochen immer weiter in den Vordergrund gerückt war: Glaubte er, daß die Felsen, die wir untersucht hatten, Küstenfelsen waren, die sich an Ort und Stelle gebildet hatten? Oder war er der Meinung, daß es Felsen aus einem anderen Material waren, die die Menschen dorthin gebracht hatten? Ich war erstaunt, daß John zu dem Schluß gekommen war, daß es sich höchstwahrscheinlich um Küstenfelsen handelte. Er hielt die Anlage insgesamt jedoch für zu geordnet, als daß sie natürlich hätte entstanden sein können. Er räumte ein, daß gerade die rechtwinkelige Form der Blöcke sich von allem unterschied, was er sonst in diesem Gebiet gefunden hatte. Der örtliche Küstenfels war viel weicher und sehr viel unregelmäßiger gemustert.

Das vielleicht hervorstechendste Merkmal der Küstenfelsen ist die Ausbildung gleich weit auseinanderliegender Wülste und Rillen, die fast parallel zueinander verlaufen. Die Rillen bilden einen rechten Winkel zur Küstenlinie, wahrscheinlich infolge der Erosion durch den Sand, den die Gezeiten und die Brandung herantragen. Die bekanntesten Beispiele sind Küstenfelsen mit einem Abstand von durchschnittlich 61 cm zwischen den einzelnen Rillen, die ihrerseits etwa 28 cm weit sind. Der anfängliche optische Eindruck, daß die Küstenfelsen und die megalithischen Blöcke unterschiedlich gemustert sind, wurde durch unsere späteren Messungen bestätigt. Entsprechend den Abständen zwischen den Rillen lag die Länge der Blöcke bei 3 bis 4 m. Die 28 cm weiten Rillen der Küstenfelsen deckten sich überhaupt nicht mit den Fugenabständen der megalithischen Blöcke. Hier stießen wir auf zwei unterschiedliche Muster: das eine reichte von etwa 68 bis 78 cm, das andere von etwa 10 bis 15 cm.

Wissenschaftlich gesprochen, handelt es sich um die morphologische Seite des Arguments dafür, daß Menschen hier am Werk wa-

Rechts oben: Die Fugen zwischen den Blöcken werden nach weiteren Hinweisen auf deren Lage untersucht.

60 *Rechts unten: Die »Fünf« und »Sechs« als Muster in den Steinen.*

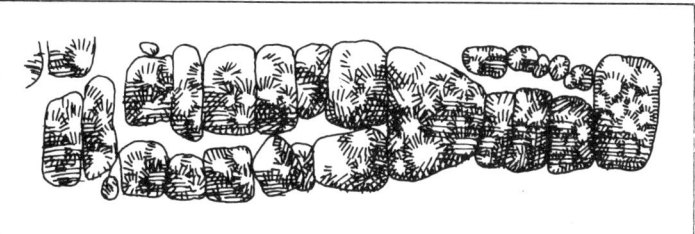

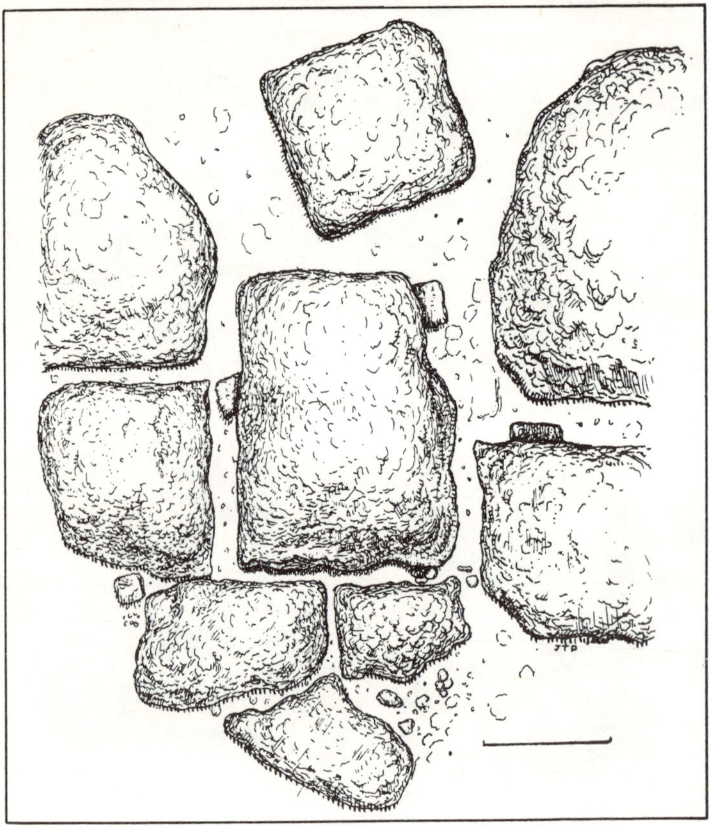

ren; wir hatten ihm aber vor unserer Expedition nicht genügend Aufmerksamkeit gewidmet. Da die Lithologie derart feine Untersuchungen der Steinblöcke erlaubt, wird die Morphologie noch wichtiger, als sie ohnehin schon ist.

Aber der Blick aus der Luft überzeugte John noch mehr, vor allem jenes Gebiet, in dem der Übergang der beiden Reihen zu dem gepflasterten Teil lag. Auch er sah in dem rechtwinkligen Abknicken des Pflasters den Beweis für einen gestaltenden Eingriff des Menschen.

Die größte Beweiskraft sah John allerdings im Muster der Fugen zwischen den Steinen. An einer Stelle liegen fünf große Steine in einer Linie fast parallel zum Strand, fünf kleinere davor zum Meer hin. Südlich der fünf großen Steine setzt sich das Muster mit sechs gleich großen Steinen fort, deren Längsachse aber parallel zum Strand verläuft. Die längeren Fugen bei dem einen Satz Blöcke bilden also einen rechten Winkel zu den längeren Fugen des anderen Satzes. Diese Symmetrie und offenkundige Gestaltung auf kleinstem Raum von nur 12 m widersetzen sich jeder natürlichen Erklärung.

Weitere Zeugnisse, die Johns Theorie stützten, tauchten auf, als wir entdeckten, daß unter den zum Meer hin liegenden Steinen die Ecken eines der größten auf kleineren Blöcken ruhten. Eines Tages, als wir uns den »Quadratstein« ansahen, bemerkten wir voller Überraschung, daß auch seine Ecken auf kleineren Steinen standen, ebenso wie bei einem Block daneben. Das erinnert an ähnliche Anordnungen bei anderen megalithischen Stätten, von denen man z. T. annimmt, sie seien in der Lage gewesen, magnetische Energie zu verstärken. Diese Entdeckungen erschüttern einen der Beweise, die John Gifford gegen die Theorie menschlicher Intervention anführte. Nachdem er die Stätte in der Bimini-Straße untersucht hatte, behauptete er, daß es bei keiner der drei Gruppen von Steinblöcken einen Beweis dafür gäbe, daß die Blöcke in zwei Richtungen verlaufen oder daß auch nur ein einziger Steinblock genau auf einem anderen stehe.

Wir versuchten nun, die Gesteinsproben zu analysieren, um ihre

Zusammensetzung bestimmen zu können. Als John Parks mich später in Virginia besuchte, gingen wir zur Old Dominion-Universität, um die Ergebnisse der Analyse zu erfahren. Sie waren überwältigend – vorsichtig ausgedrückt. Es schien, daß das Verschmelzen der Teile – die sich aus Lebensformen des Meeres und kristallinen Formen von Kalziumkarbonat zusammensetzten – nicht bei allen gleich oder ähnlich erfolgt war. In der einen Probe herrschten Aragonit-Kristalle vor, in einer anderen Kalkspat. Das bedeutete, daß nebeneinanderliegende Steine unter verschiedenen chemischen Bedingungen entstanden waren. Um sicher zu sein, entschloß ich mich, noch einen Schritt weiter zu gehen und bei einem runden Dutzend der Blöcke Bohrproben aus dem Zentrum zu entnehmen, um bestimmen zu können, ob die Schichten der Ablagerungen in benachbarten Blöcken übereinstimmten. Wenngleich es eine kostspielige Angelegenheit war, schien es mir der einzige Weg. Dann würden wir in der Lage sein, die Frage zu beantworten, ob die Blöcke an Ort und Stelle zugerichtet worden waren. Woher, so fragte ich mich, sollte das Geld für dieses Vorhaben kommen? Wir brauchten es für die Bohrungen, die innerhalb der nächsten Monate erfolgen mußten. Aber die Sorge um das Geld schien an Bedeutung zu verlieren, denn wir hatten mit den Problemen des täglichen Lebens auf der Insel genug Sorgen.

6

Wanzen
und Barracudas

Als wir, die Mitglieder der Poseidia '75, am Anfang in das Drei-
zimmerappartement einzogen, das wir umsonst bewohnen durf-
ten, waren wir glücklich über so viel Platz. Aber als immer neue
Expeditionsmitglieder zu uns stießen und wir bald über ein Dutzend Personen waren, wurde es immer unerträglicher. Aber daneben gab es weitere Schwierigkeiten: die Toilettenspülung funktionierte nur, wenn man den Spülkasten mit einem Schlauch füllte,
der durch das Fenster des Badezimmers kam. Das Badewasser
brauchte Stunden, bis es abgelaufen war, und sammelte sich an,
wenn mehrere Leute nacheinander duschten. Unsere vielbe-
staunte Klima-Anlage fiel, obwohl wir sie nur nachts benutzten,
den unberechenbaren Launen des Elektrizitätswerks der Insel
zum Opfer, und diejenigen, die im Appartement schliefen, mußten das Wagnis eingehen und die Fenster öffnen, wenn sie nicht
ersticken wollten. Es dauerte nicht lange, und sie waren die Beute
unzähliger Wanzen und Mückenschwärme. Wer weiterhin im
Appartement schlief, war am nächsten Morgen oft völlig erschöpft und mußte sich nachts wie eine Mumie in Laken hüllen.
Meistens mußte jemand vom Boot kommen und sie wachrütteln.
Die Abende konnten genauso belastend sein. An einem der
Abende – es war sehr feucht – hatten wir im Wohnraum die Tische
zusammengeschoben, damit eine größere Gruppe daran Platz
hatte. Da es einigen sehr warm war, öffneten wir die Glastüren
zur Veranda. Vor allem die Mücken machten uns zu schaffen. Ergeben setzten wir uns und aßen bei drückender Schwüle und Wanzen. Viele hatten sich mit Insektenmitteln eingesprüht. Nach einiger Zeit kam Rauch durch die geöffneten Fenster. Draußen stand
die Hecke des Inselfriedhofes in Flammen. Obwohl es regnete,
waren Funken vom Müllplatz weiter südlich herübergeflogen. Es
schien unerklärlich, aber ähnliches passierte jeden Tag ein Dut-
zendmal. Ganz unvermittelt wurde Joan von dieser verrückten

Situation angesteckt. Mit Galgenhumor sagte sie: »Was tun wir eigentlich alle hier?« Jeder von uns wurde in diesem Sommer viele Male auf die Probe gestellt, oft bis an die Grenze der Belastbarkeit.

Als wir zu Beginn der Expedition mit der »Makai II« in Galveston lossegelten, hatten wir 0,75 t Geräte an Bord, einschließlich eines umfangreichen Ersatzteillagers für alle Eventualitäten. Aber schon sehr bald mußte ich den Bug ausbessern. Dann brannte der Ventilator in der Kombüse. Schließlich mußten bei der »Makai« und der »Gipsy« Teile der Takelage notdürftig geflickt werden. Die Pannen nahmen kein Ende, und ich sah mit wachsender Besorgnis, wie das einst großzügig ausgestattete Ersatzteillager mit jedem neuen Zwischenfall zusammenschmolz.

Eines Tages, als ich die Maschine der »Makai« abstellte, hörte ich ein furchtbares Klappern von der Propellerwelle. Mir war sofort klar, daß es etwas Ernstes war – entweder die Welle, das Lager oder beide. Die Zeit der Wirbelstürme hatte fast ihren Höhepunkt erreicht, und dann liegt kein Bootsmann gern an einem ausgesetzten Dock. Ich erinnerte mich, daß der letzte große Hurrikan einen 4,5 m hohen Brecher über die flache Lagune bis zu dem Dock geworfen hatte, an dem wir im Moment lagen.

Ich untersuchte die Welle und fand, was ich befürchtet hatte: Sie war verbogen. Entschlossen packte ich Werkzeug und Tauchgerät, löste die Kupplung vom Ende der Welle, zog sie ab und stopfte einen Holzpfropfen in die 2,5 cm große Öffnung, damit kein Wasser eindrang. Ich hoffte inständig, die Stürme würden uns so lange verschonen, bis eine neue Welle eingesetzt war.

Sechs Tage später, als das Ersatzteil kam, half mir einer der Taucher, Roger Haydock, die Welle unter Wasser auszutauschen. Dabei entdeckten wir, daß auch das Hecklager ersetzt werden mußte. Wir fanden noch eins unter unseren Ersatzteilen, und ich atmete erleichtert auf. Es zehrte an den Nerven, in der für Wirbelstürme anfälligsten Jahreszeit eine Neuntonnenschaluppe eine Woche lang mit einem Holzpflock über Wasser zu halten.

Als wären diese praktischen Proben unserer Zielstrebigkeit noch nicht genug, erwarteten uns in Bimini weitere Herausforderungen. Archäologen, die im Gelände arbeiten, müssen sich mit ganz spezifischen Problemen auseinandersetzen, vor allem, wenn keine größere Stadt in der Nähe ist. Das Wetter, Schlangen, Schatzräuber und Insekten können einem Archäologen das Leben schwer

machen. Aber bei schönem Wetter können sie wenigstens den

ganzen Tag auf der Fundstätte verbringen. Bei uns war das anders. Zu den üblichen Ablenkungen, die wir abwehren mußten, kamen Fischerboote, die mit beachtlicher Geschwindigkeit über uns herumfuhren und unsere Bojen überrannten, in unserer Nähe erschienen tauchende Touristen und sogar ein Filmteam, das Aufnahmen für einen Pornofilm drehte.

Die größte Schwierigkeit, mit der wir ständig zu kämpfen hatten, waren gute Sichtbedingungen. Unter Wasser läßt sich am besten bei Flut arbeiten. Bei Ebbe können winzige Partikel von den Bänken die Sicht innerhalb von Minuten drastisch verschlechtern. In einem Moment sieht man 20 bis 30 m weit, im nächsten nur noch 3 oder 4 m, wobei man meint, in einem Unterwasserschneesturm zu stecken, wenn die Sonne Millionen kleinster Teilchen beleuchtet. Die beste Sicht herrschte zwischen 9 Uhr vormittags und 4 Uhr nachmittags, ein kurzer Regen oder die Ebbe konnten aber unsere Zeit, in der wir gute Arbeitsbedingungen hatten, schnell auf ein oder zwei Stunden verkürzen. Eine weitere Schwierigkeit bestand in der Ausdehnung der Stätte. Wir lernten schnell, besondere Stellen sorgfältig zu kennzeichnen, da man sie in der unermeßlichen Wasserlandschaft sonst nicht mehr wiederfand oder Sand sie zugedeckt hatte.

Bestimmten Arten giftiger Fische gingen wir aus dem Wege, nachdem wir sie uns eingeprägt hatten. Trotz großer Sorgfalt plagte uns hin und wieder der Stachel eines Seeigels. Und Feuerkorallen vermittelten einem unvorsichtigen Taucher gelegentlich das brennende, ätzende Gefühl einer unfreiwilligen Bekanntschaft.

Wer glaubt, die Arbeit in tropischen Gewässern sei etwas Grandioses, wird die Sache ein wenig nüchterner betrachten, wenn er auf den ersten Barracuda gestoßen ist. Das offene Maul mit den mörderischen Zähnen, stets bereit, zuzuschnappen, langsam atmend, signalisiert sein silbriger 1 bis 1,5 m langer Körper Schnelligkeit und Gefahr. Bevor wir ins Wasser gingen, mußten wir alle blinkenden Metallteile unserer Ausrüstung mattieren, da Barracudas sie sonst für Elritzen hätten halten können. Trotzdem war ich einige Male überrascht, wenn ein einzelner Barracuda oder ganze Gruppen neben mir auftauchten. Obwohl ich ihnen oft begegnet bin und weiß, daß sie sehr neugierig sind und es nur 30 verbürgte Fälle von Angriffen auf Menschen gibt, hatte ich immer dieses eigenartige Gefühl in der Magengegend, wenn plötzlich einer dieser Fische auftauchte. Unabhängig von der eigenen Erfahrung heißt es hier immer, äußerst vorsichtig zu sein. Man zieht sich am besten langsam und vorsichtig zurück und behält sie dabei immer im Auge.

Selbst wenn man anfängt, sich an einer Anlage unter Wasser zu Hause zu fühlen, kann man Überraschungen erleben. Es war an einem Tag, als wir mit Band und Kompaß Vermessungen vornahmen. Gary Varney hielt das Maßband an die Kante eines der megalithischen Blöcke. Plötzlich schnappte eine Muräne nach seinem Finger und versuchte, seinen Arm unter den Block zu ziehen. Auch wenn es eine kleine Muräne war (wir hatten zwei von fast 2 m Länge gesehen), mußte Gary sich anstrengen, damit er freikam, und sein Finger war böse zugerichtet. Wir reinigten und verbanden die Wunde sofort, aber noch in der gleichen Stunde begann die Lymphdrüse unter seinem Arm anzuschwellen. Glücklicherweise hatten wir Antibiotica an Bord. Das Maul von Muränen ist unglaublich schmutzig, und von ihnen verursachte Wunden müssen sofort behandelt werden, damit keine Infektionen entstehen.

Im Gegensatz dazu waren wir bei unserer Arbeit durch Haie sehr viel weniger gefährdet. Wir tauchten nach Möglichkeit außerhalb der Zeit, wenn sie auf Nahrungssuche waren, und bei guter Sicht und erhöhten so unsere Sicherheit. Nach meinen Erfahrungen in Bimini waren erstaunlicherweise die kleineren Haie die aggressivsten. Der feindseligste, dem ich begegnete, war nur 60 bis 90 cm lang. Er schwamm in etwa 5 m Tiefe schnell und unruhig hin und her. Plötzlich fuhr er wie wild in einen Schwarm kleiner Riff-Fische und schoß dann nach oben. Der Ausbruch, den mir dieses kleine Exemplar vorführte, flößte mir einen gesunden Respekt davor ein, wozu größere Haie offensichtlich in der Lage sind. Da wir nicht genau wissen, wodurch bei Haien Furcht ausgelöst wird, warne ich jeden vor von Haien bewohnten Gewässern, wenn er sich nicht voll in der Gewalt hat. Falls man auf Haie oder Barracudas stößt, muß man auf jeden Fall vermeiden, sich heftig zu bewegen und um sich zu schlagen – wie es verwundete Fische tun.

Der verrückteste Zufall ergab sich jedoch durch einige Studenten, die einige meeresbiologische Experimente mit Haien durchführten. Wir sahen die jungen Leute eines Tages am Paradise Point, als wir mit dem täglichen Tauchen beginnen wollten. Von ihrem Gummiboot aus hatten sie einige elektronische Geräte in das Wasser gehängt. Wir fragten, was sie vorhätten, und sie sagten uns, daß sie versuchten, Haie anzulocken. Wir waren entsetzt und baten sie, ihr Labor an eine andere Stelle zu verlegen, weil wir mit unserer Arbeit nicht ausweichen könnten. Zu unserer Erleichterung waren sie einverstanden, und wir begannen mit unserer Arbeit. Aber schon am nächsten Tag waren sie wieder da und ließen diesmal blutiges Fleisch in das Wasser hinunter. Die sich anschließende Unterhaltung überzeugte sie schließlich, daß das, was sie taten, für die Wissenschaft vielleicht von Bedeutung war, für unsere Sicherheit jedoch gefährlich. Gelegentlich sahen wir sie noch, aber nicht mehr an der Stätte. Sie arbeiteten anderswo und verbesserten damit ohne Zweifel bei uns die Zustände unter Wasser.

An einem Abend nach Sonnenuntergang – wir hatten den Tag vorher festgelegt – fuhren drei von uns mit der »Makai II« von Bimini nach Miami. 20 km von Bimini entfernt kamen wir in mehrere Regengebiete und Sturm. Plötzlich sahen wir etwa 500 m vor uns regungslos ein Schiff liegen. Aufgrund der Positionslampen schätzten wir es auf mindestens 30 m Länge, doch nachts irrt man sich leicht. Das Schiff blendete uns mit einem Scheinwerfer. Ich schaltete sofort den Kurzwellensender auf Kanal 16 ein, der auch für Notrufe benutzt wird und den die meisten Schiffe mithören, die in die Vereinigten Staaten hinüberfahren. Wir bekamen keine Antwort, aber ich wußte, daß unser Funk in Ordnung war, denn die Sendeanzeige leuchtete auf und das Boot hatte eine ausgezeichnete Antenne.

Wir näherten uns dem unbekannten Schiff ziemlich schnell. Um einer drohenden Kollision zu entgehen, änderten wir schließlich den Kurs. Aber das andere Schiff manövrierte kurz und war dann wieder auf Kollisionskurs. Ich versuchte es jetzt mit dem anderen Funksprechgerät auf einem niedrigeren Band, 2.182 Kilohertz, der internationalen Notruf-Frequenz. Inzwischen gingen uns die abenteuerlichsten Gedanken durch den Kopf. Hatten wir es mit einem der bahamesischen Kanonenboote zu tun, die in den Hummerkrieg zwischen Hummerfängern aus Florida und der bahamesischen Regierung eingeschaltet waren? War es ein Piratenschiff? Einige Monate vor Beginn der Expedition hatte ich einen Bericht mit Material der Küstenwache gelesen, in dem es um das unerklärliche Verschwinden mehrerer hundert Yachten in den letzten zwei Jahren ging. Sämtliche verschwundenen Schiffe hatten über weitreichenden Funk verfügt. In den meisten Fällen hörte man von den Mannschaften nie mehr etwas. Einige wurden in kleinen Booten aufgefischt und erzählten, sie seien mitten in der Nacht von bewaffneten Männern geentert worden. Es sei zu Schießereien gekommen. Offiziell hieß es, die Schiffe seien wahrscheinlich Piraten in die Hände gefallen und dienten jetzt dem Rauschgiftschmuggel.

Ich überlegte mir, ob wir unsere kleinen Waffen hervorholen und versuchen sollten, uns selbst zu verteidigen, wenn wir erneut gezwungen würden, den Kurs zu ändern, um eine Kollision mit dem seltsamen Schiff zu vermeiden. Augenblicke später näherte sich mit großer Geschwindigkeit ein kleines Boot von achtern und krachte steuerbord gegen unseren Rumpf. Da, und wirklich erst da, erkannte ich, daß wir es mit der US-Küstenwache zu tun hatten. Als der Zollbeamte an Deck kam, sagte er uns, es handele sich um eine Sicherheitskontrolle. Ich konnte es nicht glauben. Da liefen wir unter vollen Segeln in internationalen Gewässern, schlugen uns durch Regen- und Sturmböen, und wurden durch waghalsiges Manövrieren gefährdet. Und alles nur, weil man es versäumt hatte, die Radiowache für die beiden Pflichtfrequenzen zu besetzen. Ich war dem Zollbeamten gegenüber, glaube ich, ziemlich sarkastisch. Er prüfte routinemäßig die Schiffspapiere, wollte die gesetzlich vorgeschriebene Sicherheitsausrüstung sehen und so weiter. Ironie, daß er, als er von Bord ging, seine eigene Schwimmweste vergaß. Ich warf sie dem abfahrenden Boot hinterher. Ich möchte nicht wissen, wie oft auf die Küstenwache geschossen wird, wenn sie andere Bootsmannschaften genauso behandelt wie uns.

7

Weitere Entdeckungen – und eindeutige Beweise

Den ganzen Sommer über stand eine Frage ständig vor uns: Welchen Zweck hatte die Bimini-Straße ursprünglich? Würden wir irgend etwas entdecken, das sie als sakrale Stätte auswies? Es ist richtig, daß sich die Beweise mit fortschreitender Arbeit häuften, daß Menschen die gewaltigen Blöcke nach bestimmten Mustern angelegt hatten. Die gleichen Beweise schienen auch für das Vorhandensein einer megalithischen Stätte zu sprechen. Aber dann entdeckte ich eines Tages, als ich vor Paradise Point tauchte, eine eigenartige Gruppierung von drei Steinen. Dutzende Male war ich darüber hinweggeschwommen, ohne daß mir die Anordnung aufgefallen war. Jetzt war ich erstaunt, wie ich sie hatte übersehen können. Die drei Steine bildeten einen Pfeil, und wenn man ihn mit der Grundfläche des ganz in der Nähe liegenden »Steinkeiles« verband, schien die Gruppe nach Osten zu weisen.

Ermutigt durch diesen Hinweis auf eine in diesen steinernen Überresten bestehende Ordnung, schwamm ich die Hauptreihe weiter nach Nordosten, wo ich zu meiner Überraschung zwei lange, dünne, fast zylindrische Steine in ungefähr dem gleichen Abstand fand wie zwischen dem Pfeil und dem »Steinkeil«. Sie ähnelten sehr stark einem Obelisken oder Menhir, obgleich sie jetzt, wie alle anderen Steine der Stätte auch, am Boden lagen. Zu einem Ende hin verjüngten sie sich und lagen auf verschiedenen kleineren Steinen. Es ist daher denkbar, daß sie einmal aufrecht standen. Es schien unwahrscheinlich, daß diese geometrische, auf die Tagundnachtgleiche ausgerichtete Anordnung ein Zufall der Natur war.

Und jetzt fanden wir auch weitere Anhaltspunkte. Ich erinnerte mich, daß man zwei Stellen gefunden hatte, in denen die Zahl Fünf zum Ausdruck kam: An einer entdeckten wir eine ausgedehnte Reihe aus 14 einzelnen Steinen, jeder etwa 1,35 m im Quadrat, die in einen pflasterähnlichen Teil aus fünf nebeneinanderliegen-

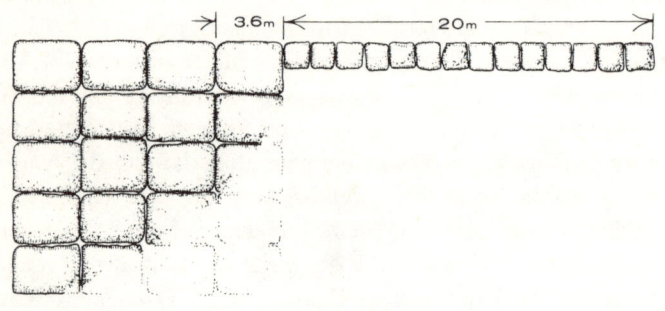

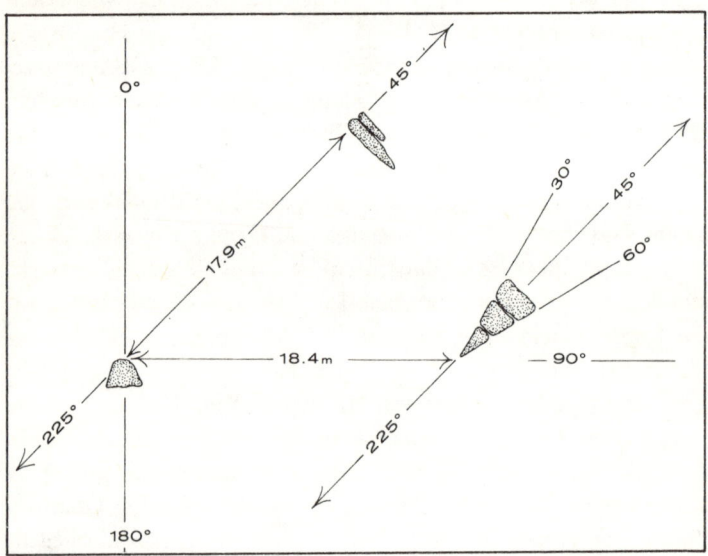

den Steinen überging, von denen jeder etwa 2,5 × 3,5 m maß. Diese sehr imposante Anlage erstreckte sich etwa 32 m nach Nordosten.

In einem anderen Abschnitt, den John Parks als typisch für eine menschliche Intervention ansah, fanden wir fünf Steine nebeneinander und fünf kleinere Steine, die sich zu einem Muster aus sechs Steinpaaren gleicher Größe zusammensetzten. Diese Hervorhebung der Zahlen Fünf und Sechs in der Anlage erinnerte mich daran, daß John Michell diese Zahlen mit bereits bekannten megalithischen Stätten in Verbindung gebracht hatte.

Im Spätsommer führte John Steele eine Gruppe an, die ein weiteres mögliches »megalithisches Bindeglied« fand – sie entdeckte Bruchstücke riesiger Steine, die darauf hindeuteten, daß der kürzere Ast des »J« sich möglicherweise einmal sehr viel weiter ausgedehnt hatte. Das legt die Vermutung nahe, daß es ursprünglich einmal die Form eines Hufeisens oder einer Haarnadel hatte, ein Merkmal, auf das man auch in Stonehenge gestoßen war. (Ebenso wie Stonehenge ist auch die Anlage in Bimini nach Nordosten ausgerichtet.)

Die Ankunft eines unerwarteten Besuchers machte uns bald klar, daß nur einige hundert Meter westlich der Straße ein weiterer möglicher Hinweis auf das Wirken von Menschen lag. Jaques Meyol, ein Tauchexperte und Freund Dr. Valentines, wollte, daß wir uns einen sonderbaren Graben ansahen, auf den er und Dr. Valentine 1970 in der Nähe der Anlage in der Bimini-Straße gestoßen waren. Bevor John Parks sich uns zu einer gründlichen Untersuchung des Grabens anschloß, versicherte Jaques Meyol noch einmal, daß es sich nicht um eine natürliche Verwerfung des Meeresbodens handele. An den Ecken des Grabens, dessen Boden eben war, gab es keinerlei Anzeichen für Bruchstellen. Der Graben schien direkt aus dem Kalkstein des Meeresbodens herausgeschnitten.

Oben war er etwa 1,2 m breit, am Boden fast 50 cm. Die zur Küste zeigende Grabenwand war fast senkrecht, die zum Meer hin

Links oben: Die »Pfeilsteine«.

Mitte: Das Steinmuster mit den Zahlen 14 und 55.

Links unten: Geometrische Anordnungen an der Stätte am Paradise Point.

liegende stieg in einem Winkel von 45° an. Der Querschnitt zeigte also ein asymmetrisches Bild, das offensichtlich gezielt von Menschenhand entworfen war. Insgesamt war der Graben etwa 98 m lang und 63 cm tief. Von seinem Nordende aus zeigte die mißweisende Peilung zum Rockwell-Anwesen auf Bimini etwa 165°, zum kleinsten der sich kreuzenden Felsen etwa 205°. Der nördliche, 80 m lange Teil wies in die Richtung von 30° Azimut, der südliche, 20 m lange in die Richtung von 10°. Der kürzere Südabschnitt ging über die Verbindungsstelle hinaus. Die Verbindung zwischen beiden schien wie mit der Säge abgeschnitten. Auch dieser abrupte Richtungswechsel war nach Johns Meinung nicht mit einer natürlichen Verwerfung vereinbar. Je mehr wir uns umsahen, desto unvernünftiger wurden alle Erklärungen. Alles in allem war der Graben für uns ein weiteres Geheimnis in den bahamesischen Gewässern.

Viele Wochen hatten wir mit geologischen Problemen und der

Die Maße des »Gebäudeblocks«.

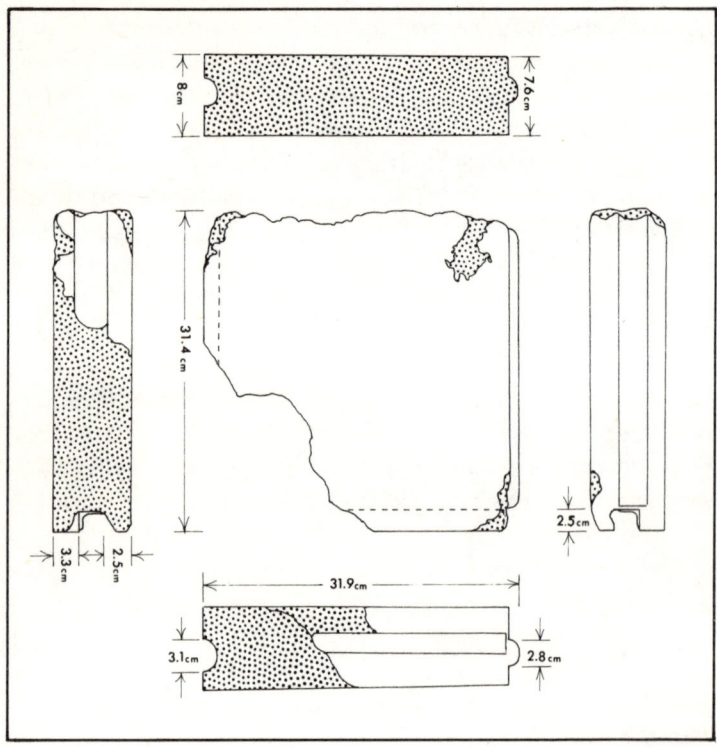

Der Autor untersucht den alten Steinblock, nachdem man ihn an Bord gebracht hat.

Vermessung der Stätte zu tun und näherten uns der letzten Woche der Expedition. Die tropische Hitze des Spätsommers machte uns müde und matt. Am 27. August untersuchten wir gerade eine neue Anordnung der Steinblöcke, als ich plötzlich ungefähr 6 m unter mir etwas erblickte, das wie von Menschenhand geschaffen aussah. Ich tauchte nach unten und fand nach näherer Untersuchung, daß das steinerne Objekt tatsächlich menschlichen Ursprungs war. Nur etwa 15 cm einer Kante waren freigelegt, und da dieser Teil kaum bewachsen war, konnte ich annehmen, daß die Strömung ihn erst vor relativ kurzer Zeit aufgedeckt hatte. In wenigen Minuten hatte ich die anderen herangeholt, machte Aufnahmen und barg den Gegenstand, der sich als Stein aus einem alten Bauwerk erwies.

Obwohl sich über uns ein Gewitter zusammenbraute, jubelten wir, als wir ein außergewöhnliches Muster mit Spund und Nut erkannten und sahen, daß es der Teil eines größeren Stückes war. Wir nahmen sorgfältig Maß und fanden heraus, daß die flachen Seiten nicht parallel verliefen und daß die unterschiedliche Stärke von etwa 7,5 cm auf eine schräg abfallende Wand oder einen geformten Gegenstand schließen ließ. Er hatte die Farbe an der Sonne getrockneter Ziegel aus dem Vorderen Orient, und wir hofften, daß er gebrannt war, damit wir mit entsprechenden wissenschaftlichen Methoden das Alter feststellen konnten. Die Elemente von Feuer- und Kalkstein, die er offensichtlich enthielt, deuteten auf eine Sand- und Kalksteinmischung hin, die es auf den Bahamas nicht gab. Wir konnten jedoch nichts Bestimmtes sagen, bevor wir nicht das Alter kannten und den Stein einer eventuell bekannten Kultur zurechnen konnten. Als wir die Verwitterung des Blocks untersuchten und das ausgefallene Fugenmuster erkannten, war uns klar, daß er ein sehr hohes Alter hatte und nicht mit der einfachen Kultur der lokalen Lucaya-Indianer in Verbindung zu bringen war. War es vielleicht ein Überbleibsel einer Stätte einer anderen, einer alten Kultur?

Nur sechs Tage später machte Gary Varney, ein Wünschelrutengänger und Taucher, eine Entdeckung in einiger Entfernung von unserem eigentlichen Forschungsareal. Gary machte mit seiner Wünschelrute einen der für uns wichtigsten Funde. Bereitwillig tauchte ich an der Stelle, zu der Gary mich führte. Wir fanden einen stilisierten Kopf, dessen Gewicht wir auf 90 bis 135 Kilo schätzten. Er ähnelte mehr einem Tier- als einem Menschenkopf, vor allem von links. Ich rollte ihn auf die Seite und schlug ein klei-

Der Marmorkopf an seinem ursprünglichen Fundort in 6 m Wasser-tiefe.

nes Stück von einer Kante am Boden ab. Als wir auftauchten, sahen wir, daß es herrlicher, weißer Marmor war. Auf den Bahamas gibt es keinen Marmor, und bei diesem Stück hatte das Meerwasser mindestens 3 mm abgeschliffen. Ich erkannte die Bedeutung dieses Fundes, gleichzeitig auch, daß wir eine Sondererlaubnis der Regierung brauchten, wenn wir den Kopf heben wollten. Hätte ich gewußt, was dabei auf uns zukommt, hätte ich auf die politische Zusage spekuliert und ihn sofort gehoben.

Welcher Kultur man die Stätte am Paradise Point letztlich auch würde zuordnen können, ich spürte, daß wir auf dem Weg waren, die erste Phase unserer Suche abschließen zu können. Die Entdeckung zweier von Menschenhand stammender Artefakte, die starke Verwitterungserscheinungen aufwiesen, bedeutete für die Expedition einen wirklichen Durchbruch. Jetzt würden wir schnellstens versuchen, das Alter des Steines genau zu bestimmen. Wir würden auch prüfen, ob es irgendwelche Verbindungen zu 77

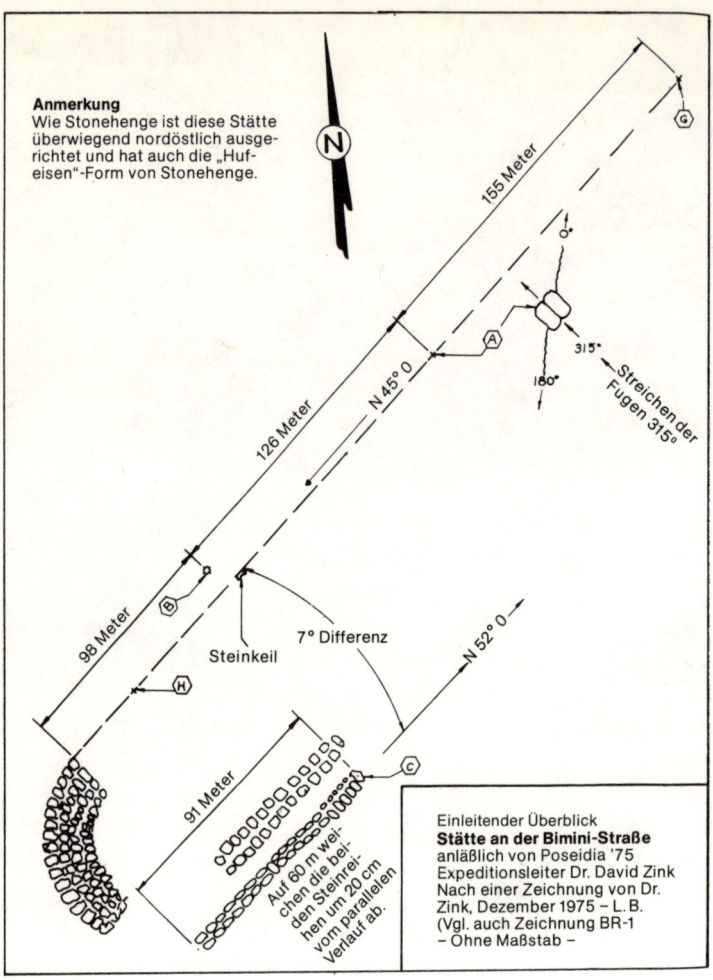

Anmerkung
Wie Stonehenge ist diese Stätte überwiegend nordöstlich ausgerichtet und hat auch die „Hufeisen"-Form von Stonehenge.

N

155 Meter

G

0°

315°
180°

Streichen der Fugen 315°

126 Meter

N 45° 0

A

98 Meter

B

H

7° Differenz

Steinkeil

N 52° 0

91 Meter

C

Auf 60 m weichen die beiden Steinreihen um 20 cm vom parallelen Verlauf ab.

Einleitender Überblick
Stätte an der Bimini-Straße
anläßlich von Poseidia '75
Expeditionsleiter Dr. David Zink
Nach einer Zeichnung von Dr. Zink, Dezember 1975 – L. B.
(Vgl. auch Zeichnung BR-1
– Ohne Maßstab –

bekannten präkolumbischen Kulturen gab. Die Arbeit am Kopf selbst würden wir noch einige Zeit zurückstellen müssen, aber wir würden Fotos an Experten für präkolumbische Kultur schicken und ihr Urteil erbitten. Das Marmorstück aus dem Fundament des Kopfes würden wir so lange gut aufheben, bis der Kopf gehoben war.

Die Saison ging dem Ende zu, und wir waren zuversichtlich, es mit einer archäologischen Fundstätte einer alten, unbekannten megalithischen Kultur zu tun zu haben und eindeutige Beweise liefern zu können, die die Mutmaßungen anderer stützten, die vor uns

über die Funde von Bimini geschrieben hatten. Wir hatten bereits erkannt, daß es keinen vernünftigen Grund gab, die Stätte als Straße zu bezeichnen. Wie John Steele feststellte, gehörte die Haarnadelkurve – falls sie tatsächlich Teil einer Straße war – in gebirgiges Gelände, nicht auf den ebenen Meeresboden, wo wir sie fanden. Aber obwohl man annehmen mußte, daß das umgedrehte »J« eine Küstenschutz- und Hafenanlage war, fehlte die Höhe, die sie für ein wirksames Funktionieren hätte haben müssen. (Möglicherweise umfaßte sie einmal mehrere Steinreihen und hatte auch andere Funktionen, wenngleich später gefundene Anhaltspunkte den Schluß nahelegten, daß sie eine kultische Funktion hatte.) John Steele, der sich bei megalithischen Stätten in Europa auskannte, machte ständig Anmerkungen zur Größe und dem Gewicht der Blöcke, zu den Hinweisen auf bestimmte heilige Zahlen in den Mustern der Steine und zu der möglichen Ausrichtung auf die Tagundnachtgleiche. Zählte man noch unsere Entdeckung der Süßwasserquelle in der Nähe der Stätte hinzu, die auf einer Luftaufnahme aus dem Jahr 1974 zu sehen ist und ein weiteres Indiz für eine sakrale Stätte war, so machte das Bimini zu einem ernsten Konkurrenten für die Mystery Hills in New Hampshire im Rennen um den Anspruch, das älteste megalithische Bauwerk in der Neuen Welt zu sein. In seinem archäologischen Bericht hielt John nach der Expedition fest: »Ich bin zu dem Schluß gekommen, daß es sich tatsächlich um eine archäologische Stätte megalithischer Bauwerke handelt. Es gibt auch gute Gründe anzunehmen, daß sie eine kultische Funktion hatte.«

Teil II

Die Suche
geht weiter

8

Theoretiker
über Atlantis

Nach Virginia zurückgekehrt, machte ich mich auf einigen Wirbel gefaßt. Abgesehen von den offenen Fragen und kontroversen Folgerungen, die das Projekt aufgeworfen hatte, stand ich im Sommer nach der Poseidia '75-Expedition an einem Scheideweg: Bald würde ich mich entscheiden müssen, ob ich an die Universität zurückkehren wollte. Jedes weitere Eindringen in die Rätsel von Bimini würde ohne Frage eine Arbeit sein, die alle Kräfte in Anspruch nahm – und neue Probleme tauchten bereits in alarmierender Fülle auf. Ich mußte das Für und Wider dieser Investition genau abwägen.

Natürlich glaubte ich allmählich daran, zum Problem Bimini etwas Ernsthaftes beitragen zu können. Allerdings war es beruflich gefährlich, sich auf dieses Eis zu wagen. Diese bahamesischen Inseln konnten viel Zeit und Geld verschlingen, ehe sie ihre Geheimnisse preisgaben. Ich hatte genug gesehen, um unbeirrt zu glauben, daß wir es mit einer frühgeschichtlichen Stätte zu tun hatten. Ich wußte aber auch, wie schwierig es sein würde, das einer skeptischen Welt zu beweisen, und noch wieviel schwieriger, die Frage zu beantworten, wer wann dort gesiedelt hatte. Wenn ich bedrückt war, fragte ich mich manchmal, ob ich wirklich diese zahllosen Rätsel der Frühgeschichte würde lösen können. Würde der eventuelle Erfolg es rechtfertigen, die Universität zu verlassen? Und würde ich als viktorianischer Gelehrter danach wieder Aufnahme finden? Andererseits hatte die Universität vielleicht bald das Nachsehen, wenn den Studenten allmählich die Widersprüche der Frühgeschichte klarwurden. Vielleicht war es doch besser, weitere Antworten und Einsichten durch persönliches Forschen vor Ort anstatt in der Bibliothek zu suchen.

Ich sah schließlich ein, daß meine Entscheidung nie rein rational sein würde. Viele Stunden kämpfte ich mit mir und zwang mich, mir noch einmal in Erinnerung zu rufen, was mich eigentlich nach

Bimini geführt hatte. Am Ende meiner Überlegungen stand die feste Überzeugung, daß es sowohl wichtig wie auch notwendig sei, die Untersuchungen fortzusetzen. Nun, so erkannte ich, war es an der Zeit, in die Bibliothek zurückzukehren und alles über Atlantis und Bimini in Erfahrung zu bringen, bekannte Funde und Vermutungen, Mythen und wissenschaftliche Erkenntnisse. Diese Arbeit würde mir über die langen Wintermonate hinweghelfen und mich auf die Poseidia '76 vorbereiten.

Vieles aus Platos Legende (vgl. Anhang 1) läßt sich heute offensichtlich nicht mehr verifizieren. Doch als ich darüber nachdachte, stellte ich fest, daß einiges einer Untersuchung durchaus zugänglich scheint, anderes dagegen weniger. Unter den Bäumen und der Fülle der Früchte z. B., die Plato beschrieb, waren jene, die »Speisen, Getränke und Salben« bieten. Andere Quellen haben mich in der Annahme bestärkt, daß er von der Kokosnuß sprach, die im Mittelmeerraum nicht heimisch ist und die die Griechen erst

Platos Entwurf von der Erde.

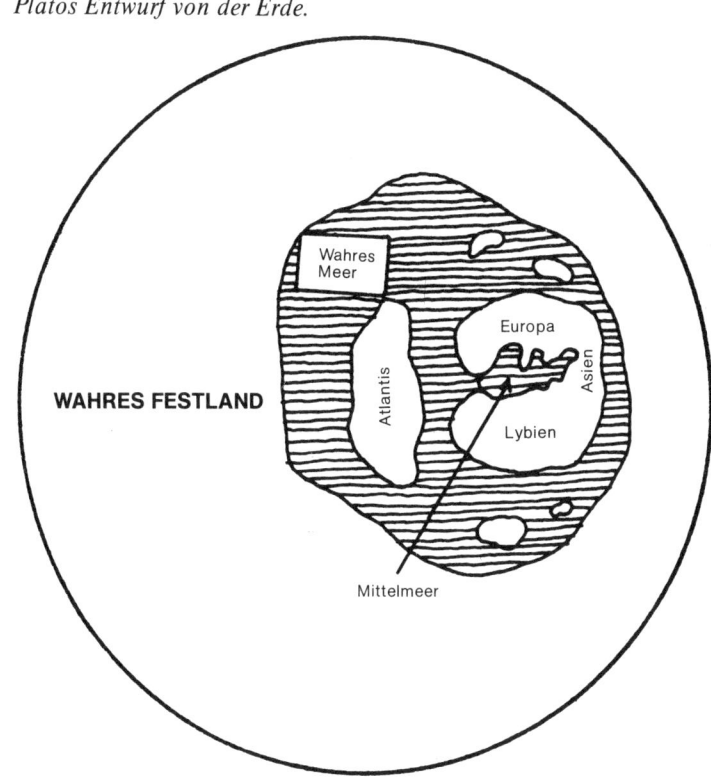

83

ein Jahrhundert nach Plato kennenlernten. Ich entschloß mich, mehrere Hefte anzulegen, in denen ich Tatsachen festhalten konnte, die sich deckten oder ergänzten.

Ich befaßte mich weiter mit Platos Bericht und fand Hinweise auf einen besonders wichtigen Punkt: die Lage von Atlantis. Im »Timaios« sagt Kritias: ».. . befand sich eine Insel, . . . von welcher den damals Reisenden der Zugang zu den übrigen Inseln, von diesen aber zu den ganzen gegenüberliegenden, an jenem wahren Meere gelegenen Festland offenstand.« Viele halten das für einen Hinweis auf den Pazifik. Wie konnte Plato, der vermutlich von der Existenz der beiden Amerikas und des Pazifiks nichts wußte, mit diesem geographischen Bewußtsein schreiben?

Die Antwort liegt vielleicht in der alten Piri Re's-Karte, die ein türkischer Admiral um 1513 zusammenstellte – 20 Jahre nach Kolumbus' erstem Versuch, Amerika zu erreichen. Erstaunlicherweise zeigt sie Südamerika und deutet wohl auch die Umrisse von Land unter dem Eis der Antarktis an. Da die Küste der Antarktis seit 20 000 Jahren mit Eis bedeckt ist, fragt man sich mit Recht, wie diese Information, die erst 1957/58 im Internationalen Geophysikalischen Jahr bestätigt wurde, vor mehr als 450 Jahren bereits bekannt sein konnte.

Man hat Charles H. Hapgood, einen Kartographen und Historiker, gebeten, die Piri Re's-Karte zu untersuchen. Nach sorgfältigem Studium kamen er und seine Studenten zu dem Ergebnis, daß sie auf einer Merkatorprojektion beruhte, die vom Schnittpunkt des Meridians von Alexandria in Ägypten mit dem Wendekreis des Krebses aus aufgenommen war. In seinem Buch »Maps of Ancient Sea Kings« (Karten alter Meerkönige) stellt Hapgood die Theorie auf, daß bei der Anfertigung der als Quellen benutzten Karten Kenntnisse der sphärischen Geometrie vorausgesetzt werden mußten. Man nimmt an, daß die Karte auf 20 früheren Quellen aufbaut, einschließlich alexandrinischer Griechenlandkarten. Vor der Zerstörung durch Kaiser Theodosius 389 v. Chr. und den Kalifen Omar 642 v. Chr. hatte die große Bibliothek von Alexandria unter ihren Beständen ohne Zweifel auch alte Karten, von denen Plato einige möglicherweise bekannt waren. Falls Hapgood recht hat, deutet die Piri Re's-Karte auf eine frühgeschichtliche Zivilisation mit wissenschaftlichen Kenntnissen hin, von denen der Mensch des 20. Jahrhunderts nichts geahnt hat.

Obwohl ich in der Zeit als Lehrer viel gelesen hatte, was mit der

84 Atlantis-Legende zusammenhing, war mir bewußt, daß ich noch

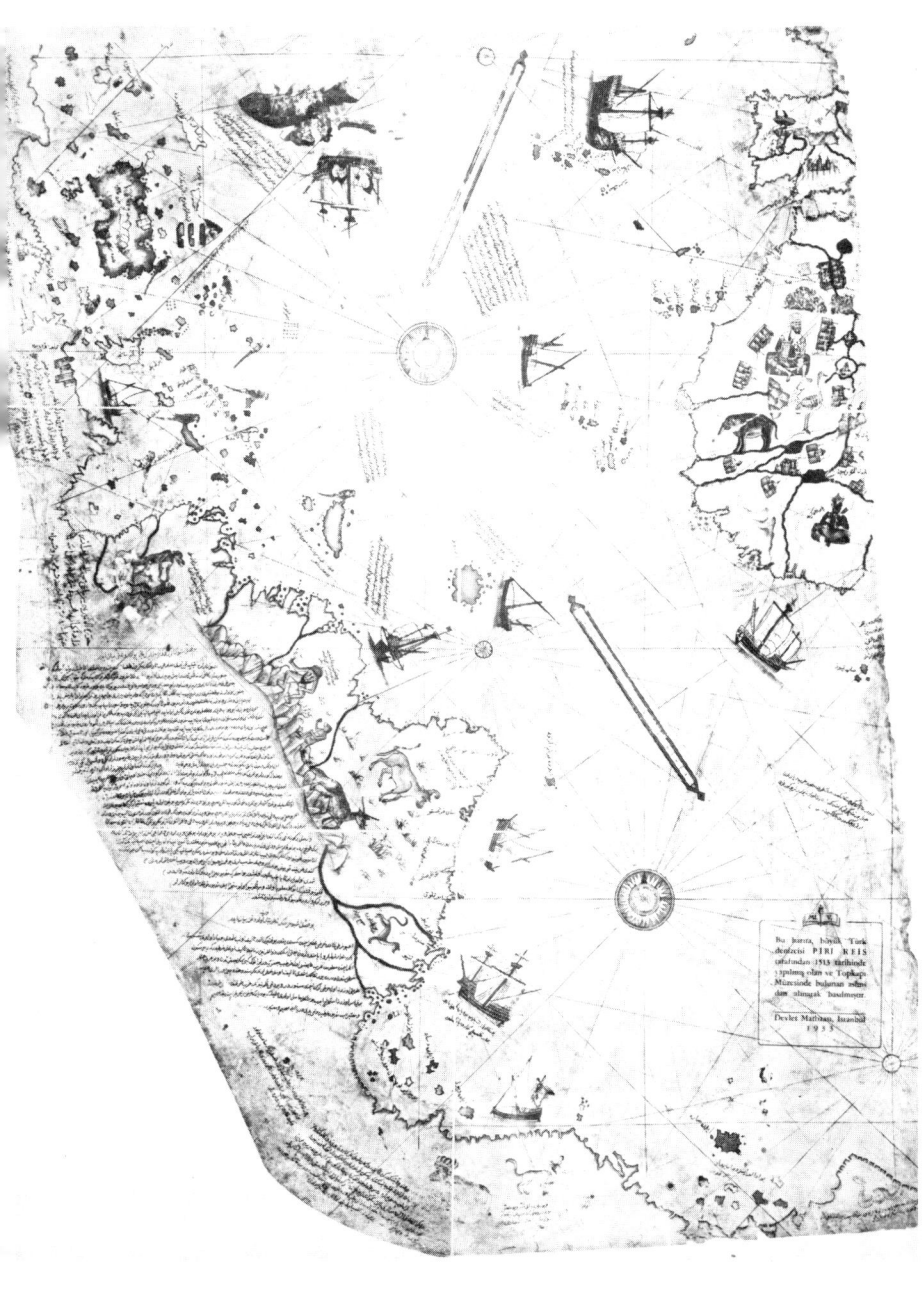

*Die Piri Re'is-Karte von Afrika (Elefant), Südamerika (links dar-
unter) und vom jetzt von der Eiskappe bedeckten Gebiet (unten).*   85

angestrengter würde suchen müssen, um auf Verbindungen zwischen Atlantis und Bimini zu stoßen. Mein kleines schwarzes Merkbuch füllte sich, je mehr ich mich in die Nachforschungen vertiefte. Platos Legende hatte sehr viel Widerspruch ausgelöst. Jetzt wollte ich herausfinden, welche Schlüsse seine Nachfolger gezogen hatten – falls sie das überhaupt getan hatten.

Selbst wenn man zugesteht, daß die Legende über Atlantis die Phantasie des Menschen seit jeher gefesselt hat, ist man erstaunt darüber, daß es zu diesem Thema etwa 5000 Bücher in 20 Sprachen gibt. Allein in den letzten Jahren ist das Interesse sprunghaft gestiegen. Die heutigen Theoretiker über Atlantis sind die letzten in einer langen Kette von Denkern, die, wie z. B. Aristoteles, z. T. aus der Zeit Platos selbst stammen. Im letzten Jahrhundert sind über ein Dutzend Theorien über Atlantis aufgestellt worden. Viele sind stark nationalistisch gefärbt und siedeln Atlantis in dem Teil der Welt an, aus dem der jeweilige Autor kommt. Aber als ich die Werke durchlas, entdeckte ich, daß all diese Theoretiker in eine von drei verschiedenen Gruppen passen:

1. Diejenigen, die glauben, Plato habe die Legende selbst erdacht. Als erster zweifelte Aristoteles, Platos eigener, früherer Schüler, an dem Bericht. Aristoteles selbst schrieb von einer Insel im Atlantik, die den Karthagern als Antillia bekannt war. Unter Hinweis auf Platos Atlantis spöttelte er: »Der sie erfand zerstört sie auch.« Der letzte und bekannteste unter den Skeptikern ist L. Sprague de Camp, der in seinem Buch »Verlorene Kontinente« behauptet, Atlantis sei lediglich ein literarisches Sujet, das Plato sich ausdachte, um seine Gedanken aus dem »Staat« fortführen zu können.

2. Diejenigen, die Plato korrigieren, indem sie entweder Atlantis aus dem Atlantik heraus an einen anderen Platz verlegen, alle Maßangaben durch zehn teilen, oder was einem sonst gerade einfällt. Diese Gruppe vertreten Autoren wie Velikovsky und der griechische Seismologe Galanopoulos, der 1960 behauptete, Atlantis auf Thera im Ägäischen Meer entdeckt zu haben. (Vgl. Anhang: Der Streifall Thera.)

3. Schließlich jene, die glauben, daß Plato ernsthaft über Ereignisse berichtet hat, die sich tatsächlich zugetragen haben können. Im Verlauf meiner Nachforschungen neigte ich mehr und mehr dazu, diese letzte Gruppe zu unterstützen, die ihren bahnbrechenden Vertreter in Ignatius Donnelly (1831–1901) hatte, einem der

gebildetsten Kongreßabgeordneten Amerikas. Nach Jahren har-

Donnellys Entwurf über die koloniale Ausbreitung der Atlanter.
Atlantis selbst ist eingekreist.

Interessant die Ähnlichkeit zwischen der Stufenpyramide in Ägypten (oben) und der Maya-Pyramide in Chichen Itza.

ter Arbeit in der Kongreßbibliothek veröffentlichte er 1882 sein Buch »Atlantis, die antediluvianische Welt«. Ich glaube, dieses Werk begründete unser modernes Studium über Atlantis und umriß die großen Fragen, die auch die Forschung von morgen beschäftigen werden.

Donnelly baute auf den Werken früherer Autoren auf, die die Azoren und Kanarischen Inseln als Überbleibsel von Atlantis ansahen, sowie auf Autoren, die die Mayas für Abkömmlinge der Bewohner von Atlantis hielten. Die andauernde Entdeckung neuer Bauwerke aus der Maya-Kultur in Yucatan, Britisch-Honduras (jetzt Belize), Honduras, El Salvador und Guatemala hat viele immer wieder veranlaßt, auf die großen architektonischen Parallelen zwischen der Kultur der Mayas und der der Ägypter hinzuweisen: Stufenpyramiden, Säulen, Obelisken, Stelen (aufrecht stehende Steintafeln mit Inschriften oder bildlichen Darstellungen), die Verwendung von Hieroglyphen als Ornament, Flachreliefs und das eigenartige Fehlen echter Bögen. Beide Kulturen hatten den Kragbogen, ebenso wie die alten mykenischen Griechen.

Zusätzlich zu den architektonischen Parallelen fand Donnelly bedeutsame Ähnlichkeiten zwischen Ägypten und Mittel- und Südamerika: frühe Verwendung des Sonnenkalenders, Sonnenanbetung, Mumifizierung und Pyramiden. Donnelly glaubte, daß Atlantis die erste Zivilisation auf diesem Planeten war, das Zentrum, von dem diese Merkmale sich ausbreiteten, daß sich seine Kolonien vom Atlantik bis nach Zentralasien erstreckten und seine Zerstörung eine historische Tatsache ist. Seinen Standpunkt umriß er in 13 Thesen:

1. Im Atlantischen Ozean, gegenüber der Mündung des Mittelmeers, existierte einst eine große Insel, Überbleibsel eines atlantischen Kontinents und in der alten Welt als Atlantis bekannt.

2. Die Beschreibung dieser Insel durch Plato ist nicht, wie lange angenommen wurde, eine Fabel, sondern nachweisbare Geschichte.

3. Atlantis war das Gebiet, wo der Mensch aus der Barbarei zur Zivilisation aufstieg.

4. Im Laufe vieler Menschenalter wurde es zu einer bevölkerungsreichen und mächtigen Nation, die die Küsten des Golfs von Mexico, die Ufer des Mississippi, des Amazonas, die Pazifik-Küste Südamerikas, das Mittelmeer, die Westküsten Europas und Afrikas, die Ostsee, das Schwarze Meer und das Kaspische Meer besiedelte und zu zivilisierten Völkern machte.

5. Es war die wahre antediluvianische Welt, der Garten Eden, die Insel der Glücklichen, wo die Atlanter vom Meeresstrom im Westen lebten; die Elysischen Felder, die für Homer im Westen der Erde lagen: die Gärten des Alkinoos (Enkel von Poseidon und   89

Ein Steinfries der Maya, der angeblich die Flucht aus Atlantis bei einer der Überschwemmungen zeigt.

Sohn des Nausithous, König der Phäaken auf der Insel Scheria): der Omphalos, oder Nabel der Welt – ein Name, den man dem Tempel von Delphi gab, der im Krater eines erloschenen Vulkans lag; der Olymp der Griechen; der Asgard der Edda und Brennpunkt der Traditionen der alten Völker; es war das universale Gedächtnis eines großen Landes, in dem die Menschen Jahrhunderte in Frieden und Glück lebten.

6. Die Götter und Göttinnen der alten Griechen, der Phönizier, der Hindus und der Skandinavier waren einfach die Könige, Königinnen und Helden von Atlantis; und die ihnen zugeschriebenen Taten der Mythologie ein wirres Erinnern an tatsächliche, historische Ereignisse.

7. Die Sagen der Ägypter und Peruaner verkörperten die ursprüngliche Religion von Atlantis, die Anbetung der Sonne.

8. Die älteste Kolonie der Atlanter befand sich wahrscheinlich in Ägypten, dessen Zivilisation ein Abbild der von Atlantis war.

9. Die Werkzeuge aus der europäischen Bronzezeit waren Entwicklungen aus Atlantis, und die Atlanter stellten auch als erste Eisen her.

10. Das phönizische Alphabet, Mutter aller europäischen Alphabete, leitete sich aus dem Alphabet von Atlantis ab, das von Atlantis aus auch den Mayas in Zentralamerika vermittelt wurde.

11. Atlantis war der ursprüngliche Sitz der arischen oder indo-europäischen Völkerfamilie, aber auch der des jüdischen Volkes und möglicherweise auch der der turanischen Rassen.

12. Atlantis ging in einem furchtbaren Ausbruch der Natur unter, der die ganze Insel und fast alle ihre Bewohner im Ozean versenkte.

13. Ein paar Bewohner entkamen auf Schiffen und Flößen und trugen die Nachricht der entsetzlichen Katastrophe zu den Völkern in Ost und West. Geblieben bis in unsere Zeit sind die Legenden von Überschwemmungen und Sintflut bei vielen Völkern der Alten und Neuen Welt.

Die fast auf der ganzen Welt vorkommenden Geschichten über Flutkatastrophen und die weitverbreiteten Legenden über Verwüstungen durch Feuer und Wasser bildeten den Hintergrund für Donnellys Theorie wie auch später für die von Velikovsky. Die Mayas und Azteken z. B. sprechen von vier Zerstörungen, andere Kulturen von sieben. Donnelly war wahrscheinlich der erste, der sich mit den Eigentümlichkeiten der spanischen Basken auseinan-

Büste einer angeblich atlantischen Prinzessin, der Dame von Elche. Der frühgeschichtliche Artefakt wurde in Südspanien gefunden.

dersetzte, deren Sprache mit absoluter Sicherheit keiner anderen Sprache oder Sprachengruppe zugeordnet werden kann. (Ich fand später noch weitere Hinweise auf dieses Gebiet als einer möglichen atlantischen Kolonie.)

Viele Anthropologen würden Donnelly als extremen Diffusionisten verurteilen – nur Theorien und keine Beweise. Sie würden die Ähnlichkeiten kultureller Eigenarten als Teil der psychischen Einheit des Menschen erklären, eine ursprünglich von Adolf Bastian formulierte Idee. Nach dieser Theorie erzeugen ähnliche Umwelt- und Kulturbedingungen in vielen Fällen ähnliche Reaktionen des Menschen und ähnliche Lösungsversuche bei Problemen, die allgemein auftreten. So wäre es denkbar, daß sich die Dinge in weit auseinanderliegenden Kulturen parallel und unabhängig voneinander entwickeln und erst »entdeckt« werden, wenn Verbindungen zwischen den betreffenden Kulturen sich schließlich anbahnen.

Nehmen wir z. B. an, zwei Kulturen aus der Steinzeit, denen beiden das Bauprinzip des echten Bogens unbekannt war, hätten Öffnungen in ihren Steinmauern anbringen müssen. Sie würden vielleicht ein Tor mit Pfosten oder Sturz erfinden – sie könnten die Sache aber auch anders angehen. Sie setzen die Steine in einer Mauer übereinander und rücken mit den Steinen jeder neuen Reihe etwas mehr zur Mitte auf die Öffnung zu und kommen so, ohne Einfluß von außen, zum Kragbogen. Wer die Vorstellung der Erfindung aus eigener Kraft befürwortet, würde so auch die Ähnlichkeit anderer kultureller Merkmale auf beiden Seiten des Atlantik erklären.

Aber man sollte als Zeugnis doch festhalten, daß der Diffusionismus in einem neueren Buch des Sprachwissenschaftlers und Historikers Cyrus H. Gordon: »Vor Kolumbus: Bindeglieder zwischen der Alten Welt und dem alten Amerika« lebendig ist. Professor Gordon vertritt die Theorie einer seefahrenden Kultur aus der Bronzezeit, die, vor Kolumbus, die Kultur der Alten Welt über den Atlantik in die Neue Welt brachte. Das Werk Gordons unterstützt Donnellys Diffusionstheorie und weist darauf hin, daß der frühgeschichtliche Mensch bei seinen Fahrten sehr viel weiter vorgestoßen ist, als bisher bekannt war. (Thor Heyerdahl, Anthropologe und Forscher des 20. Jahrhunderts, war von der Vorstellung, daß die Ägypter den Atlantik überquert hätten, so beeindruckt, daß er eine solche Fahrt mit der ›Ra‹, einem Boot aus Schilfgras, selbst unternahm.)

92

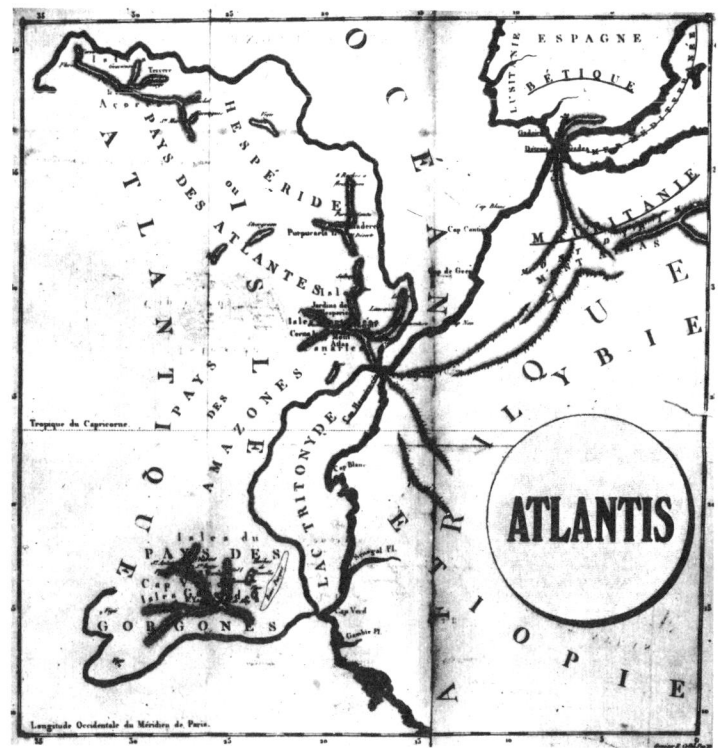

Die 1803 gezeichnete Karte des untergegangenen Atlantis von Bory St. Vincent. Bemerkenswert ist die Lage von Atlantis westlich der marokkanischen Küste.

Die Wirkung der bahnbrechenden Forschungen Donnellys auf das Studium von Atlantis kam mir in den Schriften von Lewis Spence (1874–1955) erst richtig zu Bewußtsein. Bis zu seinem Tod stand Spence in der ersten Reihe der Atlantis-Forscher dieses Jahrhunderts. Spence, ein schottischer Mythologe, hat fast 50 Bücher geschrieben, davon vier über Atlantis: »Das Problem Atlantis«, »Atlantis in Amerika«, »Die Geschichte der Insel Atlantis« und »Die okkulten Wissenschaften in Atlantis«.

Das erste dieser Bücher, das 1972 unter dem Titel »Atlantis ist entdeckt« neu aufgelegt wurde, hält der Atlantis-Skeptiker L. Sprague de Camp für »das immer noch beste bisher veröffentlichte Pro-Atlantis-Buch«. Ein Grund für dieses Urteil mag die Tatsache sein, daß Spence nur dafür eintrat, in Atlantis eine Kultur aus der Steinzeit zu erkennen, durchaus ebenbürtig den Kultu-

93

Oben: Sumerischer Stier mit menschlichem Kopf, um 3000 v. Chr.

Unten: Stierschrein aus Catal Hüyük, Türkei, um 6000 v. Chr.

ren der Mayas und Inkas. (Letztere hatten natürlich ein sehr viel-
gestaltiges kulturelles Leben; zumindest die Mayas hatten eine
hochstehende Astronomie und Mathematik. Die Grenzen des
Begriffs »Steinzeit« sind seit einiger Zeit bekannt, weshalb man
den Ausdruck in wissenschaftlichen Kreisen nicht mehr so oft benutzt.)

Spence, der den Vorteil hatte, auf neuere Ergebnisse der Anthropologie und Paläontologie zurückgreifen zu können, verlegte Atlantis in den Atlantik und vertrat die Ansicht, es sei langsam ge-
sunken. Zuerst war es eine Landmasse, die spät im Miozän
aufzubrechen begann (der Anfang liegt etwa 25 Millionen Jahre
zurück). Sie teilte sich in zwei kleinere Teile, in Atlantis und die
Antillen, die Spence in die Nachbarschaft der mittelamerikani-
94 schen Inseln verlegte. Dieser Inselkontinent existierte bis etwa vor

Links: Ägyptische Gottheit, Mentou, mit Stierkopf.

Rechts: Mesopotamischer Stierkönig, Naramsin.

25 000 Jahren, löste sich dann weiter auf und wurde schließlich um etwa 10 000 v. Chr. total zerstört. Nach der Theorie von Spence bestehen einige Teil der Antillen in den mittelamerikanischen Inseln fort, wenngleich er die Bahamas nicht besonders erwähnt. Dieser allmähliche Untergang, der der Version Platos vom Untergang »über Nacht« widerspricht, ist nach geophysikalischen Zeugnissen und auch nach den Berichten von Edgar Cayce wahrscheinlicher.

Nach Spence fallen zwei dieser Zerstörungen zeitlich mit drei kulturellen Strömen zusammen, die anscheinend vom Westen nach Europa gekommen sind. Es sind die Cromagnon-Kultur oder das Aurignacien (zur Zeit von Spence auf vor ca. 25 000 Jahren datiert); das Magdalenien oder die Cromagnon-Kultur von vor etwa 16 000 Jahren und das zum Azilien gehörige Tardenoisien von 95 vor etwa 10 000 Jahren. Nach heutigem Stand liegen die entsprechenden Daten für diese Kulturen zwischen 34 000 und 27 000 v. Chr., 15 000 und 10 000 v. Chr. bzw. 8000 und 6000 v. Chr. Spence meint, diese Kulturen hätten Atlantis nacheinander wegen Naturkatastrophen verlassen und den Weg nach Europa gefunden. Vor allem der Cromagnon-Mensch des Aurignacien und des Magdalenien scheinen eine hochentwickelte Kultur besessen zu haben, bevor sie die Iberische Halbinsel erreichten, denn Zeugnisse einer iberischen Kultur aus früherer Zeit haben wir nicht. Ein östlicher Ursprung scheint ausgeschlossen, denn dort war der Neandertaler zu Hause. Der Cromagnon-Mensch war offensichtlich kein Abkömmling des Neandertalers, sondern hat diesen anscheinend überwältigt.

Die Kulturen des Aurignacien und Magdalenien brachten die überwältigenden Höhlenmalereien hervor, die man in Frankreich und Spanien gefunden hat. Der außergewöhnliche Sinn in den Zeichnungen für Anatomie und Perspektive – die frühgeschichtlichen Künstler bezogen sogar die Krümmungen der Höhlenwände in ihre Zeichnungen mit ein – läßt auf erstaunliche Modernität der Steinzeitkulturen schließen. Diese Höhlenzeichnungen zeugen aber auch von einem für den Cromagnon-Menschen im Mittelpunkt stehenden Gegenstand – dem Stier. Stiere, daran sei erinnert, waren in der Atlantis-Version Platos heilige Tiere. Auch anderswo trifft man auf sie: im Mittelmeerraum waren es der heilige Stier Ägyptens, Apis, und der minoische Stier auf Kreta.

Egerton Sykes, Mitglied der Royal Geographic Society und Ignatius Donnellys Herausgeber, war einer der großen Atlantisforscher, die auf Spence folgten. Mit seinen profunden Kenntnissen der Klassik bereicherte er die Atlantis-Forschung. Er ist jetzt Herausgeber der Zeitschrift »Atlantis«, einer interessanten Zeitschrift im 28. Erscheinungsjahr, die sich in den letzten Ausgaben besonders mit dem Bermuda-Dreieck und Bimini befaßt hat. Die Zeitschrift ist eine ausgezeichnete Informationsquelle für die Arbeit der Atlantis-Forscher in aller Welt.

Ebenfalls zu den Pro-Atlantis-Büchern gehört »Das Geheimnis von Atlantis« von Charles Berlitz. Mir hat es einen wertvollen Überblick über die verschiedenen Theorien verschafft, die Atlan-

Rechte Seite oben: Stiersiegel aus dem Indus-Tal.

Rechte Seite unten: Heiliger Stier, Apis, Ägypten.

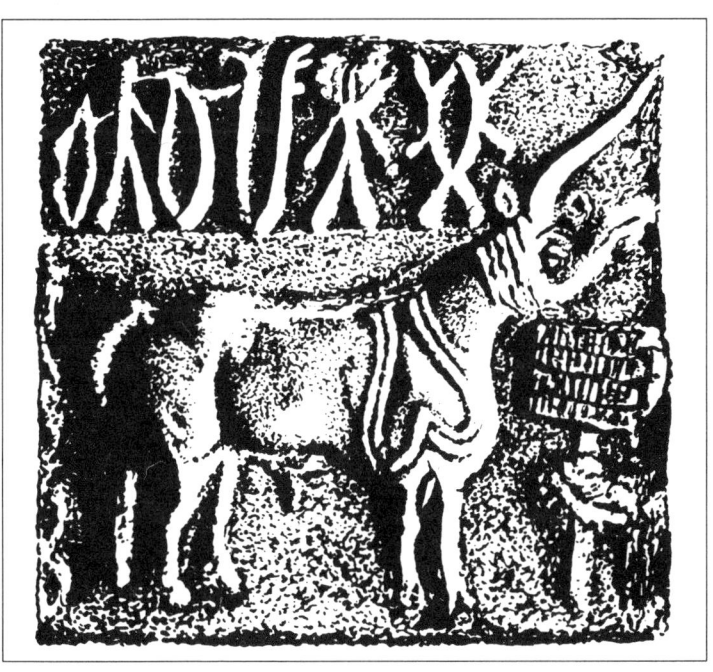

Aztlan, wie in einem aztekischen Text dargestellt.

tis vom Atlantik nach Nordafrika, Skandinavien oder in noch anderen Gegenden verlegen. Charles Berlitz, Enkel von M. D. Berlitz, dem Gründer der auf der ganzen Welt anzutreffenden Berlitz-Schools, beherrscht selbst 30 Sprachen und taucht mit dem Sauerstoffgerät. Er ist ein gutes Beispiel für den heutigen Typ des Forschers, der erkannt hat, daß die Nachforschungen in der Bibliothek durch die eigene Arbeit an der Fundstätte selbst ergänzt werden müssen. Die Stärke des Buches von Berlitz liegt, wie zu erwarten ist, auf dem sprachlichen Sektor.

Zwei Beispiele aus seinem Werk veranschaulichen die Rolle der Sprache beim Problem Atlantis. Im Anfang verwiesen die Azteken bei ihrem ursprünglichen Heimatland auf Aztlan – ein Widerhall ihres alten, versunkenen Landes? Außerdem bedeutet »atl« im aztekischen Wasser. Jenseits des Atlantik, bei den Berbern Nordafrikas, hat das gleiche Wort die gleiche Bedeutung.

Diese und andere Parallelen legen für Berlitz und andere die Vermutung nahe, daß diese Völker einen gemeinsamen Ursprung in Atlantis hatten.

Das folgende Beispiel aus dem Buch von Berlitz zeigt die frappierende, klangliche Ähnlichkeit zum Wort »Vater« auf weit auseinanderliegenden Sprachinseln. Es erscheint höchst unwahrscheinlich, daß diese Ursprünge auf Zufall basieren.

Baskisch (von dem man annimmt, es sei eine überkommene atlantische Sprache): aita
Ketschua: taita
Nahuatl: tata oder tahtli
Zuni: tachchu
Walisisch: tad
Fidschi: tata
Türkisch: ata
Maltesisch: tata
Rumänisch: tata
Samoanisch: tata
Dakota (Sioux): atey
Seminolen: intati
Tagala: tatay
Singhalesisch: thatha

Für Berlitz bedeuten diese Parallelen, daß sich die Sprache früher ausgebreitet hat, als heute bekannt ist. Die Antidiffusionisten argumentieren natürlich, diese Sprachentwicklungen seien Zufälligkeiten. In der Sprachforschung wie auch in anderen Disziplinen, die zu einem so schwer greifbaren Problem wie Atlantis beitragen, spricht natürlich niemand von Beweisen. Man kann statt dessen nur vom mehr oder weniger Wahrscheinlichen reden.

Beim Studium zeitgenössischer Theorien über Atlantis entdeckte ich überrascht das starke Interesse einer Reihe sowjetischer Akademiker. Man nimmt dieses Thema dort nicht nur sehr ernst, die Atlantis-Forschung wird auch mit einer erstaunlich großen Erwartung betrieben. Der Chemiker N. F. Zhirov schrieb vor fast 20 Jahren in Egerton Sykes' »Atlantis«, das Studium erfordere »Gelehrte mit einem umfassenden Wissen«, da »die Beweisführung aus einem undurchsichtigen Bündel zahlloser kleiner Tatsachen und Betrachtungen besteht, die zu verschiedenen Wissenschaftszweigen gehören«. Ganz besonders fasziniert hat mich ein 1961 veröffentlichtes Buch des russischen Staatsverlages für Kinderliteratur mit dem Titel: »Auf der Suche nach der verlorenen Welt – Atlantis«; die 20 Kapitel waren wissenschaftlich so ausgeklügelt und umfassend in der Behandlung des Themas wie viele Erwachsenenbücher im Westen.

Die Hintergrundinformationen aus den Werken der oben angeführten Theoretiker ermöglichten es mir, bestimmte Vorstellungen, die sich bei mir gebildet hatten, auszuschließen, andere aber beizubehalten. Allerdings wurden meine Untersuchungen auch durch Beweise aus anderen Gebieten geprägt. Ungeheure Auswirkungen auf meine Theorie, die das Problem auch um einen ganz neuen Gesichtspunkt bereicherten, hatte der amerikanische Hellseher Edgar Cayce.

Ich las sehr viel von dem, was er über Atlantis geschrieben hatte, und war außerordentlich beeindruckt von der inneren Logik. Unter den zahlreichen Informationen, die er lieferte, befinden sich Vorträge zur Medizin und Psychologie, die einen nachweisbaren praktischen Nutzen für die Gesundheit und die persönliche Entwicklung haben. Sein Beitrag zum Thema Atlantis ist nur schwer zu übergehen. Selbst seine ursprünglich unglaublich klingende Behauptung, der Mensch lebe bereits seit über zehn Millionen Jahren auf der Erde, wird in dem Maß einleuchtender, in dem die Wissenschaft die Vergangenheit weiter zurückdrängt. (Das Werk der Leakey in Afrika hat erst kürzlich gezeigt, daß die Anfänge des Menschen mindestens 3,75 Millionen Jahre zurückliegen.)

Cayce verfolgt die Spur von Atlantis von den Anfängen über seine Blütezeit und durch drei sich steigernde Katastrophen bis zu jener, die die Zivilisation schließlich zerstörte. Sie ereigneten sich um 48 000 v. Chr., um 28 000 v. Chr. und um 10 700 v. Chr.

Das Atlantis von Cayce wies große Steinstädte, moderne, auch elektronische Kommunikationssysteme, Verkehr zu Land, in der Luft und unter Wasser auf, die Atlanter konnten die Schwerkraft aufheben und sich mit Hilfe großer Kristalle, der »Feuersteine«, die Sonnenenergie zunutze machen. Diese ausgefallene Technologie ist wohl die etwas bizarre Seite am Bericht von Cayce. Was mit dieser fortschrittlichen Technologie jedoch erreicht wurde, liest sich fast wie ein Text über den Niedergang unserer eigenen, gegenwärtigen Zivilisation. Atlantis verfiel, geistig und moralisch, bis schließlich die gewaltigen durch die Kristalle verfügbaren Naturkräfte mißbraucht wurden. Dieser Mißbrauch der Technik führte letztlich zu mindestens einer der großen Überschwemmungen, derjenigen, die durch zerstörerische Veränderungen der Erdbeschaffenheit die endgültige Vernichtung verursachte.

100 Der Verfall von Atlantis war der totale Niedergang einer großen

Zivilisation. In seinen letzten Phasen erinnert er, zumindest was die moralische und psychologische Seite betrifft, an die letzten Tage des Römischen Reiches. Die ursprüngliche geistige Haltung und die selbstlose Disziplin der Bürger von Atlantis wichen einem zunehmenden Materialismus, sexueller Perversion, Ausbeutung und Sklaverei. Der Niedergang war gekennzeichnet durch einen immer schärfer werdenden Kampf zwischen den Söhnen des Gesetzes von One und den Söhnen Belials. (Der Leser erinnert sich vielleicht an die Anspielung auf die Söhne des Lichts und die Söhne der Dunkelheit aus den am Toten Meer gefundenen Schriftrollen.) Die Söhne Belials begingen schließlich Menschenopfer, reglementierten das Sexualleben (bis hin zur psychischen Beeinflussung anderer zu sexuellen Zwecken) und mißbrauchten am Ende die Naturgewalten. Die früher für die Heilung Kranker verwendeten Feuersteine wurden zunehmend zur Bestrafung und Folter eingesetzt. Als ich diese Einzelheiten las, hätte ich gern gewußt, ob dieser Mißbrauch und die psychische Ausbeutung anderer der Anfang Schwarzer Magie waren.

Lassen wir die paranormale Seite und die ausgefallene Technik einmal außer Betracht. Der moralische Verfall taucht ebenso bei Plato und in anderen Berichten neueren Datums auf wie in dem der theosophischen Gesellschaft, die Madame Blavatsky im letzten Jahrhundert gründete. Die Atlanter, von denen Cayce in unserem Jahrhundert eine ganze Reihe verkörpert glaubte, waren Extremisten, die der Menschheit entweder bedingungslos dienen oder sie ausbeuten wollten. Cayce sah, daß viele ein Einzel- oder Gruppenschicksal hatten, daß sie andere ausgebeutet hatten – eine Schuld, die nur durch Liebe und Opferbereitschaft getilgt werden konnte.

Cayces Beiträge faszinierten mich. Dennoch hatte ich das Gefühl, mich auf festeren Boden begeben zu müssen, und wandte mich den geologischen Beweisen für die Existenz von Atlantis zu. Zu meinem Erstaunen stellte ich jedoch fest, daß die Grundlagen dieser Wissenschaft sehr viel weniger gefestigt waren, als ich erwartet hatte.

9

Spuren einer instabilen Erde

Die Geologie ist dabei, sehr drastisch langgehegte Vorstellungen über die Geschichte der Erde zurechtzurücken. Das Alter des Sonnensystems wird inzwischen auf 4,5 Milliarden Jahre geschätzt. Dann entdeckte man, daß radioaktives Material aus dem Erdkern eine Ursache für Bewegungen innerhalb der Erdkruste ist. Man ortete elektrische Ströme im Erdkern als wahrscheinlichste Quelle des Magnetfeldes der Erde. Die Theorie der Kontinentalverschiebung, inzwischen zur Plattentektonik aufgewertet, nach der Platten leichteren Materials (die Kontinente) aufbrechen und sich voneinander entfernen, wird heute als Tatsache angesehen. Der Meeresboden ist jünger als bisher angenommen, da sich die Kontinente auseinanderschoben und so neuen Meeresboden schufen. Man hat schließlich auch die alte Vorstellung von vier Eiszeiten zugunsten der Theorie aufgegeben, daß alle 50 000 Jahre eine Eiszeit kommt. All das ergab das Bild eines sehr instabilen Planeten, an dem ständig gewaltige Kräfte zerrten und von Zeit zu Zeit Umwälzungen von einem Ausmaß verursachten, von dem man bisher keine Vorstellung hatte.

Ein Artikel von Dr. Cesare Emiliani, Meeresgeologe an der Universität von Miami, den ich vor drei Jahren gelesen hatte, erinnerte mich wieder an die Bohrproben aus dem Meeresboden, die die »Glomar Challenger«, ein Meeresforschungs-Schiff, entnommen hatte. Man stellte fest, daß ein 2400 km langer Rücken unter dem Indischen Ozean, der jetzt fast 2 km tief ist, früher über dem Wasserspiegel lag – »eine Inselkette mit Sümpfen und Lagunen«. Andere Proben aus dem Kern des Meeresbodens, mit jüngeren Tiefseeablagerungen in den oberen Schichten, enthielten Ablagerungen, die man im seichten Wasser und auf dem trockenen Land findet. Emiliani deutete die Entdeckungen so, daß genauso wie sich unter Wasser liegende Erdmassen »über den Meeresspiegel erheben und Bergketten bilden können, ... das gleiche offensichtlich auch umgekehrt in bisher nicht vorstellbarem Umfang passieren kann«.

Bei der Fahrt der Glomar Challenger entdeckte man auch, daß das Mittelmeer vor 6 Millionen Jahren eine 3000 m unter dem Meeresniveau liegende Wüste war. Vor 5,5 Millionen Jahren brach das Meer durch die Landenge von Gibraltar, und Meeresleben aus den Tiefen des Atlantik strömte mit den Fluten ein, die, so wird geschätzt, etwa 1000 Jahre brauchten, das Becken zu füllen. (Mir kam plötzlich in Erinnerung, daß Herodot geglaubt hatte, die Straße von Gibraltar sei einst durch Land verbunden gewesen.) Nach den Beschreibungen Platos gab es auf Atlantis heiße und kalte Quellen, was auf vulkanische Tätigkeit schließen läßt, und weiße, schwarze und rote Steine. Felsen in diesen Farben hat man auf atlantischen Inseln, z. B. den Azoren, gefunden. Vom Aufbau her scheinen die Azoren Überreste des mittelatlantischen Rückens

Bohrungen im mittleren Atlantischen Rücken, durchgeführt 1936 von Dr. C. S. Piggot.

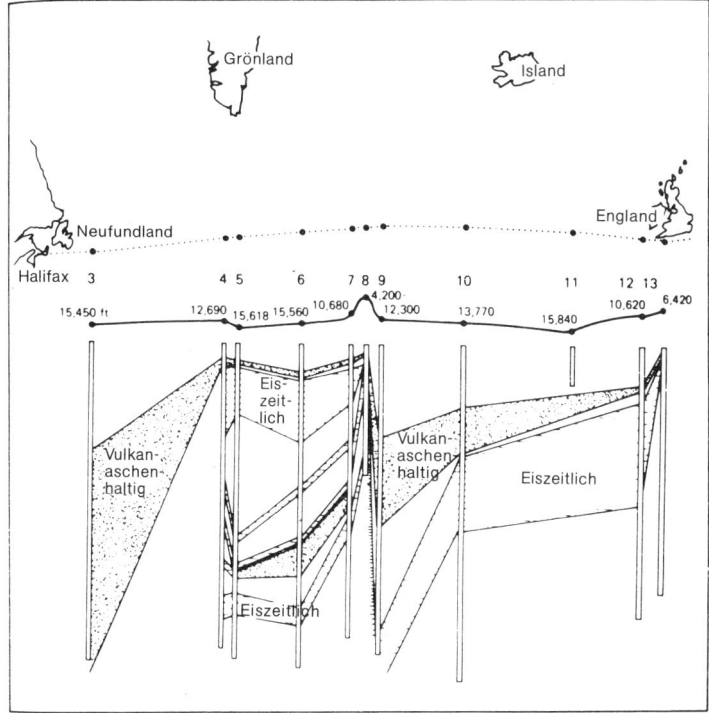

103

zu sein, der heute tief unter dem Atlantik liegt. Diese Meeresbodenmerkmale haben einige als Überbleibsel des versunkenen Atlantis gedeutet. Auf den Azoren gibt es nach wie vor ausgedehnte vulkanische Tätigkeit wie auch auf den Kanarischen und anderen Inseln, die mit dem Atlantik-Rücken zusammenhängen.

Wie instabil der Rücken ist, wurde bei einem Vorfall im Jahr 1898 augenscheinlich. 800 km nördlich der Azoren verlegte ein Schiff Kabel im 3100 m tiefen Meer. Bei einem Versuch, das Kabel zu heben, brachten die Greifzangen auch eine Probe vom Meeresboden mit hoch. Es war Tachylyt, glasig ausgebildete Lava, die nur über, nicht unter Wasser entsteht. Von dieser Art Lava nimmt man an, daß sie sich in Meerwasser nach 15 000 Jahren auflöst. Falls diese Vermutung richtig ist, können wir daraus schließen, daß dieser an die Oberfläche gebrachte Tachylyt vulkanischen Ursprungs war, der Vulkan vor rund 15 000 Jahren noch aus dem Wasser ragte und dann auf die jetzige Tiefe absank. Diese Funde festigen die Behauptung, daß die Azoren in den vergangenen 14 000 Jahren Teil eines sehr viel größeren Landmassivs waren, vielleicht von Atlantis, das dann abgesunken ist.

Ignatius Donnellys Behauptung, die Azoren seien »ohne Zweifel die Gipfel der Berge von Atlantis«, erscheint, wenn man die bis heute andauernde intensive vulkanische Aktivität betrachtet, einleuchtend. 1808 erlebte San Jorge einen Ausbruch, der sechs Tage dauerte und sehr schnell einen Berg von über 1000 m Höhe aufschüttete. Drei Jahre später bildete sich bei einem Vulkanausbruch auf dem Meeresgrund bei San Miguel ein Kegel, der zu einer das Meer um 90 m überragenden Insel wurde. Sie erhielt den Namen Sambrina, sank aber bald wieder unter den Meeresspiegel ab. Frühere Ausbrüche in dieser Größenordnung hatte es auf den Azoren 1691 und 1720 gegeben.

Das vielleicht wichtigste Zeugnis für die Hypothese eines im Atlantik versunkenen Landes lieferte eine ozeanographische Expedition 1947/48. Untersuchungen von Bohrproben aus der Tiefsee, die die schwedische Tiefsee-Expedition an Bord ihrer »Albatross« vornahm, förderten eine im Süßwasser vorkommende Diatomee-Art (Alge) zutage, die in einem Meeresumfeld *unter* Meeresablagerungen lag. Die Algen waren in Bohrproben in etwa 3 km Tiefe auf dem mittleren Atlantischen Rücken gefunden worden. Eine der Proben (Nr. 234) enthielt über 60 Arten in einer Schicht, die sich ausschließlich aus Süßwasserablagerungen zusammensetzte. Aufgrund dieser Entdeckung berichtete der schwedische Paläobotaniker R. W. Kolbe in der Zeitschrift »Science«, er habe Süßwasserablagerungen gefunden. Vorher hatte ein anderer schwedischer Wissenschaftler, der Geologe Rene Malaise, aufgrund der Probe 234 die Theorie aufgestellt, daß diese Süßwasseralgen dort lebten, wo sie gefunden wurden und aus Seen oder anderen Lebensräumen mit Süßwasser stammten. Übereinstimmend mit Kolbe sah Malaise darin einen Beweis für die Existenz von Atlantis, wie er auch in seinem Buch »Atlantis, en Geologisk Verklighet« schreibt. Die Angaben Kolbes zeigen, daß Probe 234 der Sierra-Leone-Schwelle entnommen wurde, einem Ostausläufer in der Mitte des Atlantischen Rückens 930 km vor der afrikanischen Küste. Die geringste Tiefe der Sierra-Leone-Schwelle in der Nähe dieser Stelle beträgt 2400 m. (Auf der Piri Re'is-Karte lag eine der beiden großen Atlantik-Inseln über der jetzt versunkenen Sierra-Leone-Schwelle.) Von der gegenwärtigen Form des Meeresbodens leitete Malaise ab, daß der mittlere Atlantische Rücken weniger durch unterseeische Strömungen als durch über dem Wasser erfolgte Witterungseinflüsse geformt worden sei.

Im Februar 1969 fand man weit im Westen des Atlantik, beim Übergang in das Karibische Meer, auf dem Meeresboden ein weiteres Rätsel. Bei Arbeiten am Aves-Rücken, der sich unter Wasser von den Jungferninseln nach Venezuela erstreckt, baggerte ein Geologenteam der Universität von Columbia über eine Tonne Granitfels aus. Nie zuvor war Granit im offenen Meer gefunden worden. Die Expedition war sich über die wissenschaftlichen Folgerungen einig: Entweder hatte hier einst ein versunkener Kontinent aus dem Wasser geragt, oder die Natur baut in diesem Gebiet eine neue Landmasse auf.

Auch beim Verlegen von Kabeln wird immer wieder deutlich, wie instabil der Meeresboden entlang dem mittleren Atlantischen Rücken ist. 1923, nur 25 Jahre nach dem Tachylyt-Fund, wurden an der gleichen Stelle Reparaturen durchgeführt. Man stellte fest, daß in der Zwischenzeit – geologisch gesehen nur ein Augenblick – der Meeresboden um 1200 m gestiegen war. Ein weiteres Beispiel für die Instabilität des Rückens bietet ein Ereignis auf einem Ausläufer, dem Reykjanes-Rücken. Vom November 1963 bis Juni 1966 entstand 32 km südwestlich von Island durch vulkanische Aktivität auf diesem Rücken eine neue Insel, Surtsey. Die Insel weist inzwischen dauernde Vegetation auf, zwei weitere Inseln sind hinzugekommen. Mit ähnlichen Aktivitäten ist im atlanti- 105 schen Becken auch weiterhin zu rechnen, da, wie Dr. Maurice Ewing vom Lomont Geological Observatory erklärt, die tiefsten Spalten des Atlantik »der Herd eines ozeanischen Erdbebengürtels sind«.

Ein weiteres, für Atlantis-Forscher interessantes Gebiet bilden die 13 kleinen Kanarischen Inseln 80 km vor der Küste der Spanischen Sahara. Hier gibt es 3500 m hohe Berge. In dem sonnigen, milden Klima wachsen Geranien, Lilien, Dahlien, Rosen, Feigen, Oliven, Zuckerrohr und Bananen, ähnlich wie Plato sein Atlantis beschrieb.

Platos Bericht von dem Inselkontinent, der, wir erinnern uns, über Nacht durch den Ausbruch eines Vulkans vernichtet wurde, spricht von schwarzen, weißen und roten Felsen. Dies sind typische Farben für die Felsen der Azoren wie auch der Kanarischen Inseln. Das von Plato angeführte milde Klima, das für ein unerschöpfliches Angebot an Früchten sorgte, trifft auf die Kanarischen Inseln und die Azoren zu. Die letzte Inselgruppe hat auch die heißen und kalten Quellen, die Plato erwähnt. Teneriffa in der kanarischen Inselgruppe hat dafür einen Bewerber für Platos großen Berg, der sich auf der Hauptebene von Atlantis erhebt, den 3718 m hohen Mt. Teide. Da Plato ein so großes Gewicht auf hochaufragende Berge legt, erschien es mir interessant, daß dieser Berg auf den Kanarischen Inseln vom Meeresboden aus 7558 m aufsteigt.

Auf den Kanarischen Inseln finden wir auch einige unerklärte biologische Phänomene. Zwei Drittel der dort und auf den Azoren vorkommenden Schmetterlinge sind Arten, die man auch in Europa findet, ein Fünftel ist auch in Amerika verbreitet. Eine Molluske, oleacinidia, die in Mittelamerika, auf den Antillen und in Portugal beheimatet ist, kommt auch auf den Kanarischen Inseln und den Azoren vor. Eine alte Landverbindung, wie sie Atlantis gewesen wäre, würde das Verständnis dafür erleichtern. Ein kleiner blinder Krebs (munidopsis polymorpha) lebt ausschließlich in einem Gezeitenbecken in der Nähe von Cueva de los Verdes auf Lanzarote in der kanarischen Inselgruppe. Eine mit diesen blinden Krebsen verwandte, selbst allerdings nicht blinde Art »lebt am was man als unterseeischen Ausgang dieses Atlantik-Teiches bezeichnen könnte«, wie Charles Berlitz schreibt. Ist dieser winzige Krebs durch den Untergang von Atlantis biologisch von der Außenwelt abgeschnitten worden? Aufgrund dieser und

vieler anderer Fakten wuchs bei mir die Überzeugung, daß, wenn

Platos Bericht zutraf, als Standort für Atlantis sicher nur der Atlantik in Frage kam.

Während der letzten Eiszeit sank der Spiegel des Atlantischen Ozeans um über 120 m und stieg dann langsam wieder an, als vor 15 000 Jahren das Eis schmolz. Darüber hinaus stieg das Wasser nicht gleichmäßig. Wie Professor Emiliani in seinem Werk berichtet, stieg das Wasser bedrohlich vor rund 11 500 Jahren. Derartige Veränderungen im Niveau des Meeresspiegels können drastische Auswirkungen auf den Umfang des Festlandes im Atlantischen Becken gehabt haben. Jean Albert Foëx, Autor von »Histoire Sous-Marine des Hommes« (Unterwassergeschichte des Menschen), glaubt, daß der niedrige Wasserstand nach den Eiszeiten (137–152 m unter dem gegenwärtigen Niveau) die Kontinente bis an die Grenzen der kontinentalen Festlandssockel vergrößerte. Die Bahamas würden die Große und Kleine Bahama-Bank umfassen, und auch die Azoren und Kanarischen Inseln wären größer. Neuere Werke entwickeln die ozeanographischen Daten, mit denen Foëx arbeitete, weiter, seine Theorie ist aber eventuell für die atlantischen Kolonien nach der Zerstörung von Atlantis von Bedeutung. Sie hätten ihr Land sehr viel langsamer verloren, und die Einwohner wären nur nach und nach dazu gezwungen worden, auszuwandern. 1968 berichteten John D. Milliman und K. O. Emery von der Woods Hole Oceanographic Institution in der Zeitschrift »Science« und sprachen dabei von einem niedrigsten Meeresspiegel, der um 13 000 v. Chr. 130 m unter dem jetzigen lag. Von da an stieg er sehr schnell wieder bis etwa um 5000 v. Chr. Andere Zeugnisse deuten darauf hin, daß die Veränderungen in der Höhe des Meeresspiegels von tektonischen Beben und vulkanischen Ausbrüchen begleitet wurden. Professor Emilianis Artikel in »Science« nannte als Ursache für Überflutungen, die mindestens zehn Jahre dauerten, das rapide Schmelzen der Gletscher um 9600 v. Chr.

Emilianis Beitrag bestätigte mich in meiner zunehmenden Gewißheit, daß die Geschichte der Erde noch sehr viel mehr Geheimnisse birgt, als wir ahnen, selbst innerhalb der Zeit, seit der der Mensch auf diesem Planeten lebt. Aber was sind die Ursachen dieser Instabilität? Ist dieses Sichaufbäumen der Erde ein isolierter Vorgang oder hängt es mit irgendwelchen besonderen Phänomenen zusammen?

Ich setzte das Studium der neuesten Entwicklungen in den Wissenschaften, die sich mit der Erde befassen, fort und erfuhr, daß 107 auf unserem Planeten komplizierte elektrische und magnetische Felder wirken, die das Leben auf der Erde gegen kosmische Strahlung abschirmen und das Leben in der uns bekannten Form ermöglichen. In der Vergangenheit aber sind diese Felder mindestens 170mal außer Kraft gesetzt worden, wobei das Erdfeld jedesmal auf Null absank, was die Schutzwirkung fast ganz aufhob oder, mit anderen Worten, den Einfall kosmischer Strahlen erhöhte. Einige Wissenschaftler vermuten, daß das Ende jeder geologischen Periode, das man jetzt anhand des Absterbens bestimmter Tierarten berechnet, auch mit einem Zusammenbruch dieser Felder zusammenfallen kann. Dinosaurier sind z. B. möglicherweise nicht nur infolge eines Klimawechsels, der das Nahrungsangebot beeinträchtigte, ausgestorben, sondern unter Umständen auch durch Strahlung zugrunde gegangen. Vielleicht, so malte ich mir aus, war die Menschheit selbst einige Male dezimiert worden, was zu einem kulturellen Rückschlag führte oder sogar einen völligen Neubeginn erforderte. Falls so etwas möglich war, würde es uns die Erklärung erleichtern, wie eine technisch hochstehende Kultur wie Atlantis in einem vielleicht weltweiten Aufruhr der Erde untergegangen ist.

Eine weitere mögliche Auswirkung dieses Zusammenbruchs der Felder, die allerdings noch nachzuweisen wäre, besteht in erhöhter seismischer Aktivität. Man hat vor einiger Zeit beobachtet, daß der seismischen Aktivität, die die Hawaii-Inseln erfaßte, Veränderungen im elektrischen Erdfeld, vor allem in der Troposphäre, vorausgingen. Der erste Hinweis zeigte sich etwa eine Stunde vor dem Beben. Omega, das im Niederfrequenzbereich arbeitende Navigationssystem der Marine, wurde aus einem nicht ersichtlichen Anlaß gestört. Auf dem Höhepunkt des Bebens, zu der Zeit das stärkste des Jahrhunderts, brach das System praktisch zusammen.

Omega nutzt die reflektierende Schicht der Ionosphäre. Ich vermute, daß es zwischen der Stabilität der Erdkruste und den die Erde umgebenden geomagnetischen Feldern einen Zusammenhang gibt. Bei voller Wirkung könnten diese Felder das Abrutschen großer geologischer Verwerfungen (wie der bei San Andreas), die an den Rändern der Kontinentaltafeln auftreten, verhindern oder verzögern. Kehrt sich das magnetische Feld um und vermindert infolgedessen zeitweise seine Stärke, würde sich eine vorhandene Instabilität vergrößern und ein Erdbeben auslösen.

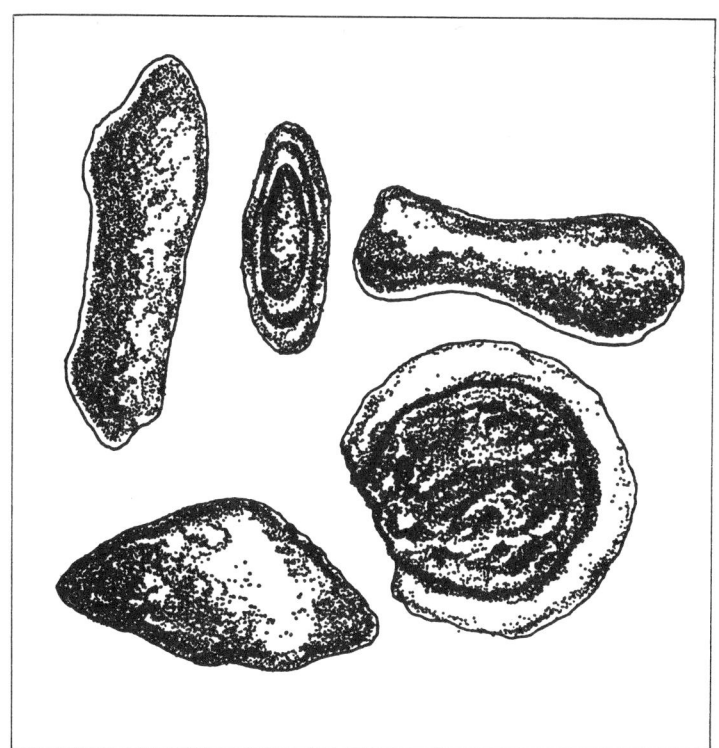

Tektiten.

Den Hinweis auf die magnetische Natur von Erdverwerfungen gab mir der Physiker Dr. Sheridan Speeth vom Cybernetics Research Institute in Washington, D. C. Als er in Bimini war, erzählte er mir, daß er beim Überqueren des Puerto-Rico-Grabens (der Rand einer Kontinentaltafel) auf eine interessante magnetische Abweichung gestoßen sei. Als sie den Graben gerade durchsegelt hatten, zeigten ihre Geräte eine dreimal höhere Feldstärke an. Kurz darauf fiel sie auf ein Viertel des Normalwertes. Es schien, daß es zwischen der magnetischen Feldstärke und den die Tafeln trennenden Grenzen einen Zusammenhang gab.

Neue Beweise aus der Meerespaläonthologie erhärten die Theorie, daß die Zusammenbrüche geomagnetischer Felder für das Verschwinden verschiedener Lebensformen auf der Erde verantwortlich sind. Es scheint, daß, wenn das geomagnetische Feld während eines Ausfalls geschwächt ist, das Bombardement der 109

Sonnenstrahlung die Ozonschicht angreift, die das Leben auf der Erde vor der starken ultravioletten Strahlung aus dem All abschirmt. Ein Beispiel hierfür hat sich möglicherweise vor 700 000 Jahren ereignet, als zur Zeit des Peking- und Java-Menschen ein Glashagelsturm über den Indischen Ozean hinwegfegte. Die Glaspartikel oder Tektiten überquerten auf ihrem Weg auch die bekannten Wohngebiete des Menschen. Einer der Wege erstreckte sich vom Südchinesischen Meer über Indonesien nach Australien und reichte im Westen fast bis an die Südspitze Afrikas. Der Tektitensturm fiel nach konventioneller Zeitrechnung zeitlich zusammen mit dem Beginn der Eiszeiten und einem geomagnetischen Ereignis – einer Umkehr des Erdmagnetfeldes. Als die Feldstärke auf Null absank, war die Möglichkeit erhöhten kosmischen Strahleneinfalls und nachfolgender genetischer Auswirkungen gegeben.

Eine weitere geomagnetische Feldumkehr ereignete sich vor 30 000 Jahren, wie das paläomagnetische Zeugnis der Felsen auf dem Meeresboden beweist. Dieses magnetische Beweisstück bildet sich, wenn der Meeresboden in beiden Richtungen von einem Spalt wegtreibt: Geschmolzenes Material drängt nach oben, tritt aus und kühlt dann im Meerwasser ab. Das Magnetfeld der Erde ist dem Eruptiv- oder Vulkangestein quasi aufgedruckt und bleibt, wenn das Gestein auf eine bestimmte Temperatur abkühlt, unabhängig von nachfolgenden Feldveränderungen erhalten.

Der Cromagnon-Mensch, bei dessen Knochen man ein Alter von 35 000 Jahren festgestellt hat, hat demnach diese Feldumkehr und vielleicht eine Periode tiefgreifender Erdveränderungen miterleben können. Einige Atlantis-Forscher haben den Cromagnon-Menschen mit Atlantis in Verbindung gebracht, und in den Vorträgen von Edgar Cayce ist von Wanderungen die Rede, die infolge starker seismischer Aktivität auf Atlantis vor 30 000 Jahren von Atlantis nach Yucatan führten. Ich zweifele nicht daran, daß die vulkanische Tätigkeit in diesem Gebiet beträchtlich war. Die Instabilität der Erdkruste kommt zum Ausdruck in den gewaltigen Ausbrüchen von Santorin in der Ägäis 5000 Jahre später, d. h. vor rund 25 000 Jahren. Die Trümmer dieser ungeheueren Explosion lagerten sich auf dem Meeresboden bis fast nach Italien hin ab.

In all diesen Informationen entdeckte ich deutliche Hinweise auf ein frühgeschichtliches Drama von größtem Ausmaß. Ich suchte also nach Beweisen für eine Katastrophe zu der Zeit, zu der die endgültige Zerstörung von Atlantis stattgefunden haben sollte. Plato berichtet, daß der Inselkontinent vor etwa 11 500 Jahren endgültig zerstört worden sei. Vor 12 340 Jahren (nach geologischer Zeitrechnung) hatte sich das Erdfeld erneut umgekehrt, beim sogenannten Gothenburgschen Magnetausschlag. Ich sah das Material von Edgar Cayce durch; er datierte den endgültigen Untergang von Atlantis 12 700 Jahre zurück, was dem Magnetausschlag außerordentlich nahekommt.

Nach Professor Emiliani, einem Verfechter der Theorie Platos, hat es vor 11 600 Jahren eine frühgeschichtliche Flutkatastrophe gegeben. Er stützte sich bei der Datierung auf die Wachstumsrate von Foraminiferen, einem unterseeischen Mikro-Organismus, der in Meeresablagerungen gefunden wurde. Nach der Radiokarbondatierung tauchte vor 11 240 Jahren eine Großwildjägerkultur in Clovis in Neu-Mexico auf. Woher kam sie? Nach konventioneller Zeitrechnung waren übrigens vor 11 000 Jahren die Eiszeiten zu Ende. All diese Daten liegen in einem Zeitraum von nur 1700 Jahren – einer kurzen Zeitspanne, wenn man unsere Datierungsmethoden, die unterschiedlichen Quellen für diese Daten und die Dauer unserer eigenen Ära berücksichtigt. Vielleicht gab es zwei kritische Ereignisse im Abstand von etwa 1000 Jahren, sagen wir vor rund 12 500 und 11 500 Jahren. Aber wie auch immer die exakte Zeitenfolge war, der frühgeschichtliche Mensch war offensichtlich Zeuge eines gewaltigen Dramas, das sich in seiner Umwelt abspielte.

10

Auszug aus Atlantis?

Da ich mich doch mehr zur Arbeit vor Ort in Bimini hingezogen fühlte, entschloß ich mich, mehr Zeit auf die Anthropologie zu verwenden, um neue Erkenntnisse über Atlantis als Ursprung von Weltkulturen zu erhalten. Wieder war es nötig, zeitgenössische Vorstellungen über frühgeschichtliche Wanderungsbewegungen einer erneuten Prüfung zu unterziehen.

Die herkömmliche Theorie über die Ostwestwanderungen, wie sie in Jacob Bronowskis Buch »Der Aufstieg des Menschen« vertreten wird, behauptet, daß der Aufstieg des Menschen im Fruchtbaren Halbmond des Mittleren Ostens begann, dann gradlinig anstieg, vom umherziehenden Jäger über den Bauern zum Dörfer und schließlich Städte gründenden Siedler in den alten zivilisierten Zentren wie Ur, Jericho und Ugarit. Von hier breitete sich der Mensch nach Westen aus. Diese Theorie wird inzwischen jedoch durch die Radiokarbondatierung in Frage gestellt. In seinem Buch »Before Civilization: The Radiocarbon Revolution and Prehistoric Europe« (Vor der Zivilisation: Die Revolution der Radiokarbondatierung und das frühgeschichtliche Europa) zeigt Colin Renfrew, daß die durch die C^{14}-Altersbestimmung korrigierten Daten und der Vergleich mit den Jahresringen von Bäumen aus dieser Zeit beweisen, daß Europas megalithische Bauwerke (Stonehenge z. B.) älter als die in Ägypten und Mykenä und unabhängig von diesen sind.

Bronowskis Theorie übersieht die unglaubliche geistige Entwicklung der Ägypter im dritten vorchristlichen Jahrtausend, eine Leistung, deren wahres Ausmaß erst jetzt langsam erkannt wird, nachdem man jahrhundertelang die Pyramiden von Cheops und Giseh untersucht hat. Während Stonehenge auf erstaunliche astronomische Kenntnisse schließen läßt, zeugt die Große Pyramide von Cheops von der ungewöhnlich hochentwickelten ägyptischen Wissenschaft im 3. Jahrtausend vor Christus. Man könnte annehmen, daß es überkommenes Wissen einer früheren Zivilisation war, deren Emigranten es an die Ägypter weitergegeben hatten. Eine neuere Zusammenfassung vieler wissenschaftlicher Werke über dieses Bauwerk ist Peter Tompkins Buch »Secrets of the Great Pyramide« (Geheimnisse der Großen Pyramide). Die Pyramide ist von Nord nach Süd ausgerichtet, ebenso wie der normale moderne Kompaß. Sie ist weiter ein ganz genau bestimmter Markierungspunkt, der Eckpfeiler der frühgeschichtlichen Geographie und auch der Himmelskunde. Auch die Zahl Pi findet sich in dem Bauwerk wieder, desgleichen die heiligen Dreiecke, die man Pythagoras zuschrieb: 3–4–5 und 2–$\sqrt{5}$–3, ($a^2 + b^2 = c^2$), die Plato in seinem »Timaios« als die Grundlage des Universums bezeichnet. Die Große Pyramide zeigt ferner, daß die Ägypter Kenntnis des genauen Erdumfangs, der Länge des Sonnenjahres bis auf Stellen nach dem Komma u. a. m. hatten. Laut Tompkins kannten ihre Erbauer offensichtlich »die mittlere Länge der Erdumlaufbahn um die Sonne, die spezifische Dichte des Planeten, den 26 000-Jahreszyklus der Tagundnachtgleiche, die Erdbeschleunigung und die Lichtgeschwindigkeit«.

Die Große Pyramide scheint, was die Mathematik und die Astronomie angeht, weiter entwickelt als die der Sumerer oder Babylonier, und man wird irgendwann erkennen, daß die ägyptische Zivilisation ohne Zweifel älter als die Kulturen des Fruchtbaren Halbmondes ist. Das gegenwärtig genannte Datum für den Baubeginn an der Großen Pyramide ist das Jahr 2644 v. Chr. Doch das verblüffende Bauwerk weist sicher auf eine verfeinertere Kultur hin als die, die zu jener Zeit in diesem Teil der Welt herrschte. Tompkins glaubt, daß weitere Entdeckungen »die Tür zu einer vollkommen neuen Zivilisation der Vergangenheit aufstoßen können und zu einer sehr viel längeren Menschheitsgeschichte, als man bisher geglaubt hat«. Ich teile diesen Glauben seit einer Reihe von Jahren, und ich bin überzeugt, daß weitere Funde aus der ägyptischen Vergangenheit Edgar Cayces Ansicht bestätigen werden, daß die Pyramide um 10490 v. Chr. erbaut wurde. (Er behauptet auch, daß Atlanter dabei die Aufsicht führten!)

Ich erinnerte mich, daß auch Lewis Spence das Pro-Atlantis-Argument vertrat, es habe eine Wanderungsbewegung von West nach Ost stattgefunden. Unterstützt wurde er durch den Beweis, daß man Überreste des Cromagnon-Menschen, der ursprünglich in Westeuropa gefunden worden war, in Brasilien entdeckte. Wie war er dorthin gekommen? Falls Atlantis die Heimat des Cromagnon-Menschen war und er bei einer der Auswanderungen den Naturkatastrophen entfloh, wären wir nicht überrascht, seine Spuren beiderseits des Atlantik zu finden. Und wieder einmal, da parallele Kulturmerkmale aus sich heraus nicht beweiskräftig sind, wird etwas gefunden, das die Wahrscheinlichkeit einer frühen Verbreitung von Atlantis aus erhöht: in Sandia in Neu-Mexico entdeckte man 25 000 Jahre alte Spitzen aus Feuerstein. Eine sehr ähnliche Art Feuersteinspitze aus dem Solutreén und etwa gleichalt fand man diesseits des Atlantik in Frankreich und Marokko. Zu diesem möglichen Hinweis auf die Existenz des Cromagnon-Menschen in der Neuen und Alten Welt kommt eine Datierung, die in die Zeit fällt, in der nach Spence Atlantis zerstört worden ist.

Auch die Theorie, daß der Mensch nur aus Asien über die Bering-Straße in die Neue Welt kam, wird durch neuere geologische Funde erschüttert. Es gibt zunehmend Zeugnisse dafür, daß die Landbrücke zwischen den Kontinenten, die ursprünglich, vor 5,5 Millionen Jahre, von Wasser bedeckt war, später, vor 100 000 und 70 000 Jahren, passierbar war. Man hat festgestellt, daß der frühgeschichtliche Mensch schon vor mindestens 50 000 Jahren in der Neuen Welt lebte. Dr. Alexander von Wuthenau, eine Kapazität für die Kunst in der Zeit vor Kolumbus, hat herausgefunden, daß sowohl auf mittel- wie auch südamerikanischen Artefakten alle Rassen abgebildet sind. Er vertritt die Meinung, daß dies die Theorie unterstützt, nach der Wanderungen aller Gruppen in diese Gebiete stattgefunden haben. Kurz und zusammenfassend läßt sich sagen, daß sich aufgrund der Zeugnisse ein sehr altes und komplexes Wanderungsbild abzuzeichnen beginnt, das die ganze Welt umspannt.

Aber wie steht es mit den geheimnisumwobenen steinernen Stätten, die eine Weitergabe astronomischer Kenntnisse von Mittelamerika nach Norden zu den amerikanischen Indianern vermuten lassen?

Man bringt seit neuestem Stätten in Wyoming, dem amerikanischen Stonehenge, bis zu den medizinischen Rädern aus Kanada mit dem europäischen Stonehenge als Beispiele astronomisch ausgerichteter Zentren in Verbindung. Woher kam dieses Wissen? Experten für Mittelamerika glauben z. T., daß die Mittelamerikaner ursprünglich aus dem Amazonas-Becken kamen, und ich glaube fest daran, daß Brasilien noch wichtige Zeugnisse für den Atlantis-Forscher birgt.

114

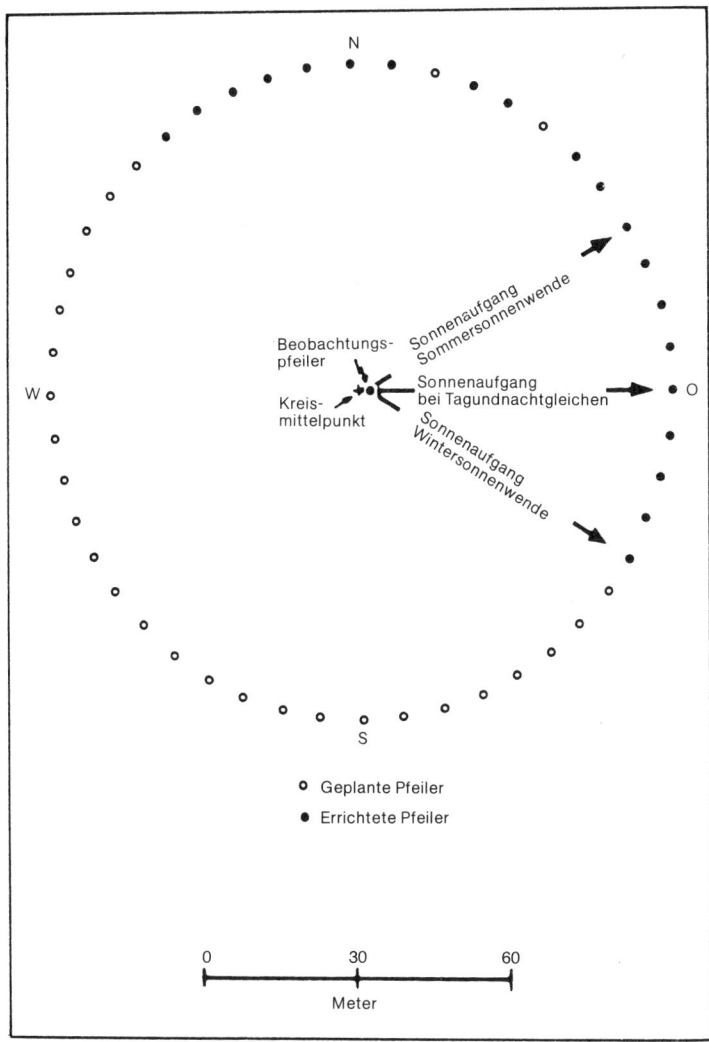

Skizze des amerikanischen Woodhenge in Cahokia, Illinois.

Auch die Hämatologie, die Wissenschaft vom Blut des Menschen, liefert Argumente gegen die Theorie, der Mensch sei von der Be-ring-Straße aus eingewandert. Obwohl zwischen 30 und 60% der ostasiatischen Bevölkerung dieses Gebietes die Blutgruppen B und AB haben, kommen diese Gruppen bei den amerikanischen Indianern kaum vor (0–2%). Auch unter den Basken in den Py-renäen, die viele als erste Anwärter auf eine atlantische Kolonie sehen, kommt die Blutgruppe B ähnlich selten vor. Die niedrigen Werte lassen Zweifel aufkommen, ob die Zuwanderung allein aus asiatischen Gebieten erfolgte.

Die Kultur der Guantschen auf den Kanarischen Inseln, die wahrscheinlich seit der Jungsteinzeit existiert, könnte ebenso ein Bindeglied zu Atlantis sein. Außerordentlich bemerkenswert ist eine Sage der Guantschen von einer weltweiten Flutkatastrophe. Sie hielten sich für die einzigen Überlebenden und waren sehr überrascht beim Anblick der ersten Besucher. Darüber hinaus fanden sich bei ihnen keinerlei Anzeichen, daß sie je zur See gefahren waren. Es ist denkbar, daß sie ursprünglich über eine Landbrücke zu den Kanarischen Inseln kamen.

Mir fiel ein sehr informativer Bericht von Ivar Lissner über die Guantschen in die Hände: »The Silent Past: The Mysterious and Forgotten Cultures of the World« (Die schweigende Vergangenheit: Die geheimnisvollen und vergessenen Kulturen der Welt). Er berichtete von einer entwickelten neolithischen Kultur in gewaltigen unterirdischen Bauwerken auf Gran Canaria, Stätten, die an sehr alte Mittelmeerkulturen erinnern. Die Guantschen lebten in künstlichen Höhlen, hatten kleine, kreisförmige Häuser und Befestigungsanlagen. Von der Statur her glichen sie dem Cromagnon-Menschen, wenngleich sie sich vielleicht später mit den nordafrikanischen Berbern vermischt haben. Im 15. Jahrhundert besetzten die Spanier die Inseln und zerstörten die Kultur der Guantschen fast völlig. Einige Zeugnisse sind uns erhalten.

Zu ihrer Sage, die einzigen Überlebenden einer Katastrophe zu sein, behaupteten die Guantschen auch, zehn Könige gehabt zu haben – wie in Platos Atlantis. Die zehn Könige von Atlantis herrschten nach dem Gebot des alten Gottes Poseidon. Sie regierten nach Gesetzen, die die ersten Menschen auf einer Säule aus Bergerz, einem heute unbekannten rötlichen Metall, aufgezeichnet hatten, die im Tempel des Poseidon in der Mitte der Insel stand. Die Guantschen mumifizierten auch ihre Toten, allerdings nicht auf die gleiche Art wie die Ägypter. Die heutigen Bewohner der Kanarischen Inseln ringen noch in einem Stil, der dem auf Flachreliefs des ägyptischen Mittleren Königreichs abgebildeten ähnelt. Ebenso verehrten die Guantschen die Sonne, hatten also wie die Ägypter, Mayas und Inkas einen Sonnenkult.

Ob sie eine Schrift hatten, ist noch nicht geklärt. Archäologen haben die seltsamen Symbole auf den Felsen von La Palma und

Hierro bisher nicht als eine Form des Schreibens anerkannt. In dem Buch »Vergessene Welten« beschreiben Robert und Yvette Charroux eine ›Schrift‹, die sie auf zutageliegenden Basaltblöcken in einem Tal mitten auf Gran Canaria fanden: »Wir erkannten Muster, die denen der Kelten in der Bretagne ähnelten, und photographierten sie: Spiralen, Kreise, Schlangen, stilisierte Menschen und einen bemerkenswerten ›Zauberer‹, eine genaue Nachbildung desjenigen aus der Höhle von Villar in der Dordogne in Frankreich. Noch wichtiger schien uns, daß wir echte Schriftzeichen photographieren konnten, die wir Abbé Hirigoyen und der Zeitschrift ›Découverts‹ zur Begutachtung schickten. Die Schrift besteht eindeutig aus Buchstaben, von denen einige unseren Buchstaben V, N, S, T und I ähneln.«

Woher konnte diese Sprache kommen? Ich dachte an den geheimnisvollen Niedergang der Olmeken in Mexico, die, obwohl hochentwickelt, auf unerklärliche Weise verschwanden. Für dieses Volk interessieren sich die Atlantis-Forscher seit langem. Kulturelle Parallelen zwischen den Maya und den Ägyptern scheinen eine Theorie zu stützen, nach der es von einem Landmassiv in der Mitte des Atlantik aus zu Auswanderungen nach Osten und Westen kam. Ich erfuhr später, daß man die Maya-Kultur um 1700 Jahre vorverlegt hatte, in das 3. vorchristliche Jahrtausend – die Maya lebten also zur gleichen Zeit wie die Ägypter! Die moderne Maya-Forschung hat lediglich einige Leistungen der Mathematik und Astronomie aufgedeckt, die für eine Steinzeitkultur völlig rätselhaft sind. Der Maya-Kalender gibt die Zeit genauer an als alle anderen, im Westen gefundenen Kalender, und wurde erst durch die moderne Astronomie erreicht.

Sowohl die Maya- wie auch die ägyptische Kultur benutzten Pyramiden für ihre astronomischen Beobachtungen (die Mayas auf jeden Fall schon um 500 v.Chr. in Monte Alto in Guatemala). Die ägyptische Wissenschaft vollbrachte die Leistung, optisch solche Feinheiten wie den Sonnenradius und die 26 000 Jahre dauernden Präzession (das langsame Vorrücken der Tagundnachtgleichen) zu erkennen, beide wahrscheinlich schon im 3. Jahrtausend v.Chr.

Wenn auch sicher nicht auf diesem Niveau, besaßen die Maya doch erstaunliche astronomische Kenntnisse, vor allem wenn man sie als Steinzeitkultur betrachtet. Ihr Kalender, der 1000 Jahre vor dem Gregorianischen geschaffen wurde, kam näher an das Sonnenjahr heran. In seinem Buch »Stonehenge Decoded« (Stonehenge wird enträtselt) erklärt Gerald S. Hawkins, daß man diese 117

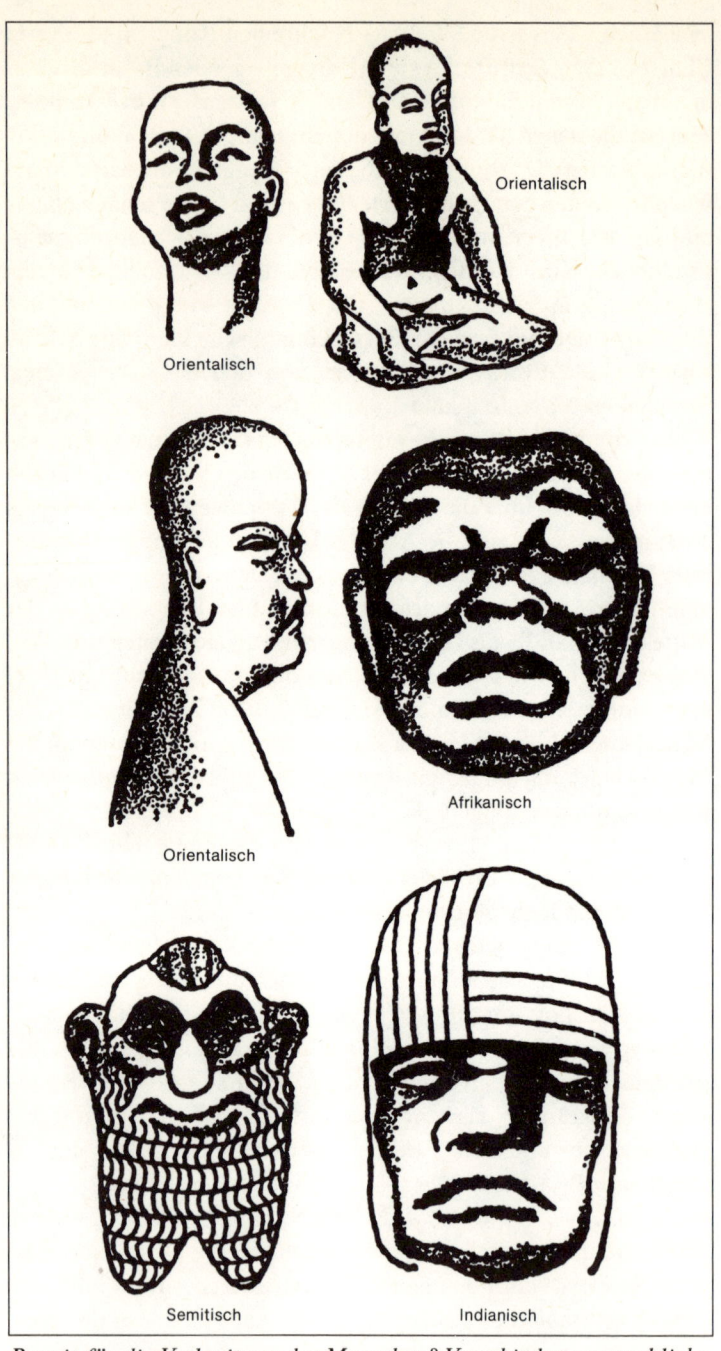

Orientalisch

Orientalisch

Orientalisch

Afrikanisch

Semitisch

Indianisch

Beweis für die Verbreitung des Menschen? Verschiedene menschliche
118 *Rassetypen, die auf Maya-Skulpturen dargestellt sind.*

Genauigkeit durch auf Beobachtungen begründete Korrekturen des 365-Tagekalenders erreichte. Die Maya beobachteten von ihren Pyramiden die Deklination der Sonne zur Winter- und Sommersonnenwende, die Tagundnachtgleichen, die Deklination des Mondes im Winter und Sommer sowie den Jupiter und die Venus. Wie Hawkins darlegt, war es ihnen aufgrund dieser Sorgfalt möglich, die genaue Mondumlaufbahn zu berechnen: 29,53 Tage. (Vielleicht erklärt diese Notwendigkeit der auf Beobachtungen begründeten Korrekturen eine der Nutzanwendungen der Langen Zählweise von Tagen und der zwei Jahreskalender, des Sonnenkalenders – 365 Tage – und des heiligen Kalenders – 260 Tage. Beide Kalender fielen alle 52 Jahre zusammen – oder alle 18 980 Tage nach der Langen Zählweise.) Bemerkenswert ist schließlich das ungewöhnliche Zahlensystem der Maya, das auf 20 anstatt auf den üblichen 10 Zahlen basierte. Auch das gehört zu den beiderseits des Atlantik vorkommenden Gemeinsamkeiten, denn das Zwanziger System findet sich bei den Basken wie auch auf anderen Kultur-»Inseln«, z. B. bei den Kelten, den Hamiten und den Ainu.

Langsam erkannte ich die Querverbindungen zwischen den verschiedenen Theorien, wissenschaftlichen Erkenntnissen und übersinnlichen Nachrichten, und ich war bereit, auch auf den unglaublichsten Bericht einzugehen, auf den ich je gestoßen war, den eines weiblichen Mediums, das bei der 75er Expedition dabeigewesen war. Die unwahrscheinliche Geschichte konnte jetzt vor dem Hintergrund aller von mir gesammelten Zeugnisse untersucht werden. Vielleicht konnte ich dann eine eigene Theorie über die Ursprünge der Stätte an der Bimini-Straße aufstellen.

Teil III

Die Plejaden-Theorie

11

Übersinnliche Archäologie

Als im Verlauf unserer Expedition Poseidia '75 die Wahrscheinlichkeit in immer größere Nähe rückte, daß Bimini eine atlantische Stätte war, entschloß ich mich, Hilfe aus einer ganz anderen Ecke zu holen.

Mit einiger Genugtuung hatte ich festgestellt, daß andere Vorgeschichtsforscher bei ihrer Arbeit zunehmend auch auf Informationen übersinnlicher Herkunft zurückgreifen, was z. T. sicher auf die Genauigkeit der Arbeit von Edgar Cayce zurückzuführen ist. 1937 hielt Cayce einen Vortrag über die Vergangenheit einer Person und sprach dabei über deren Verbindung zu Jesus in einer von den Essenern geführten Schule am Nordwestufer des Toten Meeres. Das erste der alten Essener Manuskripte, das später als die Schriftrollen vom Toten Meer bekannt wurde, wurde erst 1948 entdeckt. Spuren der Gemeinschaft der Essener selbst fand man erst bei archäologischen Grabungen in Qumran im Jahr 1949. Cayce wies auch auf eine enge Beziehung im Wirken Jesu zu den Essenern hin, die immer noch von konventionellen Geschichts- und Religionsforschern untersucht wird. Wäre Cayces Werk 1937 besser bekannt gewesen, wäre sein Hinweis auf die Fundstätte in Qumran vielleicht als das erste Beispiel für intuitive Archäologie gepriesen worden. Aber Cayce starb 1945, ohne von der Entdekkung zu hören, auf die er selbst ganz exakt hingewiesen hatte. Heute bietet eine Reihe von Personen mit übersinnlichen Fähigkeiten Informationen über die unterschiedlichen Funktionen sehr alter Stätten an, die aber bis jetzt durch normale archäologische Methoden nicht bestätigt worden sind. Durch die Zusammenarbeit mit erprobten Medien sind wir in der Lage, nachprüfbare Hypothesen aufzustellen, die etwas über die alten Stätten selbst, aber auch über die geistige Entwicklung ihrer Erbauer aussagen können. Übernatürliche Kanäle spielten eine wichtige Rolle, als 122 Dr. Valentine die Loltun-Höhlen auf Yucatan entdeckte.

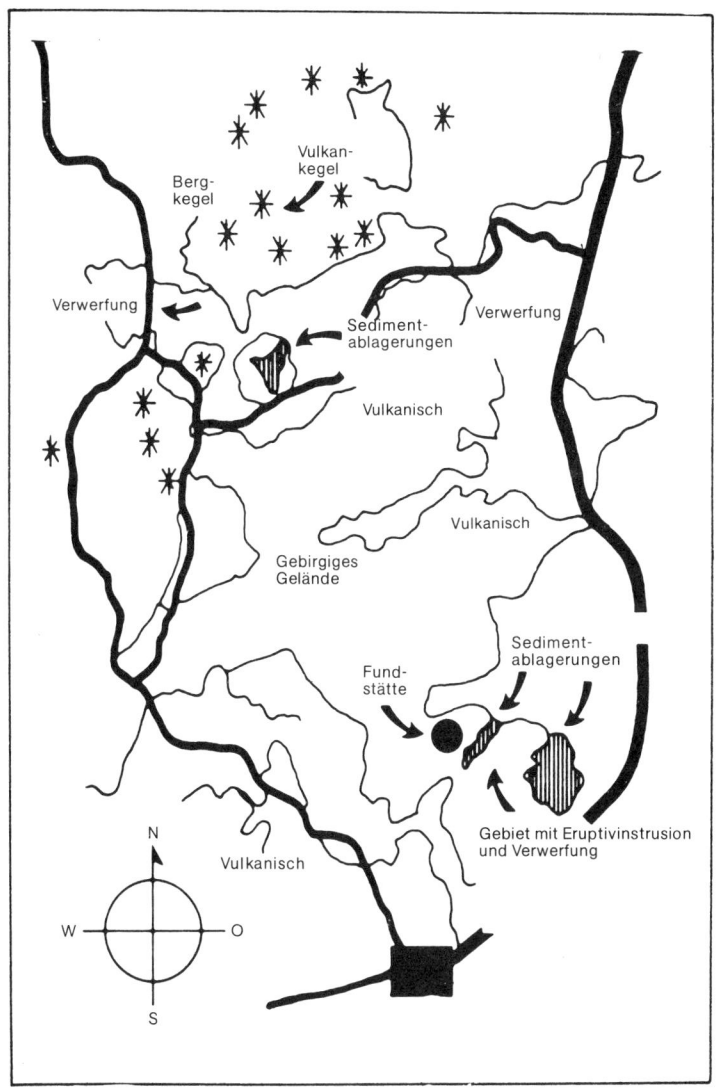

Karte der archäologischen Fundstätte Goodmans.

Auf dem Treffen der amerikanischen Anthropologenvereinigung 1974 in Mexico City sprachen zwei Wissenschaftler über ihre Zusammenarbeit mit Medien bei archäologischen Untersuchungen. Einer von ihnen, Dr. J. Norman Emerson von der Universität von Toronto, erläuterte sein System, die Aussagen von elf verschiede- 123 nen Medien zu beurteilen, die das Alter und die Hersteller bestimmter irokesischer Artefakte bestimmen sollten. Der wichtigste Beitrag zum Thema übernatürlicher Daten in der Archäologie war wohl Jeffrey D. Goodmans »Psychic Archeology: Methodology and Empirical Evidence« (Übersinnliche Archäologie: Methodenlehre und empirische Beweise). Goodman berichtet dort detailliert über die Benutzung übersinnlicher Informationen bei seiner Arbeit an einer Fundstätte in der Nähe von Flagstaff in Arizona von 1971 bis 1973. Er hatte ein Medium (von Beruf Weltraumingenieur) gebeten, für ihn eine »neue« Fundstätte örtlich zu bestimmen. Nachdem ihm wegen der unorthodoxen Methoden eine Erlaubnis zu graben verweigert worden war, gestattete man ihm immerhin in einem Gebiet zu graben, in dem nach Meinung erfahrener Archäologen Artefakte »kaum zu erwarten« waren. Es gelang ihm, die erste bekannte große Ausgrabung in diesem Gebiet zu lokalisieren.

Goodman bescheinigt seinem Medium:

1. »Exakte Ortsbestimmung einer Fundstätte, die nicht mit der traditionellen Anlage identisch war.

2. Exakte Voraussage der wichtigsten geologischen und archäologischen Funde.

3. Entdeckung einer neuen Stätte aus der Frühzeit des Menschen von großer Bedeutung.«

Ich glaube, daß die intuitive Archäologie dank der Vorarbeit Emersons und Goodmans in den kommenden Jahren auf immer größere Zustimmung stoßen wird. Unsere eigenen Entdeckungen wurden mir dadurch um so wertvoller, daß sie unter Mithilfe übersinnlicher Quellen entdeckt worden waren. Der unglaublichste unserer Funde sollte mir dabei eine neue Dimension auf der Suche nach der verlorenen Geschichte Biminis eröffnen – eine Dimension, die ich nie für möglich gehalten hätte.

Schon einige Jahre vor der Expedition war ich auf das ungeheure Potential aufmerksam geworden, das sich für übersinnliche Arbeit anbot und mit dessen Hilfe man Hypothesen über die vorgeschichtlichen Ereignisse aufstellen konnte. Ich arbeitete mit verschiedenen Medien und stellte fest, daß sie sehr unterschiedliche Methoden hatten: Einige brauchten eine ausgesuchte, rituelle Vorbereitung und mußten sich in Trance befinden; andere arbeiteten in einem leichten Trancezustand oder meditierend, und wieder andere konnten die übersinnliche Information so, wie sie gegeben wurde, bei vollem Bewußtsein übermitteln. Ich hatte schon

Carol Huffsticklers Ankunft in Bimini.

erwähnt, daß die zeitlich richtige Vorhersage zukünftiger Ereignisse am unzuverlässigsten ist – bestenfalls ist eine Zuverlässigkeitsquote von 80% zu erwarten. Acht von zehn Feststellungen trafen also mit anderen Worten zu. Einige Individuen gaben sehr eindeutige Antworten zu früheren physischen Aktivitäten an bestimmten Stätten, andere schienen mehr auf geistige oder metaphysische Seiten der Vergangenheit eingestellt zu sein. Z.T. sprachen sie in Rätseln, z.T. gaben sie einen zusammenhängenden Bericht.

1974, als ich an der Universität von Lamar die Kirlian-Untersuchungen durchführte, traf ich Carol Huffstickler, eine junge Frau, deren mediale Fähigkeiten ich bald schätzenlernen sollte. Außer ihrer Arbeit mit der Ausstrahlung von Menschen hatte Carol als Medium in telepathischen Traumexperimenten fungiert, die die Doktoren Stanley Krippner und Montagu Ullman am Maimonides-Traumlaboratorium in Brooklyn unternahmen.

Ich sprach mit Carol über Poseidia '74, und sie fragte, ob ich an einer okkulten Befragung über Bimini interessiert sei. Als ich ihr sagte, daß jede Information uns helfen würde, schwenkte sie hellseherisch auf die Vergangenheit ein. Sie sagte, Bimini habe 6031 v. Chr. eine verheerende Umwälzung des Landes erlebt, dessen Nachwirkungen 200 Jahre lang anhielten. Die Kultur, die wir als Atlantis kennen, bestand bis 4021 v. Chr. Von der Bevölkerung lebte ein Teil noch im Gebiet um Bimini, die meisten Bewohner wanderten jedoch zu den Britischen Inseln oder nach Peru aus. Als sie die Umwälzungen des Landmassivs betrachtete, sah sie, wie sich die Kruste verschob, wobei Bimini sich in eine Position südöstlich der jetzigen bewegte. Obwohl sich die Zeit nicht genau feststellen ließ, tauchte die Stätte bei Bimini selbst zur Zeit der Katastrophe 6031 v. Chr. unter. Ihre Datierung stimmte mit der einer alten Küstenlinie überein, die jetzt 15 m unter dem Meer lag, nach Schätzungen von Geologen seit etwa 6000 v. Chr.

Bevor wir 1975 zur Expedition ausliefen, hatte ich Carol nach den Zwischenfällen im Bermuda-Dreieck gefragt – falls es überhaupt welche gegeben hatte. Sie warnte uns, nicht während der Sommersonnenwende zu tauchen oder zu fliegen. Wie um sie zu bestätigen, tobten am ersten Tag der Sonnenwende Sturmböen über dem Gebiet, die Wolken stiegen bis auf 15 km Höhe, die Windgeschwindigkeit betrug 65 km, der Himmel war grün, und der tropische Sommersturm setzte seine zerstörerischen Zeichen. Während der ganzen Sonnenwende vom 18. bis 23. dauerte das Unwetter an. Selbst zwischen den Stürmen war der Meeresboden so aufgewühlt, daß wir beim Tauchen nichts sahen. Nach der Sonnenwende am 24. Juni besserte sich das Wetter wieder schlagartig. Jetzt, da die ruhelosen Palmen sich gegen die untergehende Sonne abzeichneten, kam eines der zweimotorigen Wasserflugzeuge schwankend an den Anlegesteg. Die Motoren dröhnten. Passagiere mühten sich aus dem Flugzeug, unter ihnen Carol, offensichtlich ermüdet durch den Flug von Houston. Zu den Strapazen der Reise war auch noch der kulturelle Schock gekommen, als sie aus dem Raumfahrtzeitalter des Flughafens von Houston überwechselte in die enge Maschine der heimischen Luftfahrtgesellschaft und das tropische Bimini. Nachdem sie sich aber eingelebt hatte, erwies sich Carol bei verschiedenen Gelegenheiten unserer 1975er Expedition als Hilfe.

Noch in Houston hatte sich Carol auf eine Karte von Bimini konzentriert und ein mutmaßliches Bauwerk auf den Bänken von

Südbimini identifiziert. Zu Beginn dieser Expedition flog mich C.

W. Conn über die Stelle, und ich war begeistert, als ich auf dem Meeresboden ein eindeutiges Muster erblickte, das in den Umrissen einem Maya-Tempel glich. Ich machte Aufnahmen, als wir darüber hinwegflogen, aber wir konnten die Stelle bei späteren Flügen nicht wiederfinden.

Ich hatte mehrere Stunden damit zugebracht, ein Schiffswrack für das bahamesische Antiquities Institute zu fotografieren und zu vermessen und verwarf die vorherrschende Meinung, daß es sich um ein Schiff der Phönizier handele. Soweit man die Technik noch

Bronzeplakette des Schiffswracks.

erkennen konnte, schien es kaum älter als 100 Jahre. Carol deutete psychometrisch das Wrack und beschrieb es als die »Gloria Victoria« und offensichtlich englischen Ursprungs. Sie berichtete weiter, es sei ein Dreimaster, der um 1840 mit Fracht für eine Plantage von einem Hafen der Ostküste unterwegs nach Georgia gewesen sei. In einem Sturm kam das Schiff vom Kurs ab und sank. Das bestärkte meine Vermutungen aufgrund der äußeren Untersuchung, daß es ein Schiff aus dem letzten Jahrhundert und entweder verunglückt oder von Piraten versenkt worden war. Die Marmorblöcke der Ladung schienen in englischen Fuß zu 12 Inches zugeschnitten.

Das anschließende Tauchen förderte einen Safe zutage, auf dem der Name des Schiffes, »Improved Defiance Salamander«, und der Hersteller, eine New Yorker Firma namens R. M. Patrick, standen. Wir untersuchten diese Spur sorgfältig und fanden schließlich, daß der Safe kurz nach 1843 produziert worden sein mußte. Carols Zeitangabe erwies sich als richtig.

An dem Nachmittag, an dem Carol Huffstickler zum ersten Mal eine okkulte Befragung über Bimini unternahm, kündigte sich die Dramatik durch ein schweres Gewitter an, das über der Insel tobte. Wir waren alle gespannt, was sie uns enthüllen würde. Aber niemand unter den Anwesenden war auf die unglaubliche Geschichte gefaßt, die sich uns eröffnen sollte.

Als sie ihre rituellen Vorbereitungen abgeschlossen hatte, bat ich sie, etwas zu den Schwerpunkten unserer Arbeit zu sagen. Nach meinem Gefühl war die Fundstätte in der Bimini-Straße unser wichtigstes Ziel. Carol bestätigte das und sagte, wie ich fast erwartet hatte, daß es keine Straße sei. Sie fuhr fort, daß unsere gegenwärtige Beurteilung dadurch in die Irre geführt worden war, daß viele der Steine jetzt auf dem Boden lagen, früher aber einmal aufrecht gestanden hatten.

Die Stätte hatte ursprünglich »Eingänge und Vorräume, und viele Räume hintereinander, so daß es sehr stark einem Labyrinth glich«. Die Funktion des Labyrinthes würde allerdings sofort ersichtlich, wenn nur einige der Steine wieder in ihre aufrechte Stellung gebracht würden. Carol brachte es mit dem sakralen Charakter der Stätte in Verbindung. In der Geschichte stellen Labyrinthe die verschlungenen Wege zur Weisheit dar – sei es als symbolische Darstellung oder in der Form eines Bauwerkes. Wenn der Eingeführte die Mitte erreicht, erlebt er eine vollkommene Bewußtseinsveränderung und erfährt die letzte Wahrheit.

128

So war Bimini vielleicht nicht nur ein heiliger Ort, sondern auch eine Stätte geistiger Weihen, ein sakraler Ort voll besonderer Energien. Eine Möglichkeit, das festzustellen, bestand darin, die Erfahrungen verschiedener Medien an bestimmten Stellen auf Bimini miteinander zu vergleichen und zu sehen, ob sie unabhängig voneinander am gleichen Platz besonders starke Energie wahrnahmen. Wenn das eintrat und diese Stelle darüber hinaus noch mit wichtigen Punkten unserer Aufzeichnungen von der Anlage übereinstimmten, wäre Bimini als sakrales Bauwerk in sehr viel greifbarere Nähe gerückt. (Im übrigen weiß man, daß Sensitive beim Besuch anderer alter, sakraler Stätten wie der Kathedrale von Chartres in Frankreich, von Machu Picchu in Peru oder von Teotihuacan in Mexiko eine Erweiterung des Bewußtseins erlebt haben, die auf Energien der Stätte oder des Bauwerks zurückgeht. Das kann sich in einem über den Körper laufenden Kribbeln oder im Aufrichten der Haare auf den Armen äußern. Je nach Einstimmung des Mediums und der von der Stätte ausgestrahlten Energie variieren Stärke und Qualität der Reaktion beträchtlich.)

Carol ging dann dazu über, uns mehr über die Anlage in der Bimini-Straße zu erzählen. Offenkundig besaß diese nur noch ein Viertel bis ein Drittel des ursprünglichen Ausmaßes. Der jetzige Zustand war die Folge von Tausenden von Jahren unter Wasser und eines Erdbebens, das die alten Bauten zum Meer hin verschoben hatte.

Ich fragte Carol als nächstes: »Welche Kultur hat die Stätte ursprünglich errichtet?« Es seien, so ihre überraschende Antwort, die gleichen Erbauer, die auch die geometrischen Linien auf den Ebenen von Nazca in Peru geschaffen hätten! Großer Gott, dachte ich, als ich das hörte. Was für eine Behauptung, wenn es galt, sie zu verifizieren bzw. abzulehnen? »Es war ein sehr dunkelhäutiges Volk«, fuhr sie fort, »aber es sind nicht eure Indianer – wahrscheinlich die Atlanter. Ich fühle das. Ich komme nicht auf den Ausdruck, aber es ist das gleiche Ding (Kultur) wie das Ding mit den Landestreifen (die Landestreifen von Nazca), denn ich sehe das gleiche Ding immer wieder. Ich sehe das (Nazca), und dann dieses (Bimini).«

Ich fragte sie nach dem ungefähren Datum. Ich hatte dabei an das Datum der Errichtung gedacht, aber Carol nannte zwei Daten: »Hier geht es etwas durcheinander; da sind zwei Dinge, 30 000 und 10 000.«

Immer wieder war bei ihrer ersten Befragung angeklungen, daß   129

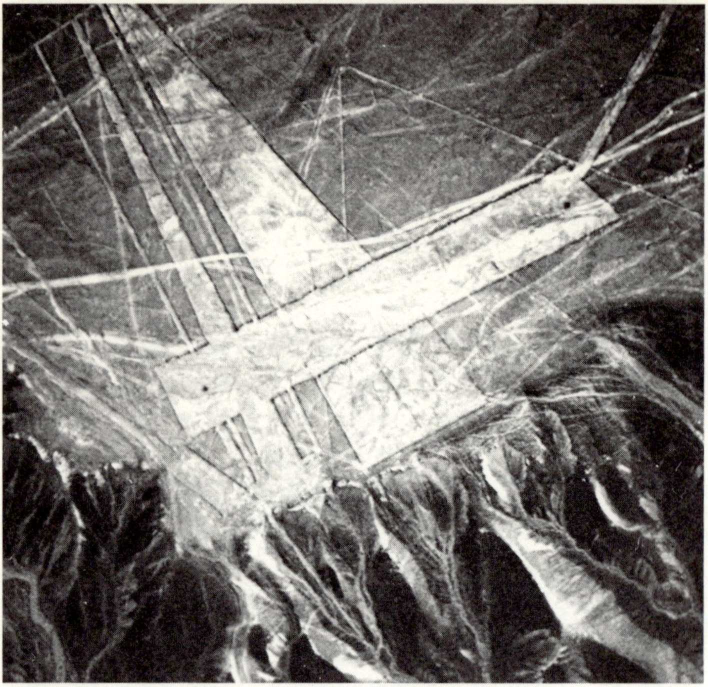

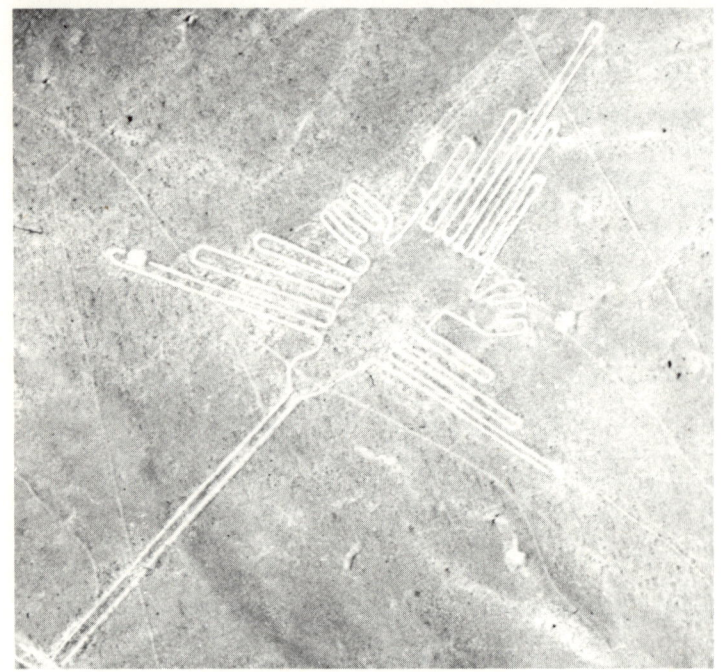

Bimini extrem alt sei. Sie stufte die Stätte in Bimini älter ein als Stonehenge und »stellte fest«, daß Bimini aus der gleichen Zeit stammte wie die atlantische Kultur und daß es im wesentlichen aus den gleichen Gründen wie Atlantis untergegangen war: wegen des Mißbrauchs sexueller Kräfte und wegen Schwarzer Magie.

Ihre nächste Befragung brachte neue Enthüllungen. Ganz unvermittelt bezeichnete sie Bimini als zeitgleich mit der Kultur des Magdalenien in Europa, das heute auf die Zeit zwischen 15 000 und 7500 v. Chr. datiert wird. Carol teilte mir mit, daß diese Zeitangaben viel zu kurz bemessen seien. Sie kündigte weitere Verbesserungen bei den Datierungsmethoden an und fügte hinzu, daß dann der Bau von Stonehenge auf 16 000 v. Chr. datiert werden würde anstatt auf 2775 v. Chr., was man heute annimmt. Erneut sagte sie, daß Bimini vor Stonehenge erbaut worden sei: »Stonehenge wurde nach der Überschwemmung gebaut, die Bimini-Straße vor der Überschwemmung!«

Sie sah in Bimini eine der minoischen verwandte, aber ältere Kultur. Dann stieß sie auf die Zahl 15. Das bedeutete offensichtlich: vor 15 000 Jahren, und schien mit einer Verlegung der Hauptstadt von Bimini weg zusammenzuhängen sowie mit dem Übergang der Stätte an eine primitivere Kultur. Über die Stätte von Bimini sagte sie: »Sie ist sehr, sehr alt.« Und sie fügte hinzu, daß man vielleicht Inschriften späterer Kulturen fände, die die Identifikation der ursprünglichen Kultur erschwerten. Über den Ursprung der Stätte glaubte sie, daß »kosmische Rassen den Planeten bevölkert hatten, Rassen, die von Planet zu Planet reisen und sich dort ausbreiten und eine Religion lehren, die der Entwicklung der bereits auf dem Planeten Lebenden angepaßt ist. Das geschah an verschiedenen Orten zu gleicher Zeit . . . aber es funktionierte nicht besonders gut, da es (auf seiten der Wesen) viel Widerstand gab aus Angst, in Streitereien verwickelt zu werden.«

Als mir diese erste Befragung in ihrer ganzen Tragweite klar wurde, hatte ich gemischte Gefühle. Einerseits war ich sehr erregt über die aufgezeigten Parallelen zwischen Carols Auslegung und den alten Berichten vom Ursprung des Menschen durch das Herabsteigen des Geistes in die Materie. Aber Besuche von außerhalb der Erde hatte ich im Zusammenhang mit Atlantis nicht vorausgeahnt. Und einige zeitgenössische Autoren hatten dieses Thema

Linke Seite: Die geheimnisvollen Linien bei Nazca in Peru, die von einigen für Start- und Landestreifen gehalten werden.   131

derart einfallslos, mechanisch und wenig verläßlich abgehandelt, daß man kaum auf ihren Spekulationen aufbauen konnte. Ich begann, nach einem gemeinsamen Nenner zu suchen für die Geschichten über Atlantis (und Seelen, die in einen Körper hinabgestiegen waren, nur um dann darin gefangen zu sein) und Besuchen von außerirdischen Wesen. Ließ sich das letztlich reduzieren auf verschiedene Aspekte jetzt vergessener, früherer Ereignisse auf dem Planeten? Enthielten die Mythen der Menschen irgendwelche brauchbaren Elemente, mit deren Hilfe man so etwas rekonstruieren konnte? Und würden schließlich archäologische Entdekkungen dieses theoretische Gebäude tragen? Tagsüber unterdrückte die körperliche Disziplin, die das Tauchen verlangte, glücklicherweise den Aufruhr der Gedanken, die mich aber ansonsten in jeder wachen Minute mit Beschlag belegten. Abends wurde mir dann erneut bewußt, daß ich mich einem Tiger an den Schwanz geklammert hatte.

Bei Carols nächster Sitzung explodierte dann die Bombe, obwohl wir die Explosion erst mit Verzögerung wahrnahmen, denn wirklich atemberaubende Ideen dringen nicht auf einmal durch. »Es taucht immer wieder das Wort Plejaden auf«, sagte Carol, »ich sage es deshalb, weil es immer wieder durchdringt . . . Es dringt durch mit einer Nachricht über die Stätte in der Bimini-Straße.« Zuerst dachte sie, es bezöge sich nur auf eine bedeutsame astrono-

Die Plejaden.

mische Ausrichtung. Aber dann berichtete Carol von friedlichen Wesen, die höher entwickelt waren als die Menschheit heute, aus dem Sternhaufen der Plejaden kamen und die Erde um 28 000 v. Chr. aufgesucht hatten.

Diese Gruppe von fast 300 bekannten Sternen aus dem Sternbild des Stier bewegt sich mit großer Geschwindigkeit durch das All, 400 Lichtjahre von unserer Sonne entfernt und 600 Millionen Jahre alt. Im Herbst gehen sie gegen Abend im Osten auf. Im Frühjahr stehen sie im Westen und erscheinen nach Sonnenuntergang.

Neun der Sterne kann man mit freiem Auge erkennen, sieben sind ganz deutlich sichtbar, die auch die sieben Schwestern genannt werden. Die Namen des Sternhaufens selbst sowie des hellsten Sterns stammen aus der griechischen Mythologie. Die Plejaden werden mit Atlantis in Verbindung gebracht, weil Atlantis »zu Atlas gehörig« bedeutet. Die Plejaden waren die sieben Töchter des Atlas und der Pleione. Maia, die zuerst geborene (und ursprünglich der hellste sichtbare Stern), Asterope, Taygeta, Alcyone, Celoeno, Electra und Merope.

Die Bewohner der Plejaden waren, wie Carol erklärte, offenbar auf einer Art galaktischer Mission. Wie Carol sie beschrieb, mußten sie den Erdbewohnern, die sie besuchten, sicher wie Götter vorgekommen sein. Die Wesen, die aus diesem Gebiet der Plejaden kamen, sind in ihrem Aussehen nicht besonders menschenähnlich; ihr Äußeres wird mehr durch das Bewußtsein bestimmt, durch die Gestalt des Geistes, und die Gestalt verändert sich demzufolge analog zu der des Geistes. Erreicht ein Wesen dieses Bewußtseinsniveau, ist es seine moralische Pflicht, die Schwingungsfrequenzen der Geschöpfe zu beobachten und zu lenken, die sich nach einem ähnlichen Muster und in ähnlicher Richtung entwickeln. Und aufgrund ihres Bewußtseins haben sie das Bedürfnis, so zu handeln. Das ist Teil ihrer, wie sie sagen würden, Lebensaufgabe. Unsere Aufgabe auf diesem Planeten ist es, etwas aufzubauen und uns bewußt zu werden, wer wir sind. Da sie wissen, wer sie sind, ist es ihre Aufgabe, anderen bei diesem Bewußtwerdungsprozeß zu helfen, wie Lehrer, nur mit dem Unterschied, daß sie Lehrer auf einem höherem Niveau sind . . . Ein Grund für ihr Erscheinen in diesem Gebiet war, den Entwicklungsprozeß bei der auf diesem Planeten lebenden Rasse zu beschleunigen.

Bei ihrer Ankunft entdeckten die Plejaden-Bewohner eine Hauptstadt auf einem Kontinent, »ein bedeutendes Handelszentrum« und ein wichtiges religiöses Zentrum. »Die Menschen hier auf dem Planeten waren bereit zu dem Kontakt, und sie lebten in diesem Gebiet.« Carol beschrieb sie als Anhänger eines Sonnenkultes, aber sie sah keine Anzeichen einer Ernte, von Waffen oder Werkzeugen. »Das ergibt keinen Sinn«, sagte sie. »Das verstehe ich noch nicht: Wenn sie dabei sind, etwas aufzubauen, brauchen sie Werkzeuge, es sei denn, sie arbeiteten mit Gedankenkraft.« Was damit gemeint war, wurde deutlicher, als sie fortfuhr.

»Es war eine telepathische Kultur, sehr viel ausgeprägter als wir es heute sind. Da auch die Kommunikation telepathisch erfolgte, bestand wenig Bedarf an Betätigung. Der Grund, weshalb die Bewohner der Plejaden hierher kamen, war, das Wirken oder die Tätigkeit anzuregen. Viel von dem, was hier geschah, geschah ohne körperliche Betätigung, und sie sahen, daß der Mensch körperlich tätig werden mußte . . . später dann würde er wieder geistig arbeiten müssen und die körperliche Anstrengung vermindern. Heute würde man von Expansions- und Kontraktionszyklen sprechen, die die Art durchmacht, um ein Endprodukt herzustellen, das auf einer höheren Stufe steht als zuvor, jedoch die gleichen Eigenschaften hat, aber auf einem anderen Niveau. Es gibt Billionen planetarischer Systeme, die dem unseren ähnlich sind, und man muß begreifen, daß es diejenigen gibt, die immer die Lehrer dieser Systeme sein werden und deren Entwicklung zulassen und unterstützen.«

Die Plejaden-Bewohner wählten Bimini als einen ihrer Standorte für den Bau einer sakralen Stätte, um dort mit Hilfe der geomagnetischen Erdfelder, die auf noch unbekannte Weise durch periodisch sich ergebende Stellungen bestimmter Sterne und der Sonne zueinander sehr stark sind, das menschliche Bewußtsein zu heben und zu heilen. Diese Wesen besaßen ein höheres Bewußtsein, das sie durch das Labyrinth und andere bewußtseinsfördernde Objekte der Stätte in Bimini steigerten. In Bimini, und anscheinend auch an anderen Orten, gab es besondere »Operations- oder Standpunkte«, an denen »Individuen standen und bestimmte Bewußtseinsströme entfalteten«. Das Ritual wurde von 13 Personen einschließlich dreier Frauen vollzogen. Für die Bewohner der Plejaden bestand das kritische Bewußtseinsmoment offensichtlich darin, zwischen männlicher und weiblicher Energie ein Gleichgewicht herzustellen.

Ich selbst verstand diesen etwas rätselhaften Teil der Auslegungen

so, daß das Gleichgewicht die charakteristische Trennung zwischen Aktivitäten der linken Gehirnhemisphäre (analytisches, logisches, gradliniges Denken – »männlich«) und der rechten Hemisphäre (konstruktives, intuitives Fühlen – »weiblich«) beinhaltet, wie die zeitgenössische Hirnforschung annimmt. Doch als ich über die mögliche Bedeutung nachdachte, die hinter diesem Gleichgewicht von männlich und weiblich stehen könnte, kam mir Platos Mythos von der Erschaffung der Menschheit in Erinnerung. Die ersten Wesen, so berichtet er, hatten ursprünglich ein kugelähnliches Aussehen und besaßen den Göttern so bedrohlich erscheinende Kräfte, daß sie in männliche und weibliche Hälften getrennt wurden. Und da sie so einander verfolgen mußten, wenn sie ihre frühere Vollständigkeit wiedererlangen wollten, bedeuteten sie für die Götter keine Bedrohung mehr. War Platos Legende ein Widerhall dieses Gleichgewichtes von männlich und weiblich, von dem Carol behauptete, es sei einer der Gründe für den Besuch der Plejadenbewohner auf diesem Planeten?

Zum einen identifizierten die Befragungen die Kultur, die Besuch von den Plejaden erhalten hatten, eindeutig. Es war Atlantis. Darüber hinaus stellte Carol unsere heutige Kultur als Gegenstück zu der der Atlanter dar: »Wir befinden uns am anderen Ende des Zyklus. Wir haben die Aktivität bis an ihre Grenze ausgedehnt und müssen nun zu dem telepathischen Glied, das uns mit ihr verbindet, zurück.«

Ein Teil des Rituals auf Bimini umfaßte ein symbolisches Fortschreiten der Jahreszeiten, und beruhte offenbar auf der Vorstellung, daß die Energie zur Zeit der Tagundnachtgleiche und der Sonnenwenden am stärksten sei. Ganz sicher fanden die wichtigsten Rituale nachts statt. Das deckt sich mit den Bräuchen vieler sehr alter Völker, die das neue Jahr am Abend vor Allerheiligen begannen, wenn die Plejaden den Punkt der Tagundnachtgleiche am nächtlichen Himmel erreichten.

Wenngleich Anthropologen angenommen haben, daß in der Vorgeschichte der Mondkult dem Sonnenkult vorausging, bestätigte Carols Auslegung, daß der Sonnenkult sogar noch vor dem Mondkult existiert hatte. Carol betonte, daß das, was wir sahen, die Überreste eines Sonnenkultes auf Bimini waren. Insgesamt habe die Stätte den ursprünglichen Sonnenkult, dann einen Naturkult, einen Mondkult, und schließlich einen weiteren Sonnenkult erlebt.

Auf meine nächste Frage nach sakraler Geometrie, die ich bereits aufgrund meiner Geländebeobachtungen vermutet hatte, sagte sie   135 mir, es sei sehr schwierig, sie zu entdecken, weil »inzwischen zuviel davon zerstört ist«. Trotz allem sei die allgemeine Ausrichtung nach Nordosten »durchaus von Bedeutung«.

Dann fragte ich Carol nach der ursprünglichen Lage der Steine. Als Antwort berichtete sie von einer ganzen Reihe schwerer Erdumwälzungen. Die megalithischen Blöcke, so sagte sie, seien aus einer Bergkette im Osten Biminis, die versunken sei. Dann beschrieb sie bestimmte geologische Bewegungen:

»Ich sehe das Land von Florida und Georgia ganz von Wasser bedeckt. Ich sehe die Berge . . . im Osten der Vereinigten Staaten, die mit einigen der Berge unter Wasser zusammenhängen. Es sieht so aus . . ., als gehörten die Berge alle zusammen. Die, die jetzt unter Wasser sind, hingen mit den Bergen zusammen, die man jetzt an unserer Ostküste sieht . . . und mit den Smoky Mountains. Dann sieht es so aus, als würden einige abgetrennt und versinken, dann rücken sie wieder zusammen. Dann trennt sich etwas von der Landmasse ab, aber geht nicht unter – gerade das, was sich abgetrennt hat. Das sind die Bewegungen, die ich sehe. Und dann strömt das Meer hindurch.« Damit meinte sie wohl den Golfstrom, dessen jetziges Bett demnach seismischen Ursprung hätte.

Dann sprach sie davon, daß die megalithischen Blöcke Felsen ähnelten, die man jetzt in Nordkarolina findet. Die Stelle liege allerdings heute tief im Atlantik, im Osten. Der erste Rücken unter Wasser hatte sich, nach »einer sehr tiefen Stelle«, gegenüber dem Festland aufgebaut. Darüber, wie diese Blöcke transportiert worden waren, machte sie keine weiteren Angaben.

Am Ende der Sitzung des zweiten Tages erzählte sie mir, daß die größeren Stätten im Bimini-Gebiet ursprünglich nach einem geometrischen Muster angelegt worden waren, das in etwa den Winkelbeziehungen der Plejaden entsprach, »eine Kopie des Sternbildes, das man von diesem Punkt aus sehen konnte«. Carol nannte dann einige Winkel zwischen 30 und 62°, u. a. 32°, 45° und 52°. Ich besorgte mir daraufhin die größte verfügbare Karte der Plejaden und zog eine Linie durch die, wie mir schien, zentrale Achse des Sternbildes – Taygeta, Maia, Alcyone und einen namenlosen Stern. Ich verband dann Alcyone mit Pleione und Atlas, Maia mit Asterope, Celoeno mit Electra. Dann maß ich die Winkel zur Zentralachse. Keiner stimmte exakt mit den von Carol genannten überein, drei Winkel lagen jedoch zwischen 28° und 29,5°, zwei

136 hatten 60°, zwei 71,5° und zwei 42° bzw. 43,5°.

Zwei der von Carol genannten Winkel trafen auf die Stätte in Bimini zu, zumindest nach unserer ersten Zeichnung. Die Mittelachse der äußeren Führungslinie ist auf 45° (magnetisch) ausgerichtet, die der inneren auf 52°. Weder die Tafelverschiebungen, die in den psychometrischen Befragungen von Anne, einem anderen Medium, auftauchten, noch die Erdverschiebungen, die Carol gesehen hatte, würden wahrscheinlich die innere Geometrie der Stätte beeinträchtigen. Der Unterschied von 7° zwischen 45° und 52° ist daher (vorausgesetzt, nachfolgende Vermessungen des Geländes bestätigen dies) weitaus bedeutungsvoller – eine heilige Zahl, die Zahl der Plejaden und der Unterschied zwischen den beiden von Carol genannten Winkeln. (In späteren Sitzungen hörte ich mit großem Erstaunen, daß die Notre Dame-Kathedralen in Frankreich so lagen, daß sie ein dem Sternbild der Jungfrau ähnliches Bild ergaben.)

Drei Wochen nach der ersten Sitzung verabschiedeten wir Carol. Sie flog zurück nach Houston. Ich dachte über das Material nach, das sie uns mit ihrer Arbeit über Bimini hinterlassen hatte, und sagte mir: »Nun, auf jeden Fall zumindest eine sehr farbige Hypothese.«

12

Götter
von den Plejaden?

Zwei Jahre sind seit jenem Sommer vergangen, und ich habe die Befragungsergebnisse inzwischen ernsthafter betrachten können. Ständig war ich mir bewußt, auch diese Art Material zu überprüfen. Vor allem die Zahl 28 000 v. Chr. wollte ich verifizieren, da sie beständig von Carol genannt worden war. Bestand die Möglichkeit, daß die Stätte schon vor so langer Zeit erbaut worden war? Das liefe beinahe auf eine Erhöhung des bisher angenommenen Alters des Cromagnon-Menschen hinaus. Allerdings scheint dieses Datum der einzige Punkt der Befragungen zu sein, der zu einer der wenigen bisher bekannten wissenschaftlichen Tatsachen über die Stätte in Widerspruch steht. Der Geologe John Gifford datierte mit der gewöhnlich zuverlässigen Uran-Thorium-Methode den Meeresboden unter der Stätte auf 15 000 v. Chr. Das von Carol genannte Datum von 28 000 v. Chr. für den Besuch der Plejaden-Bewohner scheint mit dem Alter des Meeresbodens, auf dem die Stätte steht, unvereinbar. Doch wie wir später noch sehen werden, läßt auch die Datierung von Gifford einige Fragen offen.

Ich zog einige im Computer erfaßte astronomische Darstellungen zu Rate, die Professor Anthony Aveni von der Colgate-Universität aufbereitet hatte. Ich wollte feststellen, ob es irgendwelche astronomischen Phänomene gab, die für die Zeit um 28 000 v. Chr. mit der 45°-Ausrichtung der Stätte in Verbindung gebracht werden konnten. Überrascht entdeckte ich, daß man sich zu jener Zeit bevorzugt am Aldebaran (dem Auge des Stiers) orientiert hatte. Ich erinnerte mich an die Verehrung des heiligen Stiers durch die Atlanter und dachte über eine mögliche Verbindung nach. Doch die Plejaden erschienen am Längengrad von Bimini erst um 18 000 v. Chr., was unvereinbar mit Carols Zeitangabe von 28 000 v. Chr. war.

138 Die Befragung eines anderen Mediums, das ich für dieses Problem

hinzuzuziehen beschloß, machte uns auf einen möglichen Grund für diese Diskrepanz aufmerksam. Das Medium war eine langjährige gute Bekannte, deren übersinnliche Fähigkeiten mir einst das Leben gerettet hatten. Sie wurde mir als »ein Empfänger höchster Empfindlichkeit . . . ein fast absoluter Empfänger« beschrieben. Sie wollte keinen Reklamerummel und bat darum, nur als Anne erwähnt zu werden.

Ich hatte einige zusätzliche Fragen, die die Fragen an Carol teilweise ergänzten, aber auch von entgegengesetzten Voraussetzungen ausgingen. Aufgrund ihrer Befragungen kamen wir zu folgendem Ergebnis:

Carols Aussagen trafen im Kern zu. Die Plejaden waren Ausgangspunkt einer nach außen drängenden, allumfassenden Liebe. Die Bewohner der Plejaden waren Wesen von strahlendem Glanz und Licht, Botschafter guten Willens, die der Menschheit in schwierigen Entwicklungsphasen halfen, wenngleich uns auch von Zeit zu Zeit Wesen aus anderen Bereichen der Milchstraße besucht haben.

Anne hatte schon vor der Expedition 1974 auf Bimini Sitzungen über Archäologie abgehalten. In einer ihrer Befragungen bekräftigte sie, daß die Stätte tatsächlich eine sakrale Funktion und auch sakrale Geometrie besaß.

Ich hatte sie gefragt: »Weist die Stätte in der Bimini-Straße sakrale Geometrie auf?« Sie antwortete: »Ja, mit Sicherheit. Die Bewohner der Plejaden errichteten in ähnlicher Weise eine Erinnerungsstätte an ihre gewaltigen Unternehmungen in der gegenständlichen Welt . . . die Umwandlung von Söhnen des Allerhöchsten in irdische Natur.«

»Sie (Pfeil und Steinkeil) weisen weniger auf bestimmte Sterne als vielmehr weg vom Eingang des äußeren Rings, wo Seelen, die in körperlicher Gestalt gebunden waren, sich von den Inkarnationsriten erholen konnten. Die irdischen Zerstreuungen führten zu negativen Verhaltensformen. Die Stätte sollte an den Grund für die Inkarnation erinnern: Du sollst die Erfahrungen des Fleisches machen, die der Schöpfung eigen sind. Weit draußen am Nordende der Stätte befand sich ein Krokodilgehege. Diese Tiere verkörperten Gier und Neid. Die Atlanter wiesen immer wieder auf ihre Herkunft von den Sternen hin, um ihre Kenntnisse der Lebenskräfte zu erklären, die auf niedrigem Niveau negativ in Erscheinung treten.«

Ich war verblüfft über Annes Bestätigung, daß die Plejaden-Be-

*Cleopatra-
Nadel.*

wohner Einfluß auf das menschliche Bewußtsein genommen hatten. Sie fügte dem dramatischen Bild, das Carol von den Bewegungen der Erde in Bimini gezeichnet hatte, neue Einzelheiten hinzu und brachte weitere Anhaltspunkte zum Problem des Magnetismus vor, auf das man dort stoßen werde.

Sehr weit zurück in der Vergangenheit, so ließ Annes Befragung vermuten, reichten die Plejaden sehr viel höher (weiter nach Norden) und bewegten sich dann langsam ostwärts in die jetzige Lage am Breitenkreis. Eine Zeitlang betrug der Azimut 45°, als sie aufgingen. Die frühen Astronomen in Bimini beobachteten nicht nur den Auf- und Untergang der Plejaden, sondern auch ihren Meridiandurchgang oder Durchzugskorridor. Man beobachtete mit Hilfe einer stehenden Säule, ähnlich der Nadel Cleopatras in Ägypten. Man nahm diese astronomischen Beobachtungen sehr ernst, da die gewaltigen Erdumschichtungen der Vergangenheit einen ganz anderen Nachthimmel schufen. Man beobachtete daher sehr aufmerksam, damit man Veränderungen am Himmel sofort erkannte.

28 000 v. Chr. hatte sich auf den Bahamas eine Tafelverschiebung von 7° ereignet, als die obere Schicht der Erdkruste sich gegen die untere verschob. War das die Erklärung für den Unterschied von 7° zwischen den beiden Teilen der Stätte von Bimini? Den Befragungen zufolge verhielt es sich so, da jeder Teil zu einer anderen Zeit entstanden war – der eine vor, der andere nach der Verschiebung.

Die übersinnlichen Befragungen von Carol wie auch von Anne ließen auf ein Drama von Erdumschichtungen und eine Geschichte mit schwerer seismischer Aktivität schließen, die der bekannten Geologie der Bahamas sicher zuwiderliefen.

Unser gegenwärtiger Wissensstand über die bahamesische Geologie hatte zu dem Eindruck geführt, daß der Archipel geologisch gesehen recht stabil ist. Einige Fachleute wiederum halten die Straße von Florida und den Golfstrom, der zwischen Florida und den Bahamas tiefer als 900 m ist, für das Ergebnis einer Verwerfung. Zumindest ein Geologe nimmt an, daß der Golfstrom zwischen Bimini und Florida sich nach einer Verwerfung bei einem frühgeschichtlichen Erdbeben bildete.

Der Geologe Robert S. Dietz, der in der Zeitschrift »Sea Frontiers« schreibt, versucht, den geologischen Ursprung der Bahama-Tafel mit der Theorie der Plattentektonik zu erklären. Dietz behauptet, daß die Bahama, bevor Afrika und Amerika getrennt wurden, das Zentrum eines geologischen heißen Punktes waren. Er sieht in den Bahama den Mittelpunkt eines dicht unter der Erdkruste liegenden Lavastroms, worauf der Vulkanismus hinweist, der unter den Korallenriffen, die heute die verschiedenen Bahama-Bänke bilden, tätig ist. Allerdings liegt, wie schon gesagt, das Felsfundament sehr tief, vielleicht mehr als 4250 m. Nach Dietz war der heiße Punkt, der den Lavafluß unter den heutigen Bahamas verursachte, noch bis in neuere geologische Zeit im mittleren Teil des Atlantischen Rückens aktiv.

Daneben gibt es unbestätigte Berichte von Piloten, die zwischen Miami und Nassau fliegen, in denen von einer großen Verwerfung auf dem Meeresboden die Rede ist. Wenn es eine solche Verwerfung tatsächlich gab, war sie nur auf den Bänken sichtbar; überall sonst war das Wasser zu tief. Die drei Risse im Meeresboden, die 141 wir fanden, weisen ebenfalls auf eine geologisch etwas lebhaftere Geschichte hin. Die allgemeinen geologischen Zeugnisse lassen allerdings nichts vom verheerenden Verlust eines Kontinents ahnen. Wenn die Bahama Sitz einer alten Kultur waren, wie wir meinen, vollzog sich ihr Untergang wahrscheinlich schrittweise. Sie wäre von den Fluten der letzten Eiszeit überschwemmt worden und hat wohl auch, wie die übersinnlichen Befragungen vermuten lassen, die Ausläufer einer Verschiebung von Erdschichten erlebt.

Meine Achtung vor Velikovskys Theorien über gewaltige Umwälzungen auf der Erde stieg weiter. Wenn er, wie ich vermute, recht hat, wären astronomische Annahmen für Orte, die vor seinem Datum von 1450 v.Chr. gebaut wurden (die Venus kam der Erde sehr nahe), ungenau. Wenn wir uns Edgar Cayces Datierung von 10 700 v.Chr. für die endgültige Zerstörung von Atlantis ins Gedächtnis zurückrufen, erkennen wir langsam den Wahnwitz, astronomische Konstellationen für Stätten aufstellen zu wollen, deren Lage sich möglicherweise verändert hat.

Ich hatte im Winter sehr viel recherchiert und fragte Anne bei einer Sitzung am 17. April 1976: »Läßt sich die folgende Liste über Funktionen astronomischer Ausrichtung sakraler Stätten noch erweitern?

1. Kalender für die Landwirtschaft,
2. Schlüssel für die schiffbaren Jahreszeiten,
3. Erhaltung der priesterlichen Gewalt,
4. Erinnerung an die Ursprünge des Menschen.«

Bei ihrer Befragung kam sie zu folgendem Ergebnis: »Energien wurden in hufeisenförmigen Gebilden gesammelt und innerhalb bestimmter Grenzen gebündelt ... Diese astronomische Übereinstimmung trägt sehr zur Energie und Vollständigkeit des Planeten als einer lebenden Einheit mit eigenem Gleichgewicht bei, mit eigenen Energien, die von innen kommen, und von außen verstärkt werden. Man konnte auf dem Planeten Harmonie, musikalische Harmonie verspüren. Dann Unstimmigkeiten, Katastrophen, das Bersten und Brechen ... Große Bauwerke fingen das Echo der Gewalt an einigen Stellen ein, wurden so zu Brennpunkten ungeheurer magnetischer Energie, in deren Umgebung alles gedieh. In den Tempeln luden sich die Menschen mit neuen Energien auf, und man nahm besondere Heilungen vor ... Das Grandiose dieser Zeiten spiegelte sich in gegenseitigem Verstehen und harmonischer Einflußnahme, zum Nutzen der Erde und des Schöpferischen allgemein. Dieser Großmut ist uns heute derart fremd, daß wir ihn praktisch nicht verstehen.«

Die Anspielung auf das »Echo der Gewalt an einigen Stellen« bezieht sich offensichtlich auf das planetarische Gittersystem, in welchem die alten Tempel an den Kraftpunkten des Gitters errichtet wurden.

In den Befragungen sagte sie auch voraus, daß wir auf Bimini jetzt auf magnetische Abweichungen in der Größenordnung von 35° stoßen würden, und daß diese Abweichungen, die irgendwie mit den Sonnenwinden zusammenhingen, das Wetter und die Meeresströmungen beeinflußten. Das erinnerte mich an die ungewöhnliche magnetische Aktivität bei unserer Expedition 1975. Ich nahm mir meine Notizen aus der Zeit noch einmal vor und entdeckte einen Zusammenhang mit weiteren außergewöhnlichen Aktivitäten während der Sommersonnenwende. Später, 1976, stellten wir fest, daß an der Fundstätte vor dem Paradise Point magnetische Abweichungen existierten – auch wenn wir sie nicht erklären konnten. Allerdings haben wir noch keine Abweichung in der Größenordnung von 35° entdeckt.

Bei dem Gedanken an eine Einwirkung durch die Plejaden beherrschte ein Problem alle anderen: die Natur dieser Wesen. Aber als ich begann, die einzelnen Stücke zusammenzusetzen – die Legende Platos, die Vorträge von Cayce, die astrophysikalischen Theorien Velikovskys über die Umschichtungen der Erde, neueste Funde von Archäologen, Geologen, Ärzten, Parapsychologen, Physikern und meine eigene Arbeit in Bimini – entstand das folgende mutmaßliche Bild:

Um etwa 30000 v. Chr. kam es zu einer Auswanderung von den Plejaden zu diesem Planeten. Diese Emigranten benötigten nicht die Raumschiffe, auf die Erich von Däniken anspielt. Allerdings begaben sie sich nicht für Tausende von Jahren in körperliche Gestalt. Wären diese Wesen so, wie sie wirklich aussahen, auf der Erde erschienen, hätten die Bewohner hier sicher geglaubt, Besuch von Göttern zu bekommen. Der Energie näher als der Materie, verkörperten sie wahrscheinlich etwas Ähnliches wie »sanft strahlende« Individuen. Möglicherweise waren sie die strahlenden Erscheinungen aus der geheimnisvollen Vergangenheit.

Den Befragungen Carols zufolge waren sie in Form von Energie, von Licht gekommen, nur teilweise in Materie gebunden. Grundsätzlich deckt sich das mit Berichten über den Ursprung des Menschen, wie wir sie bei Plato, Plotinus und Cayce finden. Heute 143 kann man das weitverbreitete Interesse am Menschen als einem geistigen Wesen an den Regalen jeder Buchhandlung ablesen, an Themen, die vom Leben nach dem Tode bis zu außerkörperlichen Erfahrungen reichen. Sich anhäufende medizinische Erfahrungen, gekrönt vom Werk über Tod und Sterben von Dr. Elizabeth Kübler-Ross, liefern den Beweis, daß Bewußtsein als ein unabhängiges Energiesystem außerhalb des materiellen Körpers existiert. 1973, als ich vor der Vereinigung der Amerikanischen Psychiatrie einen Vortrag hielt, hörte ich, wie Dr. George Ritchie, ein Psychiater aus Charlottesville in Virginia, seine eigenen außerkörperlichen Erfahrungen beschrieb, als er während neun Minuten für klinisch tot galt. Ritchie ist einer der wenigen Ärzte, die ich kenne, der den Mut hat, über diese Erfahrungen zu sprechen.

Die Möglichkeit, daß das Bewußtsein außerhalb des Körpers funktionieren kann, ist vor kurzem von Dr. Hal Puthoff und Russell Targ am Forschungsinstitut von Stanford untersucht worden. Die Testperson war Ingo Swann, der behauptet, sein Bewußtsein auf Befehl verlagern zu können. Vorher hatte Swann zusammen mit dem berühmten Medium und Forscher Harold Sherman sein Bewußtsein in die Umgebung des Jupiter verlagert, bevor die Weltraumsonde, die dorthin unterwegs war, dort ankam. Zwischen den Berichten von Swann und Sherman und den telemetrischen Daten, die das Raumfahrzeug zur Erde sandte, gab es später einige bedeutsame Parallelen. In Stanford demonstrierte Swann seine außerkörperliche Erfahrung und seine Fähigkeit, die Stärke eines Magnetfeldes zu beeinflussen, das, gut abgeschirmt, durch ein Magnetometer kontrolliert wurde. Außerdem verlagerte sich Swann selbst in das komplizierte Magnetometer und gab eine genaue Beschreibung des schwierigen Mechanismus, so als befände er sich in dem Gerät.

(Ein Problem, das bei der Erforschung dieses Gebietes immer wieder auftaucht, ist die Schwierigkeit, zwischen außerkörperlicher Erfahrung und Hellseherei zu unterscheiden. Die Amerikanische Gesellschaft zur Erforschung okkulter Phänomene in New York arbeitet zur Zeit an diesem Problem.)

Die Bewohner der Plejaden, der Gestalt nach der Energie näher als der Materie, erbauten Tempel, die das Bewußtsein des Menschen heben, seine körperlichen Gebrechen heilen und ihn an seinen Ursprung erinnern sollen, der außerhalb dieses planetarischen Systems liegt. Diese Tempel enthielten eine, wie John

Michell es nennt, sakrale Geometrie. Die Architektur verwandte bestimmte heilige Zahlen, die sich auf die Struktur des Universums bezogen (das ihnen gut bekannt war), auf das Sonnensystem und auf das Leben auf diesem Planeten. Die Tempel waren außerdem so ausgerichtet, daß sie bestimmten Konstellationen der Sterne, der Sonne und des Mondes entsprachen. Die dosierte Energie dieser Himmelskörper geriet in den geometrisch geformten Tempeln in Schwingung, wurde verstärkt und diente der Erhöhung des Bewußtseins und der Heilung. Die nützlichen Wirkungen des Tempels wurden dadurch gesteigert, daß man ihn an einer Stelle erbaute, die eine wichtige Beziehung zum Magnetfeld der Erde hatte. Der bekannteste uns erhaltene Tempel, der diese Merkmale verkörpert, ist die Große Pyramide von Giseh. Schließlich verstärkte man die sehr feine Wirkung des Tempels durch den Ton – mit anderen Worten durch Gesang. Die nützlichen Auswirkungen dieser Tempel haben sich jahrtausendelang bewährt. Dann wurden die meisten Bauten durch Erdbeben zerstört. Kleine Gruppen Eingeweihter bewahrten dieses Wissen, büßten aber nach und nach allen praktischen Einfluß auf die Menschheit ein. Die Überreste eines dieser Tempel (wie Egerton Sykes sagt, der Tempel der durchsichtigen Mauern und goldenen Tore, der in dem »Murias« genannten Komplex lag) befanden sich auf Bimini. Heute, Zehntausende von Jahren später, sind die Reste fast hoffnungslos durcheinandergeworfen, aber einige der ursprünglichen Muster existierten noch. Wenn wir genügend Geschicklichkeit und Ausdauer aufbringen, gelingt es uns vielleicht, das Bild zu enträtseln. Vielleicht werden diese alten Steine noch einmal zu den Menschen sprechen, wie der Stein, den Arthur Clarke in dem Film »2001« auf dem Mond begrub.

Diese Hypothese könnte Licht auf verschiedene Punkte der Vorgeschichte werfen. Zum einen könnte sie uns bei der Frage helfen, warum zu jener Zeit ein so großes Interesse an den Plejaden bestand, das weit über die rein astronomische Beobachtung hinausging. Sie eröffnet des weiteren eine neue Dimension in der Entwicklung des Menschen auf diesem Planeten: Es ist möglich, daß er von Zeit zu Zeit durch Einfluß von außerhalb der Erde Hilfe erhielt. Und schließlich deckt sie sich mit den geheimnisvollen Traditionen körperloser Wesen oder Seelen, die nach und nach körperliche Gestalt annahmen. Tatsächlich fand ich in den Monaten nach der Expedition überreichlich Material, mit dem zu belegen war, daß die Plejaden einen außergewöhnlichen Einfluß auf das Bewußtsein des vorgeschichtlichen Menschen ausgeübt haben. 145

13

Was sagen die Legenden?

Bei dieser Arbeit half mir die sehr nützliche Korrespondenz mit einem Doktoranden der Archäologie, Jon Douglas Singer, der bei der Expedition 1975 mit dabei gewesen war. Es stellte sich bald heraus, daß die Plejaden der Brennpunkt für eine ungeheuer große Anzahl von Sachverhalten aus der Geschichte, der Mythologie, der Anthropologie und der Archäologie waren. Die folgenden Details bilden nur die Spitze des Eisbergs:

Es scheint, daß die alten Chinesen die Plejaden schon um 2400 v. Chr. verehrten, und sogar in der Bibel findet sich ein Hinweis auf die Plejaden, als Gott den Hiob zurechtwies: »Kannst du die Bande des Siebengestirns zusammenbinden . . .?«

Eine der Befragungen Annes hob die Assoziation dieser Sterne mit der Güte hervor: »Die Plejaden nehmen aus einem bestimmten Grund in der Mythologie einen bedeutenden Platz ein. Eine Woge alles umfassender Liebe kam aus ihrer Mitte, die von den Erdbewohnern nur sehr vage verstanden wurde.«

Es ist seltsam, denn es gibt am Himmel auffallendere Gruppen aus sieben Sternen, wie z. B. die Sterne im Bild des großen Bären, und doch standen bei den alten Völkern überall auf der Welt die Plejaden oder Die Sieben im Mittelpunkt . . . In Polynesien beispielsweise, im Pazifik, ist das Sternbild unter dem Namen »Die sieben kleinen Augen des Himmels« bekannt. Außerdem war überall und immer von sieben Sternen die Rede, obwohl heute nur noch sechs mit bloßem Auge zu erkennen sind.

Die griechische Sage der Plejaden, hier nach Apollodoros aus dem 2. Jahrhundert v. Chr. erzählt, berichtet:

»Atlas und Pleione, Tochter des Okeanos, hatten sieben Töchter, die Plejaden genannt, geboren in Kyllene auf Arkadia, nämlich: Alcyone, Celoeno, Electra, Asterope, Taygeta und Maia . . ., und Poseidon verband sich zweien von ihnen, zuerst mit Celoeno, die ihm Lykos gebar, den Poseidon auf den Inseln der Seligen wohnen ließ, und dann mit Alcyone . . .«

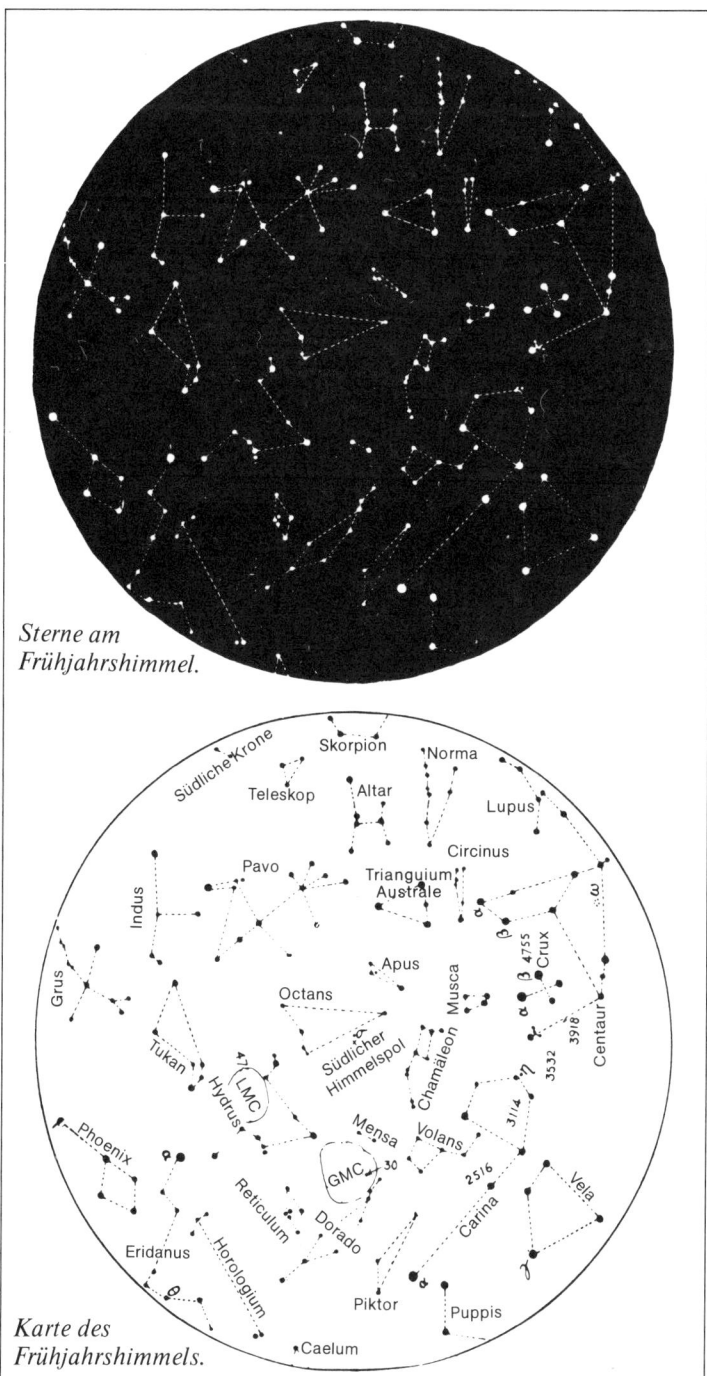

Sterne am
Frühjahrshimmel.

Karte des
Frühjahrshimmels.

Südliche Krone · Skorpion · Norma · Teleskop · Altar · Lupus · Circinus · Pavo · Trianguium Australe · ω · Indus · Apus · Musca · α · β · 4755 · Crux · Grus · Octans · Chamäleon · τ · 3918 · Centaur · Tukan · 47 · Südlicher Himmelspol · 3532 · Hydrus · LMC · Mensa · Volans · 3114 · Phoenix · GMC · 30 · 2516 · Vela · Reticulum · Carina · Eridanus · Dorado · Horologium · γ · Piktor · Puppis · Caelum

147

Hundert Jahre später wurde die Legende durch den Sizilianer Diodor ergänzt. Er berichtet von den Atlantioi, einem Volk, das mit den Amazonen Krieg führte. Der Name der Atlantioi stammte von ihrem Führer, Atlas, der auch den höchsten Berg in seinem Land nach sich benannt hatte. Von Atlas hieß es, er habe die Astrologie vervollkommnet und als erster den Menschen das Bild der Kugel beigebracht. Diodorus berichtet auch von den Plejaden, daß sie »bei den berühmtesten Helden und Göttern lagen und so die ersten Ahnen des größeren Teils der Rasse menschlicher Wesen wurden ... Diese Töchter waren auch ausgezeichnet wegen ihrer Keuschheit und gelangten bei den Menschen nach ihrem Tod zu unsterblicher Ehre, die sie auch in den Himmeln thronen ließen und ihnen den Namen Plejaden verliehen.«

Die alten griechischen Tempel waren so gebaut, daß sie dem Auf- oder Untergang der Plejaden zugewandt waren. In der Klassik zeigte der morgendliche Aufgang der Plejaden den Sommeranfang an, der morgendliche Untergang den Beginn des Winters. Diese beiden Bilder begrenzten auch die schiffbare Jahreszeit, die für die Menschen des Altertums von Mai bis November ging. Obwohl die Plejaden heute seltsamerweise nicht für die Himmelsnavigation herangezogen werden, beziehen sich die arabischen Namen zweier wichtiger Navigationssterne im Gebiet der Plejaden auf den Sternhaufen. Der eine ist Mirfak im Sternbild des Perseus, was im arabischen Ellbogen der Plejaden heißt. Der andere ist Aldebaran, das Auge des Stiers, im Sternbild des Stier, was im arabischen Anhänger (der Plejaden) heißt. Und erneut verblüffte mich der sich immer wieder zeigende Einfluß des Aldebaran und des Stiers, zuerst bei der Stätte in der Bimini-Straße und nun als wichtiger Wegweiser für Seeleute.

In der Zeitschrift »Nature« vom 1. Dezember 1881 behauptete R. G. Haliburton, daß die weltweite Tradition, die den Plejaden ein besonderes Gewicht beimißt, auf eine unbekannte Zeit der Menschheitsgeschichte zurückgeht, als das Sternbild die »zentrale Sonne« der Religionen, Kalender, Mythen, Traditionen und des Symbolismus darstellte. Haliburton behauptete auch, die alten Völker hätten »geglaubt, daß der Stern Alcyone der Plejaden der Mittelpunkt des Universums ist, und daß das Paradies, die Urheimat unserer Rasse und die Wohnung der Götter und der Geister der Toten, sich auf den Plejaden befand ...«

Haliburton zitiert Muller, der zu gleicher Zeit über die Religion der Dorier schrieb, daß »der berühmte Achtjahreszyklus, der in

Der Steinkreis von Penzance.

Griechenland allgemein angewandt wurde, mond-sideral war und durch die Plejaden bestimmt wurde, und daß die berühmten Feste des Apollo in Delphi, Kreta und Theben danach festgelegt wurden . . . Apollo, den man allgemein im wesentlichen für einen Sonnengott hielt, . . . war ein Gott der Plejaden, der siebente Tag war ihm und anderen daher heilig.«

In seinen frühen Untersuchungen stellte Haliburton die Tatsache an den Anfang, daß in Peru sowohl die Peruaner wie auch die Christen das Fest der Toten am gleichen Tag begingen, am 2. November. In Peru hielt man einmal im Jahr im November eine Trauerfeier, Ayamarca genannt, ab. Es war eine Zeit der Buße und der Reue, unmittelbar bevor die Sonne den höchsten Punkt am Himmel der südlichen Halbkugel erreichte. Haliburton glaubte, es müsse hierfür einen anderen, astronomischen Grund geben. Er meinte, ihn im Aufgang der Plejaden gefunden zu haben, da die Zahl Sieben (die sieben Schwestern) in der Neuen und Alten Welt heilig war. Ich selbst hatte mir notiert, daß bei einigen alten Völkern der Kalender mit dem Meridiandurchgang der Plejaden am Abend vor Allerheiligen begann. Allerdings waren die Plejaden seit mindestens 12 000 Jahren nicht mehr heliakisch aufgegangen. Auf seiner anschließenden Suche nach alten Kalendern entdeckte er einen sehr alten Brahmanen-Kalender in Tirvalore, bei dem der November »Kartica« (der Monat der Plejaden) hieß. Kurz darauf stellte er fest, daß der polynesische Kalender durch den Aufgang der Plejaden bei Sonnenuntergang bestimmt war, oder wenn sie die ganze Nacht hindurch sichtbar blieben.

In seinem Buch »The White Goddess« (Die weiße Göttin) bezeichnete Robert Graves die Plejaden als eine astronomische Ein-   149

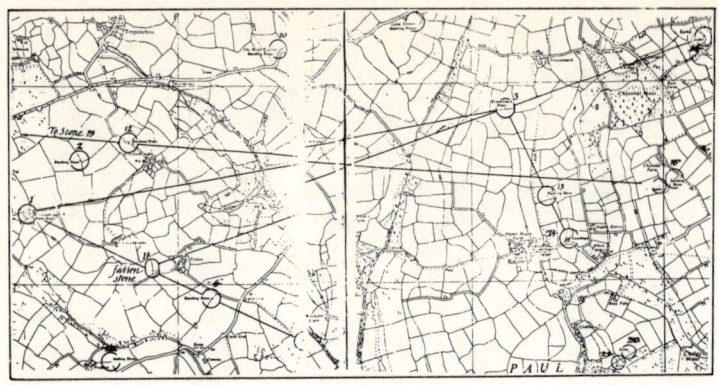

Karte der Felder in der Nähe, die die Ausrichtung der Steine zuein-ander zeigt, ein deutliches Zeichen für das Eingreifen des Menschen an diesem Ort.

richtung für die Priester verschiedener alter Sonnenkulte. Der klassische Schriftsteller Diodor berichtete von einem Volk mit dem Namen Hyperboreer, die auf einer Insel westlich des kelti-schen Gaul siedelten, das Graves für England hält. Der Hauptgott der Hyperboreer war Apollo, der einen Tempel in ihrer größten Stadt hatte. Alle 19 Jahre besuchte Apollo diese Insel und tanzte die ganze Nacht zur Harfenmusik. (In Cornwall gibt es aus Stei-nen gebildete Kreise mit 19 Pfosten.) Sein Aufenthalt dauerte vom Frühlingsäquinoktium bis zum Aufgang der Plejaden. Wie Graves sagt, behauptet Plinius, daß dieses Jahr im Juli begann. Zu den alten Bauwerken, die auf die Plejaden ausgerichtet sind, gehören die Landstreifen auf den Ebenen von Nazca in Peru, die Erdhügel am Mississippi, die ersten Kirchen im Süden Englands und auch ein aus Steinen errichteter Kreis in der Nähe von Pen-zance, der Boscawen-Ûn heißt. Auch bei den alten Druiden stan-den die Plejaden in hohem Ansehen.

Callanish, eine megalithische Stätte in Schottland, war ebenfalls auf die Plejaden ausgerichtet. Anthony Roberts schreibt in »At-lantean Traditions in Ancient Britain« (Atlantische Traditionen im alten Britannien) über den Grund für diese Orientierungen, daß »die alten Völker die Plejaden in Verbindung mit Katastro-phen und Überschwemmungen brachten, von denen man sagte, sie hätten die Welt erschüttert und überflutet. Sie galten auch als Wohnsitz bestimmter riesiger Himmelsgötter, die einst die Erde besucht und mit den Menschen verkehrt hatten«.

150

Als der schottische Astronom Charles Piazzi Smyth die Große Pyramide in Giseh untersuchte, forschte er auch nach Durchbrüchen in der Pyramide, durch die man direkt über sich den Meridiandurchgang der Sterne beobachten konnte. Er stellte fest, daß viele alte Völker das neue Jahr am Abend vor Allerheiligen begannen, wenn die Plejaden den Punkt der Tagundnachtgleiche direkt über dem Betrachter erreichten. Smyth errechnete, daß sich das Datum des Baues der Großen Pyramide aus der Zeit ableiten ließ, zu der die Plejaden und einer der Zirkumpolarsterne, Alpha Draconis, beide um Mitternacht des Herbstäquinoktiums auf dem Meridian standen. Das war im Jahr 2170 v. Chr. Nach konventioneller Datierung wurde die Pyramide etwa 2644 v. Chr. erbaut. Auch wenn man die Arbeit von Smyth zunächst belächelte, scheint er doch auf der richtigen Spur gewesen zu sein. Dr. Marion Popenoe Hatch, eine Anthropologin von der Universität Kalifornien, vertritt die Ansicht, daß der Meridiandurchgang der Plejaden für die Ägypter und andere Maya-Kulturen ein bedeutendes Phänomen war. Das ergibt sich aus erhaltenen Maya-Schriften und der überwiegenden architektonischen Ausrichtung auf diesen Sternhaufen. »Popul Vuh«, der Schöpfungsmythos der Quiche-

Die Große Pyramide – eines der ersten Observatorien des Menschen.

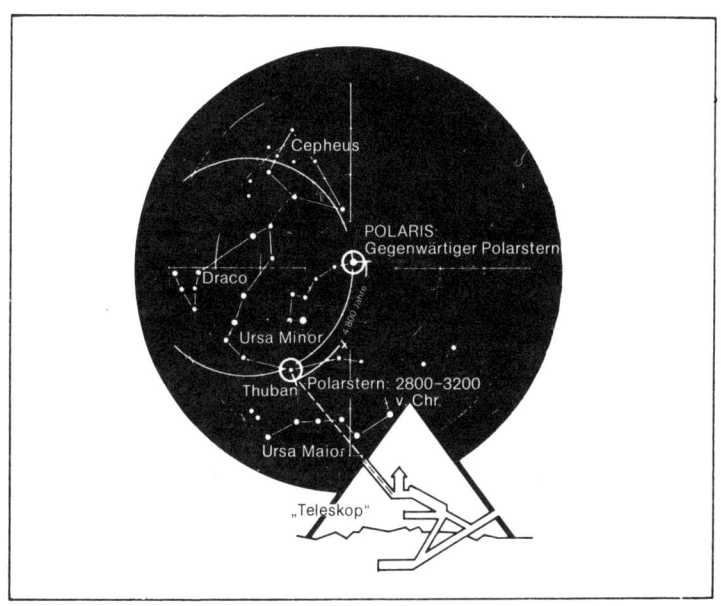

Azteken-Kalender.

Maya, berichtet, daß 400 himmlische Jünglinge zu den Plejaden zurückkehrten, nachdem sie mit Menschen gekämpft hatten und Erniedrigungen hatten erdulden müssen.

Auch an der megalithischen Stätte in Teotihuacan in der Nähe von Mexico ist man auf Bauwerke gestoßen, die auf die Plejaden ausgerichtet sind. In seiner Blütezeit war Teotihuacan eine riesige Stadt mit einem Durchmesser von über 6 km. Eine der Hauptstraßen führte nach Westen, wo die Plejaden untergingen (den Mayas als »tzab« bekannt, die Hornringe am Schwanzende der Klapperschlange). In die Südostseite eines Berges und den Fußboden eines Hauses an der Hauptstraße von Teotihuacan sind Symbole eingeschnitten, die wie Vermessungszeichen aussehen. Die Verbindungslinie zwischen ihnen läuft parallel zur Achse Sirius–Plejaden. Ein Fluß wurde so umgeleitet, daß er entlang dieser Linie und parallel zu der Straße floß.

Ein möglicher Grund dafür, daß derartige astronomische Ereignisse den alten Völkern so wichtig waren, daß sie damit ihre Kalender beginnen ließen, wird aus einer von Annes Befragungen klar: »Diese Bahn (der Meridiandurchgang der Plejaden bei Bimini) verhieß einen regelmäßigen Ablauf der Jahreszeiten. Viele fürchteten sich vor ihr und davor, daß die Plejaden wegen großer

Erdverschiebungen in der Vergangenheit nicht wieder erscheinen würden.« Es scheint, daß das regelmäßige Auftauchen der Plejaden als ein Zeichen der Ordnung im Kosmos genommen wurde, als ein Zeichen dafür, daß sich die schrecklichen Verwüstungen der Erde aus der Vergangenheit nicht wiederholen würden. Diese Vorstellung fand ich eindrucksvoll bestätigt, als ich auf ein altes aztekisches Ritual stieß, das mit den Plejaden in Verbindung stand.

Die Azteken verwendeten zwei Kalender gleichzeitig. Der erste, der die Jahreszeiten festlegte, hatte 365 Tage und beruhte auf der Bewegung der Sonne um die Erde.

Der zweite Kalender, der nur religiösen und rituellen Zwecken diente, basierte auf einem Zyklus von 260 Tagen. Jeder Tag des Jahres konnte durch die beiden unabhängigen Kalenderzyklen ausgedrückt werden. Da das Sonnen- und das rituelle Jahr unterschiedlich lang waren, fielen die beiden Kalender nur alle 52 Jahre

Aztekische Opferdarstellung – Versöhnung der Götter in der Hoffnung, zu überleben.

einmal zusammen. Dieser Zeitraum von 52 Jahren war von großer Bedeutung; am Ende einer dieser Perioden sollte das Universum durch Erdbeben zerstört werden. Niemand konnte voraussagen, welche Epoche die letzte sein würde.

Der letzte Tag jeder 52jährigen Periode war erfüllt von Furcht und Schrecken. Würde die Sonne jemals wieder aufgehen? Am Abend dieses Tages begaben sich die Priester auf einen Berg in der Nähe von Tenochtitlan, um die Sterne zu beobachten. Hatten die Plejaden ihren Höhepunkt erreicht, legte man einen Gefangenen auf den Altar, öffnete seine Brust, und der Priester entzündete im geöffneten Brustkorb des Opfers ein Feuer. Boten steckten ihre Fackeln an dieser Flamme in Brand und trugen das neue Feuer in jeden Tempel und jedes Haus im Tal von Mexico. Das Leben ging weiter – zumindest für 52 Jahre.

In »Myths of the New World« (Mythen der Neuen Welt) erklärt Daniel G. Brinton den Sinn der Ehrfurcht, mit der viele frühe Völker der Neuen Welt die Plejaden betrachteten. »Aka-kanet . . . ist in der Mythologie der Araukaner die gütige Macht, die ihre Priester anrufen, die auf den Plejaden thront, Früchte und Blumen zur Erde sendet und die als Großvater angesprochen wird.« Ein Stamm in Kalifornien verehrte die Plejaden »in einem solchen Maß, daß es als verhängnisvoll galt, sie allzu sorglos zu betrachten«. Und in Peru »wurden sie als erste der Sternenschar verehrt«.

Selbst in den entlegenen Dschungeln Brasiliens ist der Einfluß der Plejaden zu spüren. In »Das Rohe und das Gekochte«, einem wichtigen Werk über Mythologie, erzählt Claude Lévi-Strauss von den Sherente, die die Monate nach Mondphasen zählen und das Jahr im Juni mit dem Erscheinen der Plejaden beginnen, wenn die Sonne das Sternbild des Stier verläßt. Im Juni beginnt für die Sherente, die 13 Monate haben, eine viermonatige Trockenperiode.

Die Hottentotten Südafrikas feiern den Kult ihres höchsten Gottes, Tsui-Goab (verwundetes Knie), wenn die Plejaden erscheinen. Tsui-Goab befiehlt den Winden, schickt Regen für die Felder und spricht mit der Stimme des Donners. Auf Samoa im Süd-Pazifik gibt es einen heiligen Vogel, Manu-lii, was Haliburton mit Vogel der Plejaden übersetzt hat. Nordöstlich davon liegt die Gefahreninsel, auf der man 1857 entdeckte, daß die Eingeborenen die Plejaden mit religiösen Freudenfesten begrüßen.

154 Auf den Osterinseln, die man gemeinhin als die einzige megalithi-

sche Kultur im Pazifischen Ozean betrachtet, finden wir gigantische Statuen, die bis zu 90 t wiegen. Nach der ursprünglichen, megalithischen Kultur entwickelte ein polynesischer Stamm den Vogelmenschen-Fruchtbarkeitsritus, der den Beginn der fruchtbaren Jahreszeit festlegt und sowohl mit dem Aufgang der Plejaden wie auch der Ankunft der schwarzen Seeschwalbe von den Marquesas und anderen Inseln im Westen zusammenfällt.

Warum, so können wir fragen, suchte sich der frühgeschichtliche Mensch einen relativ obskuren Sternenhaufen heraus, der die wichtigsten Ereignisse seines Lebens signalisieren sollte? Meiner Meinung nach zeugen diese Mythen, Legenden, Kalender und auf den Aufgang der Plejaden ausgerichteten Bauwerke von dem tiefen und weitverbreiteten religiösen Gefühl, das der Erinnerung der Menschenrasse an einen geistigen Kontakt mit dem Sternensystem vor Hunderten von Jahren entspringt.

Als ich selbst noch in den Anfängen meiner eigenen Arbeit an diesem Gegenstand steckte, brachte mir David Cammack, ein junger Wissenschaftler, eine Übersetzung des »Kumulipo«, eines Schöpfungsgebetes aus Hawaii, das um 1700 herum aufgeschrieben und beim Besuch Captain Cooks auf dieser Insel gesungen wurde.

Erstes Lied

Zu der Zeit, als die Erde sich erwärmte,
Zu der Zeit, als die Himmel einstürzten,
Zu der Zeit, als die Sonne sich verdunkelte,
Und der Mond scheinen mußte,
Als die Plejaden aufgingen,
Der Schlamm, das war die Quelle der Erde.

Ich erinnere mich noch deutlich, welchen Eindruck diese Zeilen auf mich machten, als mir plötzlich die mögliche Verbindung bewußt wurde zwischen 1. dem Jahr 28 000 v. Chr., in dem nach Carols Befragungen die Bewohner der Plejaden in Bimini zum ersten Mal einen Einfluß ausübten, 2. der Befragung Annes, die von einer Veränderung der Erde um 28 000 v. Chr. gesprochen hatte, und der bewiesenen Tatsache, daß das Magnetfeld der Erde sich um 28 000 v. Chr. umgekehrt hatte. Die Zeile »Zu der Zeit, als die Himmel einstürzten« sprach von Zerstörung, wohinter sich mehr verbarg, als ich eigentlich in meine Überlegungen einbeziehen wollte. Ich beschloß daher, es erst einmal an die Seite zu schieben und es auf kleiner Flamme kochen zu lassen. Vielleicht brachten neue Entdeckungen der Erdwissenschaften etwas Licht in diese sinnverwirrende Möglichkeit. In der Zwischenzeit war ich doch ungeduldig geworden und wollte nach Bimini zurückkehren, um die Suche nach Spuren fortzusetzen, die zum Ursprung der Stätte führten.

Teil IV

Wieder unterwegs: Poseidia '76 und '77

14

Poseidia '76

Der Herbst 75 verging sehr langsam. Ich fühlte, wie meine mühsam aufgestaute Energie unter dem Papierwust versank, den die Expedition mir beschert hatte – eine radikale Umstellung nach den Arbeiten des Sommers. In jenen Tagen stieß ich zufällig auf die Worte des englischen Forschers Oberst P. H. Fawcetts, die er 1923 sprach, als er darauf wartete, in den brasilianischen Dschungel zurückkehren zu können: »In dem Moment, da ich diese Worte schreibe, erwarte ich mit aller Geduld, die ich aufbringen kann, daß die Pläne für die nächste Expedition heranreifen.« Er hatte meine volle Sympathie.

Aus Kalifornien schrieb mir John Steele über seine Bemühungen, von verschiedenen Archäologen ein Urteil über unseren »Gebäudeblock« zu bekommen. Ein Fachmann für alte mexikanische Artefakte zeigte John das Foto eines ähnlich aussehenden Steins, der sich auf der berühmten olmekischen Fundstätte von La Venta befand.

Ein befreundeter Physiker vom Brookhaven National Laboratory in Long Island war nicht in der Lage, den Stein mit den herkömmlichen Methoden der Thermolumineszenz zeitlich einzuordnen, da er nicht gebrannt war. Dr. Edward V. Sayre, der Chefchemiker von Brookhaven, bestätigte jedoch, daß es sich um eine Sand-Kalksteinmischung handele, und deutete an, daß er möglicherweise mittels einer alten Technik in Massenproduktion hergestellt worden war. Ich nehme an, sein Urteil beruhte auf der Tatsache, daß die flachen Seiten dieses Blocks nicht parallel liefen und die mineralischen Bestandteile vielleicht in einer Form gegossen worden waren.

Anfang 1976 versuchte ich, alle Fäden von Bimini zu entwirren, als ein entscheidender Durchbruch gelang. Frank Auman, ein Geschäftsmann aus Nordkarolina, machte mich mit Karen Getsla bekannt, dem einzigen, ganztägig zur Verfügung stehenden Medium, das Dr. J. B. Rhine, der große Vorkämpfer der amerikanischen Parapsychologie, anstellen konnte. Viele Medien können wirksam heilen und beraten, mit einigen arbeitet die Polizei zusammen. Karen hatte sich bereits auf all diesen Gebieten hervorgetan, war aber im Moment an einem Experiment beteiligt, das mir noch beeindruckender erschien als die Arbeit von Uri Geller. Seit drei Jahren lenkte sie durch geistige Konzentration einen ultravioletten Strahl um sage und schreibe 45° ab. Das Experiment fand unter regulären Umständen in der Abteilung für Electrical Engineering an der Duke-Universität statt.

Karen war an dem Bimini-Vorhaben interessiert, und ich zeigte ihr den »Gebäudestein«, bevor ich ihn mit in das Museum von

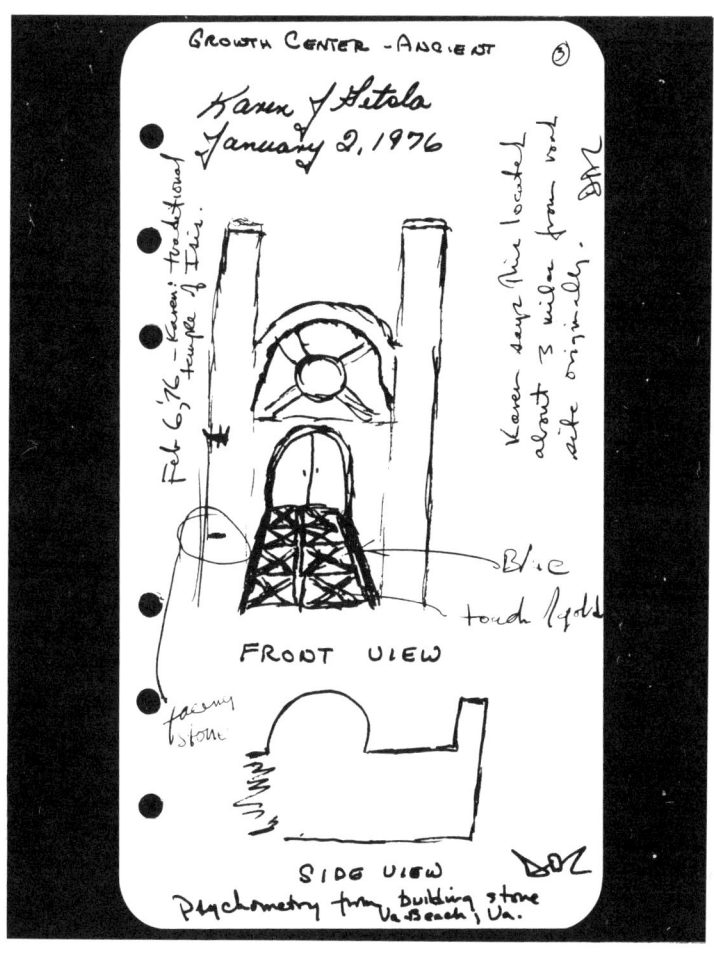

Nassau nahm. Als sie ihn in Händen hielt, nahm sie, wie sie sagte, einen verzierten Tempel wahr, der 5 km nordwestlich der Stelle lag, an der ich den Stein gefunden hatte. Später beschrieb Karen den Tempel in groben Umrissen. Seine Form war im großen und ganzen der eines ägyptischen Tempels ähnlich.

Dieser mediale Hinweis erinnerte mich an Egerton Sykes' Theorie, daß nach dem Untergang von Atlantis zuerst die Ägypter und dann die Phönizier Bimini besucht hatten. Karen und Sykes teilten also die Vorstellung, daß Bimini einst ägyptischen Einfluß erlebt hatte. War das, so fragte ich mich, vielleicht das Ergebnis einer frühen Überquerung des Atlantik von Ägypten aus, eine Möglichkeit, die Thor Heyerdahls Abenteuer mit der »Ra« erahnen ließ? (Heyerdahl hatte nach einer alten ägyptischen Vorlage ein Papyrus-Boot nachgebaut, damit erfolgreich den Atlantik überquert, um die Möglichkeit eines frühen ägyptischen Einflusses in der Neuen Welt zu beweisen.) Andererseits hatte der »ägyptische« Einfluß seinen Ursprung vielleicht in Atlantis selbst, bevor er sich nach Osten und Westen ausbreitete, wie einige Atlantis-Forscher meinen.

Im Februar flog Frank Karen und mich nach Bimini. Als ich der Mannschaft eines Tages einen kleinen Strand im Norden Biminis zeigte, sah Karen über ihre Schulter und sagte: »Was ist das?« Erstaunlicherweise zeigte sie direkt zu der Fundstätte im Osten. Wegen der erforderlichen Arbeiten an der Stätte vor Paradise Point hatten wir uns im Sommer 1975 wenig um den Ostteil gekümmert. Als ich mit Carol Huffstickler in einem kleinen Boot darüber hinweggefahren war, hatte sie Gesang religiöser Art gehört und von einem Tempel gesprochen. Offensichtlich waren die Energien an diesem Ort stark genug, Karens Aufmerksamkeit von dem herrlichen Bild vor ihr auf ein Gebiet umzulenken, das man mit bloßem Auge kaum sehen konnte.

In einer der folgenden Sitzungen erklärte Karen die unterschiedlichen Funktionen der gesamten Anlage. Sie hatte sakrale Funktion als Ort des Gebetes und psychischer Energien, war aber gleichzeitig Handelsplatz und »Einfahrtstor«. Obwohl sie diesen letzten Punkt in ihrer Auslegung nicht weiter erläuterte, hatte ich den Eindruck, daß hier möglicherweise durch die erhöhte geistige Energie außerkörperliche Erfahrungen gefördert worden waren. Als Antwort auf eine Frage nach dem Einfluß der Plejaden auf Bimini erhielt ich die etwas dunkle Deutung, daß die »Beförderung« zur Stätte (von den Plejaden?) durch »Geist und Licht« erfolgt war. Wie auch bei Carols Befragung schienen technische Mittel wie Raumschiffe nicht von Bedeutung, aber wieder war da die Verbindung zu den Plejaden.

Eine der aufregenden Feststellungen Karens über die Stätte war, daß das Gesamtbild einem Dreizack gliche. Wenn sich das beweisen ließ, war es sicher ein starkes Bindeglied zu Neptun oder Poseidon, wie die Griechen ihn nannten.

Ich gab Karen den Marmorsplitter aus dem stilisierten Kopf, der zu der Zeit noch auf dem Meeresboden lag. Als sie ihn in der Hand hielt, bemerkte sie unter anderem, es handele sich um ein »Zollzeichen« aus einer anderen Kultur, das sie auf der Spitze eines Steinpfeilers sah, der einem Totempfahl glich. (Einige Monate später, als ich die Cousteau-Gesellschaft in Bimini beriet, kam es zu einem eigenartigen Zufall. Ohne ihnen etwas über Karens Deutung zu sagen, zeigte ich ihnen den Kopf unter Wasser. Bevor sie ihn aufnahmen, setzten sie den Kopf auf die drei anderen, in der Nähe stehenden Marmorblöcke!)

Einige Tage nach unserer Ankunft nahm ich Karen zu einer ersten Besichtigung der Stätte am Paradise Point mit. Das Meer war an jenem Tag sehr unruhig, und ich war mir über die genaue Lage nicht ganz im klaren. Als ich ankerte, um mich zu vergewissern, sagte Karen, daß der Ort, an dem wir uns befanden, eine sehr gute Ausstrahlung habe. Im Wasser stellte ich fest, daß wir nur fünf Meter von dem keilförmigen Stein entfernt waren, dem in unserer Übersichtskarte der Stätte so wichtigen Punkt, der auf eine sakrale Geometrie schließen ließ. Jetzt, da Karen sich unaufgefordert geäußert hatte, hatte ich ein besseres Gefühl bei unserem Vorhaben.

Unsere Arbeit hatte das Interesse der Internationalen Forscher-Gesellschaft aus Florida geweckt, die erwog, mir den Preis zu verleihen, mit dem sie 1975 die peruanische Archäologin Dr. Maria Reiche ausgezeichnet hatte. Dr. Reiche hatte 20 Jahre lang an der Entzifferung der seltsamen Markierungen auf den Ebenen von Nazca in Peru gearbeitet und glaubte, daß einige der Linien eine astronomische Bedeutung hatten. Das Rechteck in Nazca (das größte geometrische Gebilde) zeigte auf den Aufgang der Plejaden zwischen 500 und 400 v. Chr. Gerald Hawkins präzisierte die Zeit später auf 610 v. Chr. Mir war es vergönnt, noch einen anderen Anhaltspunkt für den Einfluß der Plejaden zu entdecken.

Etwa einen Monat später erfuhr ich, daß die Gesellschaft für den April eine Pressekonferenz auf Bimini plante, wo man mich zum 161

Forscher des Jahres ernennen wollte. Auf der Pressekonferenz erklärte ich, warum ich glaubte, daß Bimini der Standort einer megalithischen Stätte mit möglicherweise sakraler Geometrie war. Rundfunkberichte über die Konferenz veranlaßten Helio Costa, den Chef des New Yorker Büros der brasilianischen Globe Television, mich in Virginia Beach über das Projekt Bimini und die Hintergründe zu interviewen.

Im Sommer, mitten in der Arbeit zu diesem Buch, erhielt ich ein Telegramm, das wie folgt begann: Die auf Bimini filmende Cousteau-Gesellschaft sucht dringend Fachmann für versunkene Formation. Jacques' Sohn Philippe machte auf Bimini Aufnahmen für einen Sonderbericht zu »Verlorene Zivilisationen« und brauchte einen Berater für die Stätte vor Bimini. Ich war bereit, am folgenden Tag zu beginnen. Philippe erwies sich als ausgezeichneter Pilot und Expeditionsleiter. Die Arbeit erfolgte ruhig und professionell von der »Calypso« aus, einem umgebauten Wasserflugzeug der Marine.

In der Luft, einige Kilometer östlich von Bimini, rief mich Philippe über die Bordanlage und wies auf ein überraschendes Bild hin. Er hatte mich vor dem Start vorbereitet. Aber was ich jetzt sah, verschlug uns die Sprache. Unter uns auf dem Meeresboden verliefen gerade Linien aus runden, weißen Punkten. Beim Tauchen am Tag zuvor hatte das Calypso-Team entdeckt, daß es sich bei den Punkten um nicht von Seegras bewachsene Stellen handelte. Man vermutete Süßwasser und hatte Wasserproben genommen, konnte aber an Bord nicht den Salzgehalt feststellen. Diese verblüffenden Punkte liefen kilometerweit wie mit dem Lineal gezogen geradeaus und waren nicht mit dem Weißen Wasser der Bahamas zu verwechseln, das von sich auf dem Boden ernährenden Fischen verursacht werden soll. An einer Stelle schnitten sich drei Linien. Ich hatte nie etwas über dieses Phänomen auf den Bahamas gehört und war aus verschiedenen Gründen die Strecke, die wir jetzt zur Andros-Insel eingeschlagen hatten, auch nie geflogen. Am nächsten Tag entdeckten wir bei einem Flug zum Südrand der Bank eine weitere Linie aus Punkten. Der Manager einer Ölgesellschaft lieferte mir später eine mögliche Erklärung: die Explosionen bei seismographischen Arbeiten im flachen Wasser hatten den Boden zerstört. Wieder hatte uns das geheimnisvolle Meer ein Rätsel präsentiert, und wir fügten es der wachsenden Zahl offener Fragen aus diesem Gebiet zu.

162 Im Monat darauf organisierte ich die fünfte Expedition nach Bi-

mini, die Poseidia 76, bei der uns eine 12,5 m-Schaluppe, die »Sea Fiddle«, zur Verfügung stand, die auch ein Dieselnotaggregat hatte. Unsere Mannschaft setzte sich zusammen aus dem Kapitän John (Josh) O. Sherman jun., Douglas G. Richards, Doktorand der Zoologie, und Brady Chapin, einem Geologiestudenten. Josh, ein Pilot mit ungewöhnlich reicher Erfahrung, beriet mich oft bei meinen Erkundungsfahrten. Diesmal nahm er die Küste auf und kümmerte sich um unsere Logistik. Doug und Brady waren auf ihrem jeweiligen Wissensgebiet tätig.

Es war eine Expedition mit begrenzten, aber trotzdem wichtigen Zielen. Zunächst wollte ich der seltsamen magnetischen Aktivität auf den Grund gehen, die ich vor Paradise Point vermutete. Dann wollte ich weitere und mehr Proben aus den Blöcken nehmen, die nebeneinanderlagen, um mehr über das Fugenmuster zu erfahren. Schließlich mußten wir die aus der Luft aufgenommene Übersichtskarte verfeinern. Vor allem aber hoffte ich, den Marmorkopf heben zu können.

Das erste Ziel nahmen wir sofort in Angriff. Die Stätte insgesamt war, wie wir schon im August 1975 festgestellt hatten, unter einem Winkel von 45° auf den magnetischen Norden ausgerichtet (43° echt, da man 2° der örtlichen Abweichung nach Westen hin abziehen mußte). Im Verlauf des Sommers waren diese Zahlen um ganze 15° von den Werten abgewichen, die uns als die gültigsten für den August vorlagen. Die größte Abweichung war offensichtlich zur Zeit der Sommersonnenwende Ende Juni 1975 eingetreten. Natürlich vermuteten wir magnetische Schwankungen, hatten aber nicht die Geräte, die unsere Vermutungen hätten bestätigen können. Diesmal legten wir am Strand eine Standlinie mit einem Transit fest, beobachteten die Sonne und überprüften die genaue Lage der Standlinie. Dann bestimmten wir durch Dreiecksaufnahme die wichtigsten Punkte unserer Karte, die durch Bojen an der Fundstätte einen knappen Kilometer vor der Küste gekennzeichnet waren.

Diese Expedition bestätigte zwei Tatsachen: zum einen war zu dieser Zeit (August 1976) die örtliche Abweichung (die Differenz zwischen dem geographischen und magnetischen Norden) am Strand so wie auf der Karte eingezeichnet oder 2° westlich; zum andern war ein wichtiger Teil der Anlage unter einem Winkel von 49° rechtsweisend ausgerichtet.

Das bedeutete, daß wir 1975 zur gleichen Zeit anscheinend eine magnetische Abweichung von 6° gehabt hatten. Im Moment be- 163 sagte dieses Ergebnis, daß wir zusätzlich zu der (in der Karte eingezeichneten) örtlichen, westlichen Abweichung von 2° eine weitere von 6° im August 1975 und eine von 3° im August 1976 beobachtet hatten. Das verstärkte in mir die Gewißheit, daß es auf den Bahamas unerforschte magnetische Aktivitäten gab. Ich vermute, sie werden durch die Konstellation bestimmter Himmelskörper hervorgerufen, aber jeder Versuch, diese Unregelmäßigkeiten zu erklären, würde uns in ähnliche Spekulationen wie die um das Bermuda-Dreieck verwickeln.

Wir entnahmen den Steinblöcken weitere Proben, die Brady Chapin auf Rückschlüsse über die Lage der Schichten untersuchte. Aber die Ergebnisse ließen keine Schlüsse zu.

Durch die beiden restlichen Vorhaben machte uns der Tropensturm »Dottie« einen Strich. Aus dem Flugzeug war der Boden kaum zu erkennen, so daß es keinen Zweck hatte, Luftaufnahmen zu machen. Aber noch ärgerlicher war, daß wir nach dem Sturm nicht mehr in der Lage waren, die Stelle mit dem Marmorkopf wiederzufinden. Ich hoffte, er lag noch irgendwo im Wasser und war nur durch Ablagerungen verborgen, die »Dottie« aufgewühlt hatte.

Als ich die »Sea Fiddle« nach Miami zurückbrachte, hatte ich zum ersten Mal, seitdem ich auf dem offenen Meer segelte, Gelegenheit, die Küstenwache um Hilfe zu bitten. Während der ganzen Woche hatten wir Ärger mit dem Kraftstoff. Und als wir dann vor Miami den Dieselmotor brauchten, fiel er aus. Es gelang mir nicht mehr, ihn anzuwerfen. Der Chartervertrag lief noch drei Stunden, so rief ich die Küstenwache. Nach einer Stunde hatte sie uns im Schlepp. Diesmal waren sie schnell und höflich und machten die Schikane aus dem letzten Jahr mehr als wett.

Vier Monate später, im Dezember 1976, fiel mir eine Nachricht ins Auge: Russe stellt Verbindung zwischen Mond und Bermuda-Dreieck her. A. J. Yelkin, ein russischer Ingenieur, über dessen Arbeit gerade in der »Iswestija« berichtet worden war, hatte die Stellungen des Mondes zu den Zeiten rekonstruiert, zu denen Flugzeuge verschwunden waren. Er hatte herausgefunden, daß die meisten Flugzeuge bei Neumond, Vollmond und dann verschwanden, wenn der Mond der Erde am nächsten stand. Er mutmaßte, daß »Zu- und Abnahme von Mond und Sonne magnetische Stürme unter dem Ozean verursachten, die die Kompasse der Flugzeuge zerstören und sie so auf den Kurs ins Verderben bringen«. Diese Verbindung der Stellung von Sonne und

164

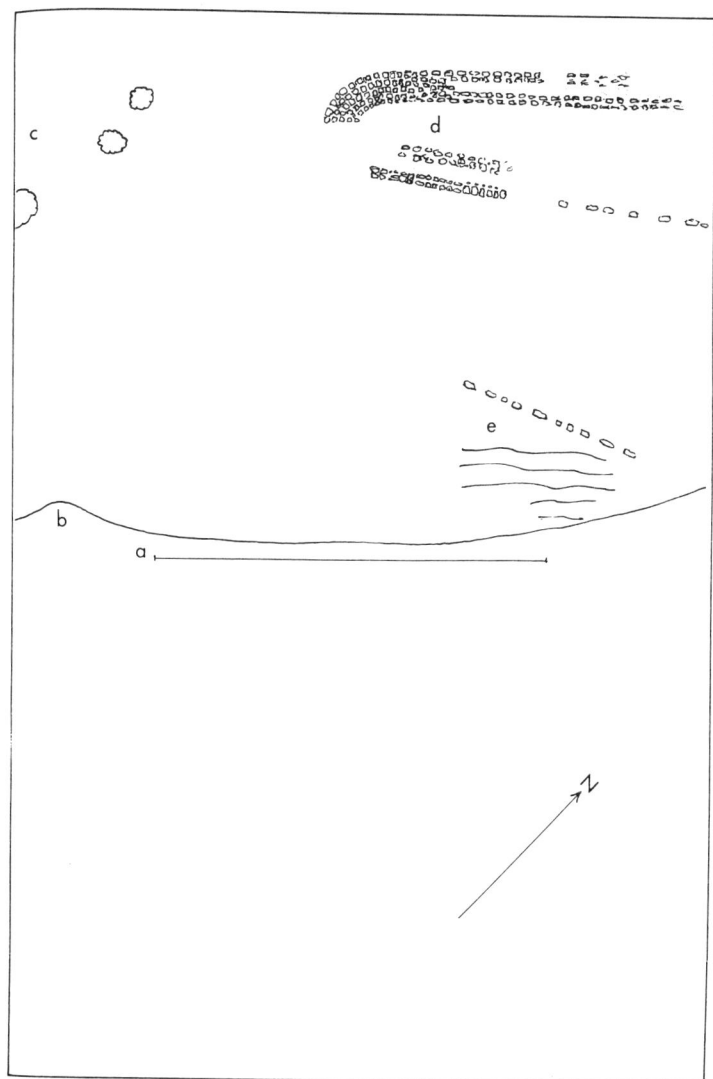

Übersicht über wichtige Fundstellen am Paradise Point (nicht maß-stabsgetreu).

a. Die 365 m lange Standlinie für die Aufzeichnung von 1976.

b. Paradise Point.

c. Korallen auf den Felsen.

d. Die Fundstätte in der Bimini-Straße.

e. Erst kürzlich aus der Luft entdeckte, aber noch nicht untersuchte Anordnung von Steinen, die nicht parallel zur alten Küstenlinie verläuft (Wellenlinien unten). Ein sehr überzeugender Beweis für den Eingriff des Menschen an der Fundstätte.

Mond mit magnetischen Störungen beschäftigte mich sehr. Unsere Untersuchungen aus dem August ließen den Schluß zu, daß die magnetischen Abweichungen bei Bimini (im Dreieck) wahrscheinlich zur Zeit der Sommersonnenwende im Juni am stärksten waren und dann zum August hin abnahmen. Wir schienen auf der richtigen Spur zu sein.

15

Poseidia '77

Wieder war ich mit einem Boot in den kristallklaren Gewässern der Bahamas unterwegs und suchte den Marmorkopf, den Gary Varney 1975 entdeckt hatte. Zwei Jahre lang hatte er auf dem Meeresboden vor Paradise Point gelegen, in denen ich wiederholt Anstrengungen unternommen hatte, ihn für das Bahamas Antiquities Institute wiederzufinden. In der Zwischenzeit hatte ich ihn noch einmal gesehen, als ich für die Cousteau-Gesellschaft tauchte. Philippe Cousteau wollte jedoch mit der Bergung des Kopfes nichts zu tun haben. Er und seine Taucher machten Aufnahmen und wandten sich dann anderen Dingen zu.

Im August 1976 erzählte mir ein Freund in Südflorida, daß ein Schmuggler aus Miami sich für den Artefakt interessiere. Er kenne anscheinend den Fundort, wolle den Kopf heben und ihn dann verkaufen. Bei der nächsten Expedition im Oktober verdarb uns der verfrühte Durchzug einer starken Kaltfront die Sicht unter Wasser, und ich mußte sieben Monate mit der Ungewißheit leben, daß vielleicht ein anderer vor mir dort gewesen war.

Im vorigen Winter hatte ich von Brady Chapin die Laboranalysen verschiedener Handproben bekommen. Ich las seinen Bericht, aber es war schwer zu sagen, welchen Schluß man daraus ziehen konnte. War es eine natürliche Formation aus Küstenfelsen oder eine von Menschen geschaffene? An einer Stelle in der Nähe des »Steinkeils« ergaben die Handproben unterschiedliche Bindemittel bei nebeneinanderliegenden Blöcken, wie zuvor bei der Arbeit von Park (was auch in einem von Giffords Berichten festgehalten wurde). Chapins übrige Proben wiesen diesen Unterschied nicht auf. Chapin stellte sich daher auf den zurückhaltenden Standpunkt, die Blöcke seien wahrscheinlich eine natürliche Formation. Unter der begrenzten Anzahl der Proben gab es allerdings eine, deren Aufbau, wie es sich aufgrund der mikroskopischen Analyse ergab, deutlich von den anderen abwich, nicht nur was das Bindemittel anging, sondern auch in bezug auf die Bestandteile. 167

Ich war immer noch nicht davon überzeugt, daß die gesamte Anlage an Ort und Stelle entstanden war. Erneut sah ich alle Unterlagen durch. Es blieben zwei Möglichkeiten: Entweder waren die Blöcke woanders aus einem im wesentlichen homogenen Kalksteinboden geschnitten worden (der sich ursprünglich als Küstenfelsen gebildet hatte), und man hatte sie dann nach Bimini gebracht; oder sie waren, so wie die Bahamesen heute an Land Blöcke aus Korallen schneiden, in der richtigen Lage nach einem Muster zugeschnitten worden, und man hatte einiges fremdes Material wie den »Steinkeil« hinzugefügt. Später, als das Wasser stieg, erhärteten sich die heimischen Blöcke durch einen Salzwasseraustausch von Kalziumkarbonat, das sich rekristallisierte und den porösen Kalkstein festigte.

Ich holte mir bei verschiedenen Meeresgeologen an der ganzen

Aufstellen des Dreifußes für die Bohrung.

Ostküste Rat, wobei sich herausstellte, daß der einzige gangbare Weg der war, benachbarte Blöcke bis zum Kern anzubohren und die Schichtenbildung dieser Proben miteinander zu vergleichen. Poseidia '77 hatte in der dritten Juniwoche in Südflorida Gestalt angenommen. Dr. Ray McAllister, Professor für Schiffsmaschinenbau an der Atlantic-Universität von Florida, stellte uns seine Hilfe zur Verfügung, und wir konnten die »Martech«, das Forschungsschiff des Junior College, benutzen und einen hydraulischen Bohrer mieten, um Bohrproben aus den Kalksteinblöcken zu entnehmen.

Jetzt, als der Boden unter uns vorbeiglitt, fragte ich mich, ob wir vielleicht schon bis zu dem Marmorkopf vorgedrungen waren. Verschwendeten wir vielleicht nur Zeit und Treibstoff? Plötzlich glaubte ich, ihn zu sehen, völlig bewachsen, aber dank der quadratischen Form undeutlich zu erkennen. Ich rief Kevin McAllister an, der das Boot lenkte, ließ das Seil hinunter und tauchte die 6 m bis zum Grund. Ich wollte Gewißheit. Es war der Kopf! Ich fühlte mich ungeheuer erleichtert: Der Kopf und drei andere rechteckige Marmorstücke waren noch am Platz. Kevin verankerte das Boot. Peter Baas und ich, wir stiegen in unsere Taucheranzüge und tauchten mit zwei Luftsäcken nach unten, die je etwa 115 Kilo halten konnten.

Ich versuchte, meine Erregung zu zügeln, als wir Nylonseile um den Kopf legten, die beiden Luftsäcke befestigten und sie über unsere Regler aufbliesen. Sie waren fast zu zwei Dritteln mit Luft gefüllt, als das Gleichgewicht zwischen der Schwerkraft und dem Auftrieb überwunden war. Der Kopf schwebte an die Oberfläche. Wir ließen die anderen Marmorstücke zurück, um den Fundort zu kennzeichnen.

Als wir zur »Martech« zurückfuhren, blieb ich im Wasser, den Kopf an einer anderen Leine im Schlepp. Ich hatte lange genug gewartet und hatte nicht vor, ihn noch einmal zu verlieren. An der »Martech« angekommen, war es ein leichtes, den Kopf mit der Winde an Bord zu holen. Unser Paradestück forderte einige Expeditionsmitglieder zu skeptischen Bemerkungen heraus. Ich überhörte, wie jemand sagte: »Er behauptet, es sei Marmor«, denn derjenige wußte nicht, daß ich 1975 ein kleines Stück als Probe entfernt hatte. Ich war erleichtert, dieses Bruchstück geborgen zu haben, und ließ ihnen ihren Spaß. Ich war sehr viel zuversichtlicher geworden.

Als Ray mir sagte, daß die Bohrungen nicht recht von der Stelle

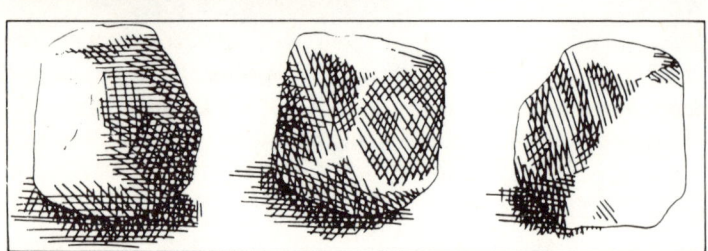

kamen, war ich entsetzt. Er berichtete, daß, obwohl der Hydraulikbohrer von einem Luftkissen getragen wurde, das 1,5 m lange Kernrohr und der Bohrmeißel sich nicht in senkrechter Stellung stabilisieren ließen. Uns wurde bald klar, daß wir einen Dreifuß für den Bohrer entwerfen und anfertigen mußten, was Ray am nächsten Tag besorgte. In der darauffolgenden Woche entnahmen wir zwölf Bohrproben aus benachbarten Blockpaaren.

In den ersten Tagen gingen die Bohrungen glatt voran. Ray und die Studentin Susan Kaplan bedienten den Bohrer eines Morgens 5,5 m unter der »Martech«. Plötzlich wurde der Schlauch, der über die Reling nach unten lief, stark angezogen und war dann schlapp. Einige Augenblicke später erschienen Ray und Susan mit angespannten Gesichtern an der Oberfläche.

Wir hatten ein 1,5 cm starkes Nylonseil und einen Anker verwendet, um der Tendenz des Bohrermotors entgegenzuwirken, sich einem aus der Hand zu drehen, sobald der Meißel sich in den Felsen fraß. Diesmal hatte sich der Bohrmeißel verklemmt. Ray berichtete, daß der Drall des außer Kontrolle geratenen hydraulischen Motors im Nu die kräftigen Hydraulikschläuche um Susans Körper gewickelt hatte, die den Bohrer gerade bediente. Das Zerreißen der Leine hatte unter Wasser wie ein Schuß geklungen. Ray war dadurch aufmerksam geworden, hatte sofort reagiert und den Motor ausgeschaltet.

Mir wurde klar, daß seine schnelle Reaktion Susan wahrscheinlich vor schweren Verletzungen, möglicherweise vor dem Tod bewahrt hatte. Es war eine äußerst dramatische Demonstration dessen, wozu Ray unter Wasser fähig war. Tagtäglich löste er irgendwelche kleineren Probleme, ohne seine Ruhe zu verlieren, vermittelte jedem eine Lehre am Bohrer und war der Ausgangspunkt allgemeiner guter Laune an Bord der »Martech«.

Zurück in Florida, bereitete ich den zweiten Abschnitt von Poseidia '77 vor. Unsere Bohrproben mußten im Labor untersucht

Linke Seite oben:
Prof. Zink mit dem in Sicherheit gebrachten Marmorkopf.

Linke Seite unten: Die künstlerische Wiedergabe des stilisierten Marmorkopfes (linke Seite, Vorderansicht, rechte Seite), den Gary Varney 1975 entdeckte. Die linke Seitenansicht ist streng geometrisch, die rechte runder und andeutungsweise nach einem lebenden Modell gestaltet. Einige glaubten, in dem Profil eine Katze, andere einen Affen zu erkennen.

werden, und ich sah mich um, wie wir das finanzieren konnten. Wieder kam Ray uns zu Hilfe. Er sprach mit Dr. Roy Lemon, dem Chef der geologischen Abteilung der Atlantic-Universität von Florida. Ich freute mich, daß meine Gabe, durch Zufall glückliche und unvorhergesehene Entdeckungen zu machen, offensichtlich zurückgekehrt war. Küstenfels war eines seiner eigenen Forschungsgebiete, und er erklärte sich daher damit einverstanden, die Aufbereitung der Bohrproben für das Labor zu finanzieren und die Analyse selbst durchzuführen.

Wir waren zehn Tage in Florida an Land gewesen. Die zweite Etappe der Expedition trat in ihr entscheidendes Stadium. In Miami hatte ich für die nächsten drei Wochen eine 12,5 m Ketsch gemietet. Von der 1975er Mannschaft waren wieder einige dabei, so John Steele und Gary Varney. Meine Frau Joan war mit dem Flugzeug von Virginia gekommen, und auch Joseph Libbey, Tauchexperte des Smithsonian Institute, war eingetroffen und stand uns mit seiner immensen Erfahrung als Taucher zur Verfügung. Auch Larry Arnold, ein Kartograph, der sich für megalithische Stätten interessierte, und Ronald Greening, unser Koch aus Toronto, waren an Bord. Andere kamen und gingen im Verlauf der Expedition, darunter auch Anne, ein Medium mit außergewöhnlichen Fähigkeiten.

Wir tuckerten mit unserer Ketsch »Shepahoy«, die auch über einen Notdiesel verfügte, in Richtung auf die Moselle-Bank nordwestlich von Nordbimini, etwas westlich des Leuchtfeuers am Nordfelsen. Über uns schwebten die sanften Schäfchenwolken eines bahamesischen Sommers westwärts über den Golfstrom. Die üblichen Nachmittagsgewitter brauten sich zusammen. Während wir auf die Moselle-Bank zusteuerten, um dort vermutete Überreste eines anderen Schiffswracks zu untersuchen, unterhielt uns unser Lotse »Dornhai-Sam« Ellis mit Geschichten aus vergangenen Tagen der Bahama. Es war hart gewesen, diesen Inseln mit ihrer kargen Vegetation den Lebensunterhalt abzuringen; auch das ermüdende Klima regte niemand zu schwerer Arbeit an. So ist es nicht verwunderlich, daß in der zweiten Hälfte des 19. Jahrhunderts die Hauptbeschäftigung dieser britischen Kolonie im Strandraub bestand.

Die üblichen Geschichten spielen alles auf das bloße Retten Schiffbrüchiger herunter, aber allein die nackten Tatsachen lassen doch einiges erahnen. Dieses auf das Jahr 1648 zurückgehende Gewerbe bildete eine gute Grundlage für den Schiffbau, wobei die

Beteiligten offiziell zwischen 40 und 60% der Beute der verunglückten Schiffe erhielten. Hier genügt festzustellen, daß Bimini 1848 (wieder) von fünf Strandräuberfamilien mit insgesamt 40 Seelen besiedelt wurde. Nach Paul Alburys »Geschichte der Bahamas« bestand 1856 etwa die Hälfte der arbeitsfähigen, männlichen Mitglieder der Kolonie (oder ca. 1300 insgesamt) aus lizenzierten Strandräubern. Die Zahl der lizenzierten und für ihre Geschwindigkeit bekannten Strandräuberschiffe betrug 302! Ich fand das überaus erstaunlich.

Sam steuerte einige gespenstische Einzelheiten aus diesem unglaublichen Geschäft bei, auch die, vorbeifahrende Schiffe vorsätzlich zu versenken. Wenn ein Schiff nachts die Insel anzusteuern schien, kamen ein paar Inselbewohner mit einem Boot längsseits, riefen das Schiff an und boten sich als Lotsen an. War der Kapitän einverstanden, gingen sie an Bord, worauf einige von ihnen unter Deck verschwanden, die die von den Schiffsbauern verwendeten großen Bohreisen bei sich trugen. »Zweieinhalb Drehungen, Mann – einfach durch den Rumpf!« wie Sam es ausdrückte. Alles war so vorausberechnet, daß das Schiff nahe bei der Insel unterging und leicht geborgen werden konnte. Es kam sogar vor, wie Sam erzählte, daß der Kapitän mit von der Partie war und an der Beute und der Versicherung beteiligt wurde. Wie oft so etwas tatsächlich passiert und was davon Folklore ist, war schwer zu sagen. Auf jeden Fall ging es der Gemeinschaft so gut, daß die Zahl der Inselbewohner laut Albury 1881 bereits auf 663 gestiegen war.

Wir untersuchten die Granitblöcke auf der Bank, entdeckten aber Zeichen, die uns wie neuzeitliche Markierungen aus einem Steinbruch aussahen, und wandten uns aussichtsreicheren Gebieten zu. Auf der Fahrt zurück nach Bimini überraschte uns Sam mit der Geschichte, daß die Anlage in der Bimini-Straße noch in seiner Jugend in den 20er Jahren aus neun bis zehn übereinanderliegenden Blöcken bestanden habe. Die Stätte sei zu der Zeit in den Karten als seichtes Gebiet eingezeichnet gewesen – eine Gefahr für die Schiffe. Ich fragte Sam, was aus den megalithischen Kalksteinblöcken geworden war, und Sam sagte mir, daß Arthur Sherman, ein Geschäftsmann aus der Gegend, sie im Auftrag eines Unternehmers weggeschafft hatte. Sherman erzählte mir später, daß er nur aus dem Gebiet um die Moselle-Bank Granit gehoben hatte. Gleichgültig, wer die Steine entfernt hatte, Sams Bericht wurde durch eine der Befragungen Annes bestätigt, in der sie darlegte, 173 daß »diese Stätte insgesamt gewaltige Ausmaße hatte, denn sie ragte über 9 m auf. Das Meerwasser hat die Schichten aus Kieselerde zersetzt und das ganze Bauwerk zerstört.«

Ein kurzer Überschlag bestätigte, daß neun bis zehn von den mittelgroßen Steinen eine Höhe von etwa 9 m ergeben hätten. Ich trug die Information in meinem Notizbuch ein, das langsam einen stattlichen Umfang annahm.

Das begehrteste Ziel dieser Expedition war eine geheimnisvolle Säule, die Dr. William Bell aus Nordkarolina 1957 entdeckt hatte. Bell tauchte südlich von Bimini, als er auf diesen Artefakt stieß, der die Experten bei späteren Untersuchungen vor Rätsel stellte.

Ich war dieser Säule seit 1973 auf der Spur. Ich wollte einen Bericht aus erster Hand von Bell selbst und führte mit ihm ein langes Telefongespräch. Im Verlauf unserer Unterhaltung lebte Bells Erregung wieder auf, als er sich ins Gedächtnis zurückrief, wie er mit einigen Mitgliedern seiner Gruppe in dem 12 m tiefen Wasser tauchte und die Säule bemerkte. Am oberen Ende hatte sie einen Durchmesser von etwa 10 cm, an der Stelle, wo sie aus dem verschlammten Meeresboden ragte, von ca. 20–25 cm. Dr. Bell versuchte, etwas von den Meeresablagerungen, die sie bedeckten, abzukratzen und entdeckte darunter eine graue, nicht bestimmbare Substanz. Direkt unter dem Schlamm fand er ein zahnradähnliches Gebilde von etwa 60 cm Durchmesser an der Säule.

Fasziniert grub er weiter und entdeckte ein weiteres Zahnradgebilde ungefähr einen Meter tiefer. In der Nähe der Säule lagen viele Granittafeln, vielleicht 20 auf dem Schlamm, viele andere darin vergraben. Bell schätzte ihre Größe auf 30 bis 45 cm mal 60 bis 90 cm. Er war gespannt, was das bedeuten konnte, und machte Aufnahmen von der Säule, um festzustellen, ob aus ihnen weitere Hinweise zu ersehen waren. Er war entsetzt, als er entdeckte, daß die entwickelten Fotos eigenartige Strahlungsmuster aufwiesen – sie sind in diesem Buch erstmals veröffentlicht. Bei seinen Beobachtungen unter Wasser war ihm nichts aufgefallen. Ich beriet mich mit Strahlungsphysikern in Brookhaven, die vermuteten, daß ultraviolette Strahlung die Energie des Wassers

Seite 175–177: Die ersten jemals veröffentlichten Aufnahmen der geheimnisvollen Säule. Beachtenswert die von den Seiten verschieden stark einfallende Strahlung.

174

durch Ionisation erhöhte, was auf dem Film sichtbar wurde, wenn man keine Spezialfilter und -filme verwendete.

Eigenartigerweise hatte er einige Monate nach seinem Kontakt mit der Säule mehrere Male Nasenbluten bekommen, etwas für ihn völlig Ungewöhnliches. Eine Erklärung dafür hat es nie gegeben.

Kurz nach meinem Gespräch mit Bell war ich wegen der Expedition im Februar 1974 mit Karen Getsla auf Bimini. Ich hatte die Hoffnung, Karen würde mir einen Hinweis auf den Standort der Säule geben können. Zu der Zeit zog eine kräftige Kaltfront durch, wir hatten starken Sturm und eine sehr lebhafte See. In einem gemieteten Walfänger kämpften wir uns einen Weg nach Südbimini durch die widerspenstige See. Ich ließ Karen den Kurs bestimmen und bat sie, mir Bescheid zu sagen, sobald sie irgendwelche Strahlungsfelder wahrnahm. Nach kurzer Zeit schon sagte sie: »Wo wir jetzt sind, habe ich ein gutes Gefühl.«

Ich stoppte die Maschine und brachte eine Kreuzpeilung unter Zuhilfenahme einiger markanter Punkte an Land an. Als ich fertig war, stellte ich erstaunt fest, daß wir uns nur rund 100 m südlich eines der Seezeichen befanden, die mir Dr. Bell in der Woche zuvor angegeben hatte.

Etwas später an Land sah Karen hellseherisch, daß vom Standort der Säule aus Energie von einer weißlichen Farbe zum Himmel strahlte. Sie nahm darüber hinaus mehrere Energiequellen wahr, die sich zu einem Ring zusammenfügten, der einen Winkel von etwa 50° zum Wasser bildete. Dann erblickte sie zu meiner Verwunderung ein ähnliches Phänomen südlich des ersten zum Meer hin. Hellseherisch gab sie seine Farbe mit Rosa an. Vielleicht war Bell nur auf eine von vielen solcher Säulen gestoßen.

Die durch Bells Entdeckung aufgeworfenen Fragen machen nachdenklich. Woher kam die Säule? Falls sie tatsächlich Strahlen aussendet, um welche Energie handelt es sich? Und was ist ihr Ursprung? Konnte man das in Verbindung mit dem Kristall aus den Sitzungen von Cayce bringen, der die Energie für den Transport und die Heilungen auf Atlantis lieferte? Ich kann nur soviel sagen, daß die Fotografien von Dr. Bell, seine Erlebnisse und dann die Aussage von Karen, die sich offensichtlich auf das gleiche Phänomen bezog, auf mich den Eindruck machten, als würde Sciencefiction Wirklichkeit.

Später entschloß ich mich, auch noch Anne über die Säule und ihren Standort zu befragen. Sie berichtete:

»Diese Säule steht genau dort, wo sie vor Jahren stand. Sie hatte eine doppelte Aufgabe: sie war ein Punkt für astronomische Ausrichtungen, befand sich jedoch in einem Gebäude, das einen gewaltigen Kristall beherbergte. In gewisser Weise arbeiteten die beiden zusammen – die Säule wies auf Konstellationen am Firmament hin, bei denen sich die Sonnenenergie verstärken ließ. Der Kristall reflektierte die Energie der Sonne, konnte aber zu bestimmten Tages- und Jahreszeiten genauer abgestimmt werden. Die stehende Säule zeigte die Jahreszeiten an, und wenn man auch glaubte, die Seele des Menschen stamme von den Göttern, gab man doch der Sehnsucht, Fleisch zu sein, zu bestimmten Zeiten des Jahres bereitwillig nach. An Festtagen feierte man die Zeiten der Auskehr, Zeiten geringerer Reibung und der Harmonie.«

Annes hellseherischer Bericht deckte sich mit der Aussage von Cayce, soweit es den Kristall und die mit ihm verbundene, ausgefallene Technologie betraf. Allerdings tauchte die Säule zusätzlich auf, eine Verfeinerung, mittels der man kosmische Energie empfing und wieder abstrahlte.

Jetzt bei der 77er Expedition wollte ich die Säule mit Hilfe eines Sonargerätes sowie eines Gerätes suchen, das im Meeresboden eingelagerte Gegenstände orten konnte. Dr. Harold Edgerton vom Massachusetts Institute of Technology hatte es erfunden. Er bekundete sein Interesse, an der Expedition teilzunehmen, mußte jedoch in letzter Minute absagen, da die amerikanische Regierung ihn gebeten hatte, an einer Konferenz in der Sowjetunion teilzunehmen.

Als ich von seiner Absage erfuhr, hatte ich mich mit der Expedition bereits festgelegt. Ich nahm daher sofort Kontakt mit Martin Klein auf, der mit Dr. Edgerton das Gerät ausprobiert hatte und gerade in Schottland gewesen war, um das Ungeheuer von Loch Ness mit seiner elektronischen Ausrüstung zu suchen (vgl. »National Geographic«, Juni 1977). Auch Klein hätte sich uns gern angeschlossen, aber seine Erdölkunden verlangten seine Anwesenheit anderswo.

Meine letzte Hoffnung war eine Firma in Ft. Lauderdale, deren Inhaber ebenfalls von Dr. Edgerton ausgebildet worden war. Unsere für diesen Zweck eingeplanten Mittel reichten kaum für eine 24stündige Miete der Ausrüstung. Da wir die Strecke Florida–Bimini–Florida einkalkulieren mußten, konnten wir das Gerät wahrscheinlich nur etwa sechs Stunden einsetzen. Wir waren dennoch bereit weiterzumachen, wenn auch die Bedingungen alles andere als optimal waren. Aber wir konnten kein Boot bekommen, das über einen ausreichend starken Generator verfügte, um die Geräte mit Strom zu versorgen.

Trotz dieses entmutigenden Anfangs setzten wir die Arbeit fort und erforschten das Gebiet vor Südbimini auf herkömmliche Weise. Fünf Tage lang tauchten wir auf der intensiven Suche nach der Säule und durchforschten dabei ein Gebiet von etwa 200 × 1600 m.

Ich entschloß mich, der Vision Karens zu folgen, nach der Energie von verschiedenen Stellen innerhalb von zwei Kreisen vor der Südspitze Biminis ausstrahlte. Jeder Kreis hatte einen Durchmesser von ca. 1200 m. Anne machte eine Befragung und schlug vor, sich auf eine Seite ganz im Süden der beiden Kreise zu konzentrieren. Wir sollten beim Sunshine Inn beginnen und dann den Strand entlang bis zu einem verschlungenen Baum rudern, unserem Orientierungspunkt an Land. Sodann sollten wir uns genau westlich halten, bis wir in eine Tiefe von 9 m kamen, wo wir Hummerfallen finden würden und dann ein Schiffswrack. Die Energiequelle lag nach Annes Angaben nördlich des Wracks.

Ich ruderte die angegebene Strecke nördlich des Gasthauses »Sunshine Inn« ab, fand den beschriebenen Baum, ruderte zum Boot zurück und fuhr dann mit dem Boot an die zuvor festgelegte Stelle. Tatsächlich! Die Hummerfallen konnte man sehen, und bald entdeckten wir auf dem Grund auch eine unbewachsene, nur mit Sand bedeckte Stelle in Form eines Bogens. War das schon das Wrack? Joe Libbey, Gary Varney und ich kehrten ein paar Tage später zurück und machten uns daran, den Meeresboden mit einer spitzen, 3 m langen Stahlrute zu untersuchen, um herauszufinden, was es mit diesem nicht natürlichen Muster auf sich hatte. In einer Tiefe zwischen 1,3 und 1,9 m stießen wir auf etwas, das sich nach Holz und Stahl anfühlte. Anscheinend hatten wir das Wrack gefunden.

Da sich alle Aussagen aus Annes Befragung bisher als richtig erwiesen hatten, schien die Wahrscheinlichkeit, daß die Säule sich in unmittelbarer Nähe befand, groß. Wir waren mit unseren Nachforschungen so beschäftigt, daß wir fast einen wenig freundlichen Barracuda übersehen hätten. Joe und mir wurde bewußt, daß es sich um ein ziemlich großes Exemplar handelte – etwa 1,5 bis 2 m lang. Er benahm sich außerordentlich aggressiv, und einmal mußte John so tun, als wolle er ihn mit seiner langen Stahlrute angreifen. Der Barracuda glitt außer Reichweite, drehte dann um, kam auf uns losgeschossen und schnappte nach der Rute. Hartnäckig umkreiste er uns weiter, bis wir zum Boot zurückschwammen, wohin er uns begleitete. Die Säule blieb verborgen, und es sieht inzwischen so aus, als sei es eine größere technische Aufgabe, ihren Standort wiederzufinden.

Danach sprach ich noch einmal mit Dr. Bell über die Säule und erhielt neue Informationen. Die Aussage Annes vor der Expedition hatte auch die Feststellung enthalten, die Säule sei zwischen 15 und 18 m hoch, der größte Teil sei jedoch von Schlamm bedeckt. Im Verlauf unseres Gesprächs berichtete mir Dr. Bell, ihm sei von einem anderen Medium bei der Beschreibung der Säule die gleiche Höhe genannt worden. Es war erfreulich, erneut eine Bestätigung für Annes Arbeit zu bekommen.

Wenn es auch danach noch mehrere Versuche gab, die Säule wiederzufinden, hat sie sich doch offensichtlich allen weiteren Nachforschungen entzogen. Und in gewisser Hinsicht bin ich froh, sie nicht gefunden zu haben.

16

Auf der Suche nach einem verlorenen Brunnen

Soweit ich weiß, hat mindestens ein halbes Dutzend Medien behauptet, daß es in Biminis weit zurückliegender Vergangenheit auch ein ausgedehntes System von Aquädukten, Speichern und Heilquellen gegeben habe. Doch nicht nur mediale Zeugnisse brachten mich auf diese Spur. Im Frühjahr 1977 hatte Ray McAllister mir von einer erstaunlichen Beobachtung erzählt, die »Tex« Treadwell gemacht hatte. Der pensionierte Kapitän der Marine hatte bei einem Flug mit dem Hubschrauber vor Cat Cay im Meer enorme Mengen Süßwasser aufsteigen sehen, weit mehr als möglicherweise der Regen über der Insel hätte abladen können. Es war, so sagte er, als wenn eine unbekannte, wasserführende Schicht tief im Innern der Erde die Bahama mit Bergen weiter im Norden der USA verbinden würde.

Die Reihe der Erzählungen über eine wundertätige Heilquelle auf Bimini ist lang. Der Forscher Ponce de Leon suchte vergebens nach Bimini und dem Jungbrunnen (vgl. Anhang). In den 20er Jahren unseres Jahrhunderts sagte Edgar Cayce die Entdeckung von Heilquellen oder Brunnen auf Bimini voraus. Einige Jahre später behauptete Melaney Freeman, eine der ersten offiziell anerkannten Pilotinnen, den Jungbrunnen gefunden zu haben. Unglücklicherweise muß ein nachfolgender Hurrikan ihn unter Schlamm vergraben haben, da man ihn nicht wiederfinden konnte. In neuerer Zeit, 1975, stellte der Atlantis-Forscher Egerton Sykes die Theorie auf, in frühgeschichtlicher Zeit habe sich auf Bimini ein Heiltempel befunden. All das deckt sich vollkommen mit den allgemeinen Funktionen frühgeschichtlicher, sakraler Stätten, wie ich sie hier entwickelt habe.

Ich fragte Anne, ob sie irgendwelche Nachrichten über einen derartigen Brunnen oder eine Quelle empfangen könne. Ihre Befragungen führten mich zu einer unter dem Wasser liegenden Quelle auf dem 12 m tiefen Meeresboden vor der Westküste Südbiminis. Ich nahm eine Wasserprobe, bei der ein Zähler leichte Radioaktivität feststellte. Das veranlaßte uns, eine Quelle aufzusuchen, von der Dick Wingate behauptete, sie besitze Heilkräfte – eine Quelle, die auf einer Karte von Bimini sogar eingezeichnet war. Einige Zeit danach machte Jim Richardson, der Dr. Valentine mehrere Jahre über die Bänke geflogen hatte, ein hellgrünes Rechteck auf dem dunkleren Grün der Mangrovensümpfe im östlichen Teil von Nordbimini aus. Dick Wingate erzählte uns, daß Richardson bei verschiedenen Gelegenheiten insgesamt mehrere Stunden in diesem Wasser geschwommen war und sich seine Arthritis danach derart besserte, daß er wieder Tennis spielen konnte. Dick bat uns, ihm bei der weiteren Erforschung der Quelle zu helfen.

An einem Morgen packten wir Lebensmittel, Macheten, Insektenpulver, die Tauchausrüstung und ein Strahlungsmeßgerät in unser Gummiboot, das unser Freund Dick Hart uns geliehen hatte. Joan, John Steele und Gary Varney waren auch dabei. Bei Flut schleppte Dick das Boot hinter sich her durch das Watt zur Ostseite von Nordbimini. Dort verließ er uns sofort wieder, da die Flut schnell zurückging und die Sockel einiger mangrovenbedeckter Inseln und Bänke freilegte. Wingate führte uns einen etwa

Essenspause während der Suche nach dem Brunnen.
V.l.n.r.: Mark Keasler, Dick Wingate, Gary Varney, Joan Zink und
John Steele.

183

80 m langen Pfad entlang, den er durch die verschlungenen Mangrovenwurzeln geebnet hatte. Wir bahnten uns vorsichtig unseren Weg durch das knietiefe Wasser, um nicht auf die scharfen Stümpfe der abgetrennten Wurzeln zu treten. Wir benutzten zwar z. T. den Motor, stapften aber auch mehrere Stunden durch das Watt und zogen das Boot hinter uns her.

Die Quelle stellte für alle ein überwältigendes Erlebnis dar. Das Strahlungsmeßgerät zeigte keine Radioaktivität im Wasser an, das nach Meinung von Wingate Radon enthielt, aber die Quelle wies einen hohen Schwefelgehalt auf. Das Wasser roch stark und schwärzte das Sterlingsilber, das einige Expeditionsmitglieder trugen. Im Verlauf mehrerer Stunden, die wir in der Quelle schwammen, stellten sich einige leichtere Wirkungen ein. Wir verspürten alle ein Gefühl der Euphorie, einen leichten Überschwang. Und diejenigen von uns mit Arthritis-Symptomen spürten diese am Nachmittag nicht mehr. Diese Erleichterung hielt einige Tage an, bei einigen sogar länger.

Wingate war sehr wißbegierig und versuchte, mit einer Eisenstange irgendwelche alten Steinmauern aufzuspüren. Der einzige Stein, den wir fanden, war der Boden in 2,5 m Tiefe. Mark und ich tauchten mit Anzügen und tasteten uns blind durch das dunkle Wasser, wobei wir mehrere Meter von etwa 0,5 m Schlamm befreiten. Als wir nachher unsere Erfahrungen austauschten, stimmten wir überein, keine Spuren bearbeiteter Steine entdeckt zu haben. Wir hatten vielmehr Seemuscheln ertastet, die auf, wie wir meinten, Korallen oder Kalkstein saßen. Kurz gesagt, wir fanden keinen Hinweis darauf, daß Menschen die Quelle ausgebaut hatten. Auf der anderen Seite konnten wir die heilsame Wirkung bei unserer Gruppe, geistig wie körperlich, nicht leugnen.

Am letzten Nachmittag der Expedition ankerten wir in der Straße von Bimini. Ein Paar der Taucher wollten ein letztes Mal zu einigen Stellen schwimmen, die uns interessant erschienen waren. Ich war an Deck, als Gary Varney auftauchte und mir sagte, er habe möglicherweise etwas entdeckt. Ich nahm schnell Taucherbrille und Flossen und tauchte ihm nach.

An einem Abbruch zeigte er nach unten auf etwas, das wie ein »Metate« aussah, ein indianischer Reibstein, um Mais zu mahlen. Ich tauchte hinunter, um den Gegenstand näher zu untersuchen

Rechte Seite: David Zink am Brunnen.

und schwamm dann zum Boot zurück, das Maßband zu holen. In der Zwischenzeit machte Gary Aufnahmen. Es erwies sich als ein flaches, rechteckiges Gebilde von etwa 50×45 cm. In der Mitte war eine ovale Vertiefung, etwa 7,5 cm tief und 30 cm lang. Anders als der Kopf und der Gebäudeblock war dieses Objekt fest mit dem Boden verbunden. Es aus dem Kalkstein zu lösen, war wahrscheinlich eine technische und teure Angelegenheit. Auf der anderen Seite konnte es kein Taucher, der zufällig vorbeikam, abtransportieren.

Da der Gegenstand im Meeresboden verankert war, konnte man über sein Alter Schätzungen anstellen, auch ohne ihn zu heben. Als die von der National Geographic Society geförderte Expedition von John Gifford Bohrproben aus dem Kalksteinboden neben der Straße von Bimini entnahm, wurden sie nach der Radiokarbondatierung auf ein Alter von 15 000 Jahren geschätzt – vermutlich das Alter eines Meeresorganismus in der Probe. Der Metate wäre also maximal 15 000 Jahre alt gewesen, sofern es tatsächlich ein Artefakt war. Infolge der Eiszeit wäre der Atlantik allerdings zu dieser Zeit etwa 120 m niedriger gewesen, d. h., die Fundstelle hätte sich rund 114 m über dem Meeresspiegel befunden. Wie aber hatte das mit Kalziumkarbonat übersättigte Meerwasser den Metate mit dem Meeresboden verbinden können, wenn diese Stelle über dem Meeresspiegel lag? Solange wir nicht mehr über diesen möglichen Artefakt wissen, neige ich dazu, ihn für kaum älter als 8000 Jahre zu halten.

Dieser neue Fund des offensichtlich mit dem Kalkstein verbundenen Objekts erinnerte mich an ein anderes Rätsel, vor dem ich im vorigen Winter gestanden hatte. 1976 hatte ich Dr. Marcel Vogel, einen ranghohen Wissenschaftler bei IBM in San José, Kalifornien, getroffen, den Erfinder des Plattenspeichers von IBM und ein ausgezeichnetes Medium. Im Februar hatte Dr. Vogel mich angerufen und mir mitgeteilt, mehrere Medien, die er kannte, hätten den Eindruck gewonnen, daß der Meeresboden in der Straße von Bimini nach dem Bau der Anlage überzementiert worden sei. Wenn man genügend tiefe Bohrproben entnähme, könnte man auf weitere Bauwerke stoßen.

Nachdem wir die zwölf für geologische Zwecke bestimmten Bohrproben entnommen hatten, wollte ich eine 1,5 m tiefe Bohrung im Meeresboden anbringen. Unglücklicherweise hatten die Kalksteinblöcke, die wir angebohrt hatten und die beträchtlich härter sind als normaler Küstenfels, die Diamanten des 1100 $ teuren

Bohrmeißels stumpf gemacht, so daß wir dieses möglicherweise vielversprechende Bohrvorhaben verschieben mußten.

Wir kehrten in der gecharterten Ketsch nach Miami zurück, nahmen widerstrebend Abschied voneinander und zerstreuten uns in alle Richtungen. Ich überdachte die arbeitsreichen Wochen und war mit zwei Punkten zufrieden: Wir hatten mit dem, was uns zur Verfügung stand, getan, was wir konnten, und wir hatten ein paar wichtige Spuren für weitere Forschungen auf Bimini freigelegt.

Jetzt konnte ich mich hinsetzen und sehen, welche Schlußfolgerungen sich aus all den Zeugnissen über die Frühgeschichte Biminis ziehen ließen. Erst dann würde ich in der Lage sein, diesen faszinierenden, aber einen bis zum Wahnsinn treibenden Teil der Erde zu verlassen und meine Aufmerksamkeit anderen Orten zuzuwenden, die inzwischen mein Interesse erweckt hatten.

17

Was mag
all das bedeuten?

In dem Stadium, in dem sich das Projekt jetzt befindet und letztlich vielleicht noch ein ganzes Jahrzehnt braucht, um abgeschlossen zu werden, ist es unmöglich, eine definitive Antwort zu geben. Doch ich habe genug gesehen, um überzeugt zu sein, daß Bimini einmal als die große archäologische Entdeckung dieses Jahrhunderts in der Neuen Welt anerkannt wird. Vielleicht ist es unser Glück, daß die frühgeschichtliche Vergangenheit Biminis für die Historiker im wesentlichen ein unbeschriebenes Blatt ist. Wir sind nicht belastet durch ausgeklügelte (und möglicherweise falsche) vorgefaßte Meinungen. Es ist unser Glück, daß die Entdeckungen der Wissenschaft auf der Erde und ebenso im Weltraum unser Bewußtsein erweitert haben und wir Enthüllungen der Frühgeschichte des Menschen unbefangener gegenüberstehen.

Inzwischen wird jedem klargeworden sein, daß die unter dem Wasser liegenden Fundstätten um Bimini sehr viel schwierigere Probleme aufwerfen als neuere Anlagen auf dem Land. Monate nach Poseidia '77 saß ich über meinen Aufzeichnungen und entschloß mich, den entscheidenden Schritt zu wagen. Jetzt galt es, alle Zweifel beiseite zu schieben und die Beweise der letzten Jahre sich zu einem sinnvollen Ganzen zusammenfügen zu lassen. Die Kugel sollte dahin rollen, wohin sie wollte – es war zu spät, noch abseits zu stehen. Aufgrund unserer Forschungen in Bimini kam ich schließlich zu den folgenden Schlußfolgerungen:

1. Bimini wurde lange vor den die Insel bewohnenden Lucayas, die Kolumbus entdeckt hat, von Menschen besiedelt.

2. Wie immer die genaue geologische Geschichte der Kalksteinblöcke vor Paradise Point sein mochte, die Anordnungen und Muster lassen eindeutig auf menschliche Eingriffe schließen.

3. Dr. Valentines ursprüngliche Behauptung, daß die Straße von Bimini die Überreste eines megalithischen Bauwerks darstellt, scheint richtig.

4. Darüber hinaus deckte unsere Untersuchung Reste einer sakralen Geometrie auf. Ungeachtet der örtlichen magnetischen Abweichungen und der ungelösten Frage eventueller astronomischer Ausrichtungen, wird die innere Geometrie, die eng mit dem »Steinkeil«, dem Pfeil und den Obelisken zusammenhängt, sicher einer genauen Untersuchung standhalten, ebenso wie die Zahlenmuster.

5. Die Anlage war mit Sicherheit keine Straße, eine ihrer Funktionen wird aber gewesen sein, einen Tempel vor dem ihn umgebenden Wasser zu schützen.

6. Beeindruckende Artefakte, die mit keiner bisher bekannten Kultur in Verbindung gebracht werden konnten, wurden gefunden. Offensichtlich warten weitere nur auf ihre Entdeckung.

7. Natürliche Quellen mit heilenden Kräften sind anscheinend Teil einer großen sakralen Anlage gewesen.

8. Noch vor 6000 bis 7000 Jahren mußte der Bimini-Komplex nahe den nordwestlichen Ausläufern eines Landmassivs gelegen haben, das mindestens die Ausdehnung des heutigen Florida hatte.

9. Mit Hilfe unserer Medien ist Dr. Bells rätselhafte Säule mit allen Überraschungen, die sie vielleicht noch bereithält, in greifbarere Nähe gerückt.

Da Biminis unter Wasser liegende Anlagen sehr viel schwierigere Probleme aufwerfen als neuere Fundstätten an Land, beruht die gegenwärtige Rekonstruktion der Ereignisse aus Biminis Vorgeschichte sowohl auf Daten paranormaler Quellen wie auf solchen wissenschaftlicher Autoritäten und Methoden mehr herkömmlicher Art. Der eine oder andere mag paranormale Quellen ablehnen. Für mich steigt ihr wahrscheinlicher Wert in dem Maße, wie ihre Informationen die anderer Kanäle ergänzen (oder auch sich selbst untereinander). Ich vermute, daß das Zementieren des Meeresbodens unter den megalithischen Blöcken vergleichsweise jungen Datums ist und jetzt tatsächlich noch unentdeckte Bauwerke verdeckt.

Die Vorgeschichte Biminis könnte sich etwa wie folgt abgespielt haben:

Aufbauend auf Platos Behauptung, daß Atlantis im Atlantik lag – eine Ansicht, der ich zuneige –, ist es größenmäßig irgendwo zwischen riesiger Insel und kleinem Kontinent angesiedelt. In seiner langen Geschichte wurden viele Kolonien rund um das Atlantik-Becken gegründet, eine vielleicht sogar bei Santorin, die dann die erste Kultur dieses Gebietes überhaupt war.

189

Was die Entstehungszeit von Atlantis angeht, stufen es die meisten paranormalen Quellen eindeutig vor den folgenden mutmaßlichen geophysikalischen und geologischen Ereignissen ein: Vor 8000 Jahren war das Polareis auf ein Minimum zusammengeschmolzen, wie der hohe Meeresspiegel bezeugt, den man anhand der Korallenterrassen auf Barbados, Neuguinea und Hawaii nachweisen kann (Hays u.a.). In dieser letzten Phase des Oberpleistozän war das Klima am wärmsten, danach rückte das Eis wieder vor. Auf Atlantis könnte durchaus ein Klima geherrscht haben, wie es die Legenden dem Garten Eden zuschreiben. Zu dieser Zeit behauptete sich in Europa der Neandertaler, und wenn wir nicht eine vertikale Verschiebung der Insel unterstellen, hätte Bimini vollkommen unter Wasser gelegen.

Der Beginn der nächsten größeren Eiszeit scheint zeitlich mit einer Verlagerung des nördlichen Magnetpols der Erde vom Yukon zum Grönländischen Becken zusammenzufallen. Nach Hapgood fand das zwischen 78000 v.Chr. und 73000 v.Chr. statt. Der Erdkern (dessen äußerer Teil der Ursprung des inneren Magnetfeldes der Erde ist) drehte sich also mit einer anderen Geschwindigkeit als die Erdkruste; die beiden verschoben sich übereinander. Hapgood glaubt, daß man für diese Zeit eine verbreitete vulkanische Tätigkeit unterstellen kann. Dies könnte auch eine Zeit gewesen sein, in der sich die gewöhnlich langsame horizontale Verschiebung der Kontinentaltafeln für kurze Zeit beschleunigte. Solche geophysikalischen Umstände wären verheerend gewesen. Da wir aufgrund unseres bisherigen Wissens annehmen können, daß die Eiszeiten periodisch wiederkehren, wobei leichte Veränderungen der Erdumlaufbahn um die Sonne die Zeit dafür bestimmten (Hays u.a.), sind derart umwälzende Ereignisse in der Geschichte der Erde wahrscheinlich regelmäßig vorgekommen. Velikovsky forderte die traditionelle geologische Theorie, daß das Eis langsam vorrücke, mit seinen angekündigten astrophysikalischen Ereignissen heraus – einschließlich dem, daß die Venus sehr nahe an der Erde vorbeiziehen werde. Vielleicht ist die Abfolge von Ereignissen, wie er sie sieht, beispielhaft für einige Kapitel in der Frühgeschichte der Erde. Aber die Wahrscheinlichkeit scheint für periodische Eiszeiten zu sprechen, die durch kleinere Veränderungen der Erdumlaufbahn eingeleitet und beendet wurden. Begleitet wurden sie, jeweils am Anfang und Ende, von gewaltigen geophysikalischen und geologischen Ereignissen.

190 Zwischen 53000 und 48000 v.Chr. verlagerte sich der nördliche

Magnetpol der Erde vom Grönländischen Becken zur Hudson Bay, wie Hapgood behauptet. Ein stummer Zeuge dieser Gewalten auf unserem Planeten zu dieser Zeit wurde 1901 in Sibirien gefunden, als man in Berezovka den noch gefrorenen Kadaver eines Mammuts entdeckte. Dieses Tier starb zwischen 45 500 v. Chr. und 37 000 v. Chr. (nach der Radiokarbondatierung); es ernährte sich von Butterblumen und anderen Sommerpflanzen, die es damals in diesem Gebiet gab. Der Körper wurde schockartig tiefgefroren und taute bis 1901 nicht ein einziges Mal auf. Nur katastrophenartige geologische und metereologische Ereignisse konnten so etwas bewirken. Wenn man berücksichtigt, daß die Radiokarbondatierung für den Tod des Mammuts nur eine ungefähre Zeit angibt, könnte er durchaus gegen Ende der Polverschiebung eingetreten sein – um 48 000 v. Chr.

Nach dem Material von Edgar Cayce wurde im Jahr 50 727 v. Chr. auf Atlantis eine Weltkonferenz abgehalten, die sich mit der Bedrohung durch Riesentiere befaßte. Einige Zeit danach lösten die Atlanter bei dem Versuch, diese Tiere durch Energie aus dem Kristall zu töten, Veränderungen auf der Erde aus, die von Atlantis nur fünf Inseln übrigließen. Folgt man Cayce, so ist Bimini der heutige Rest einer dieser Inseln. Ich neige dazu, Bimini als eine Kolonie der Atlanter zu betrachten oder als den Sitz einer anderen Kultur zur Zeit von Atlantis. Wir haben bereits Hinweise kennengelernt, daß dies wahrscheinlich eine Zeit großer natürlicher Umwälzungen auf der Erde war. Selbst heute noch liefert das Becken des Atlantik Beweise beachtlicher geologischer Instabilität. Wenn man die Möglichkeit einer so gewaltigen, vorgeschichtlichen Technologie einräumt, dann hätte der Mensch durch den Mißbrauch der Naturkräfte am Anfang stehende Erdveränderungen beschleunigen und steigern können. Wenn weiter die Beziehung zwischen magnetischen Polverschiebungen und Umwälzungen auf der Erde nach der Theorie von Hapgood zutreffen, dann ereigneten sich die von Cayce genannten Erdveränderungen möglicherweise einige Zeit nach 48 000 v. Chr.

Nach den Zeugnissen des Paläomagnetismus (der die Erde und ihr Magnetfeld untersucht) hat sich um 28 000 v. Chr. der Magnetpol der Erde umgekehrt. Laut Hapgood war die vulkanische Tätigkeit weltweit etwa 8000 bis 10 000 Jahre lang weitgehend erloschen. Um 27 800 v. Chr. lebte der Vulkanismus wieder auf. Nach Anne gab es um 28 000 v. Chr. große Veränderungen auf der Erde, einschließlich einer Drehung der Tafel, auf der die Bahama schwimmen, um 7°. Cayce nannte das gleiche Datum als das für heftige Erdumschichtungen, die zu Auswanderungen aus Atlantis und zur Gründung von Kolonien an der Südostküste der heutigen USA, auf Yucatan in Mexiko, in Brasilien, Peru, Spanien (die Basken), England und Irland führten.

Die Naturkatastrophen dieser Zeit haben vielleicht auch bei einigen der zu den Cromagnon-Kulturen fliehenden Atlanter einen kulturellen Rückschritt verursacht. (Lewis Spence behauptet, daß die Wanderungen der Atlanter die Grundlage für den Cromagnon-Menschen legten.) Zu dieser Zeit war die Straße von Bimini 4,5 m über dem Wasser (Milliman und Emery). Mitten in diese Schauder erregenden Ereignisse fiel die Ankunft der Plejaden-Bewohner auf Bimini, wo sie ihre Mission begannen (Carol hatte diesen Vorfall auf 28 000 v. Chr. datiert). Um das Bewußtsein des Menschen zu heben, und seine körperlichen Leiden zu heilen, bauten sie Tempel mit, wie John Michell sie nennt, sakraler Geometrie, die bestimmte heilige Zahlen verwendete, die zum Universum in Beziehung standen.

5000 Jahre nach dem Erscheinen der Plejaden-Bewohner auf Bimini (oder um 23 000 v. Chr.) kam es infolge der instabilen Erdkruste zu einem derart heftigen Ausbruch des Vulkans auf Santorin, daß die Asche über das Mittelmeer bis nach Italien getragen wurde.

Nach dem Material von Cayce wurde im Jahr 18 200 v. Chr. ein Teil des Landes von Atlantis im Sargasso-See zerstört, 7500 Jahre vor dem endgültigen Untergang. 200 Jahre später (18 000 v. Chr.) kehrte sich das Magnetfeld der Erde wieder in seine frühere, normale Lage um (Cox). Noch später, zwischen 15 000 v. Chr. und 10 000 v. Chr., verschob sich der magnetische Nordpol von der Hudson Bay an seinen jetzigen Standort (Hapgood). Wie vorher schon angedeutet, hängt das u. U. mit verheerenden Bewegungen auf der Erde zusammen, die eine erhöhte Instabilität der Erdkruste bewirkt haben.

Die folgenden Ereignisse lassen sich wegen ihrer Vielschichtigkeit am besten in tabellarischer Form erfassen:

10 700 v. Chr. Laut Cayce das Datum der endgültigen Zerstörung von Atlantis. Ebenso stellte er fest, daß Bimini ein Teil von Poseidia war, einer der zwei Inseln von Atlantis, die nach 28 000 v. Chr. übrigblieben. Carols

Befragungen ergaben, daß Flüchtlinge von Atlantis erstmals nach Bimini kommen und an andere Orte in der Neuen Welt.

10376 v. Chr. Erneute Umkehr des Magnetfeldes der Erde: der »Gothenburgsche Magnetsprung«. Sie kann mit der letzten Verlagerung des Magnetpols in Verbindung gebracht werden, die nach Hapgood zwischen 15000 v. Chr. und 10000 v. Chr. erfolgt sein soll, und kommt dem Datum von Cayce sehr nahe.

9600 v. Chr. Nach Emiliani Aufkommen einer weltweiten Flut (Sauerstoffisotope in Foraminiferen, die in Bohrproben aus dem Golf von Mexiko gefunden wurden). Das Pleistozän endet mit einem rapiden Dahinschmelzen des Eises in den hohen Breitengraden.

9570 v. Chr. Nach Plato Untergang von Atlantis. Die Differenz zwischen Cayce und Plato von 1100 Jahren deutet vielleicht darauf hin, daß es anstatt einer zwei verheerende Erdveränderungen gegeben hat.

6031 v. Chr. Laut Carol zerstört eine Sintflut die Stätte bei Bimini. Zu dieser Zeit wäre die Straße von Bimini entweder knapp 10 m über dem Wasserspiegel gewesen (Datierung des Küstenfelsens, der jetzt bei Cat Cay 14,5 km südlich von Bimini 15 m unter dem Meer liegt – Kornicker), oder 24 m darüber (Wasserspiegel des Atlantik – Milliman und Emery).

4021 v. Chr. Die mit der Stätte von Bimini verbundene Kultur verläßt das Gebiet (Carol). Zwischen diesem Datum und der Ansiedlung zumindest einer Kultur aus dem karibischen Raum, der der Lucayas, hat es möglicherweise andere Einwirkungen von jenseits des Atlantik gegeben, auch solche der Ägypter, Phönizier und Kelten. Die beiden letzteren haben auf den Megalithen von Mystery Hill in New Hampshire Inschriften hinterlassen. Cyrus Gordon behauptet, daß es in der Bronzezeit zwischen etwa 3000 v. Chr. und 1200 v. Chr. fortwährend zu Atlantik-Überquerungen durch Seefahrer gekommen sei. Egerton Sykes meint, daß die Besiedlung von Bimini bis weit in die Geschichte zurückreicht.

Die Anzeichen mehren sich, daß wir einer neuen Zeit großer Instabilität der Erdoberfläche entgegengehen. Die Stärke des Erdmagnetfeldes scheint um so mehr abzunehmen, je mehr wir uns der nächsten Umkehr des Magnetpols der Erde nähern, die Harwood und Malin für das Jahr 2030 n. Chr. voraussagen. Vergangene Feldumkehrungen auf unserem Planeten waren immer verbunden mit dem Verschwinden verschiedener Lebensformen, möglicherweise eine Folge verstärkter kosmischer Strahlung. Hapgood hat mit seiner Forschung beachtliche Beweise dafür angesammelt, daß Beginn und Ende einer Eiszeit jeweils sehr heftig verliefen. Wie immer es kommen mag, diese Abfolge magnetischer Umkehrungen ist offenbar auch immer verbunden mit Zeiten größerer Veränderungen der Erde, wie dem Beginn von Eiszeiten und der eventuell beschleunigten Bewegung der Kontinentaltafeln, mit Vulkanismus und Erdbeben. (Erdbeben und Vulkanismus haben sich in den letzten Jahren derart gehäuft, daß man große Anstrengungen unternimmt, die Voraussage von Erdbeben zu verbessern.)

All diese Ereignisse können auch mit Veränderungen der Erdumlaufbahn um die Sonne in Verbindung stehen. Diese periodischen, natürlichen und sich wiederholenden Veränderungen sind dazu benutzt worden, den Ablauf der Eiszeiten zu erklären und zu ermitteln, wann in den kommenden Jahrtausenden mit neuen Eiszeiten zu rechnen ist (Hays u. a.). Diese größeren klimatischen Veränderungen haben sich demnach anscheinend als Folge regelmäßiger, langfristiger Änderungen der Neigung der Erdachse über einen Zeitraum von etwa 41 000 Jahren, wie auch des Vorrückens der Tagundnachtgleichen (was rund 26 000 Jahre dauerte) ergeben. Diese langfristigen Einflüsse rufen offensichtlich eine periodisch auftretende Instabilität der Erdkruste hervor.

Vor kurzem hat man nun einen möglichen kurzfristigen Auslösemechanismus für Unruhen in der Erdkruste entdeckt. In ihrem Buch »The Jupiter Effect« (Der Jupiter-Effekt) haben John Gribben und Stephen Plagemann eine Reihe Phänomene mit der Häufigkeit von Erdbeben in Verbindung gebracht, z. B. die Stellung der Planeten unseres Sonnensystems, die Auswirkungen der Anziehungskraft der Planeten auf die Sonne (vermehrtes Auftreten von Sonnenflecken), die Bewegungen der Kontinentaltafeln und Plattentektonik und die Wirkung gesteigerter Sonnenfleckenaktivität. Sie stellen die Hypothese auf, daß die Sonnenwinde

der kosmischen Strahlen auf die obere Atmosphäre einwirken und damit das Wetter und atmosphärische Gesetzmäßigkeiten beeinflussen, was sich wiederum auswirkt auf die Geschwindigkeit der Erdrotation und Erdbeben in Gebieten auslöst, deren Erdkruste infolge der Tafelbewegungen unter massiven Spannungen steht. Sie sagen eine starke Zunahme der Erdbebentätigkeit für das Jahr 1982 voraus, wenn alle Planeten auf einer Seite in Konjunktion zur Sonne stehen.

Wenn die Erde regelmäßig so extreme Schwankungen erlebt hat, die die Geschichte aus einsichtigen Gründen nicht festhalten konnte, und wenn frühere Zivilisationen in der Lage gewesen sind, auch nur geringfügig durch die Nutzbarmachung der Naturkräfte auf ihre Umwelt einzuwirken, konnten sie dann nicht auch durch falschen Umgang mit einer Energiequelle zerstörerische Mechanismen auslösen?

18

Nachwort

Im Juni 1975 bezeichnete Egerton Sykes in einer Ausgabe der Zeitschrift »Atlantis«, die sich speziell mit dem Geheimnis des Bermuda-Dreiecks befaßt, Bimini als Standort einer großen, religiösen Anlage, die schon in frühesten geschichtlichen Zeiten existierte. Er nannte Bimini einen »Hafen« und ein »öffentliches Gebäude, wahrscheinlich ein Tempel«. Aufgrund seiner Studien vermutete er, daß es sich um den Murias-Tempel der Tuatha De Danann handelte, jenes sagenumwobenen frühkeltischen Stammes, der in der irischen Götterwelt lange eine große Rolle spielte. Sykes behauptete weiter, daß der auf einer von F. A. Mitchell-Hedges geleiteten Expedition gefundene Kristallkopf, den Richard Garvin in seinem Buch »The Crystal Skull« (Der Kristallkopf) beschreibt, sich ursprünglich bei Bimini befand.

Anna le Guillon, die Adoptivtochter von Mitchell-Hedges, fand den Kopf 1927 bei Lubaantun im früheren Britisch-Honduras, jetzt Belize. Garvin stellt ihn in seinem Bericht als ein außergewöhnliches Überbleibsel einer wissenschaftlich hochstehenden Zivilisation dar, die auch Kristallographie beherrschte. Die den Kopf untersucht haben, berichten von verschiedenen, mit ihm zusammenhängenden paranormalen Phänomenen. Sykes verbindet Bimini auch mit dem, wie er es nennt, Urgedanken des heiligen Gral, einer Schale mit heilenden Kräften. Murias war der Tempel mit den durchsichtigen Mauern und goldenen Toren. Der Heiltempel, so sagt er, war dem Gott Min geweiht – daher der Name Bimini – und dem Vogel Benu, beides Gottheiten der Verjüngung (vgl. Anhang, Jungbrunnen). Die Funktion des Tempels zu heilen führte zu einer üppigen Legendenbildung, die schließlich Ponce de Leon und zahllose andere veranlaßte, das Geheimnis ewiger Jugend zu suchen. Sykes stellt es so dar: »Ponce de Leon suchte Verjüngung und landete in Miami statt in Bimini.« Sykes behauptete auch, daß verschiedene Kulturen den Tempel mehrmals einnahmen, unter ihnen die Ägypter und später die Phönizier. Er lehnte es ab, seine Quellen zu nennen, und behauptete weiter, daß im Karibischen Meer einst ein ägyptischer Tempel der Isis stand – allerdings nicht bei Bimini.

Es werden wohl viele Jahre vergehen, bevor man diese Behauptungen ganz wird nachprüfen können. Zwei seiner Behauptungen über Bimini entsprechen allerdings den Ergebnissen okkulter Befragungen zur Stätte. Zwei Jahre vor dem Artikel von Sykes war in einem französischen Buch behauptet worden, die Geschichte habe in Bimini begonnen. Die These dieses Buches, »Geschichte beginnt in Bimini«, das ein jetzt in Paris lebender Rumäne unter dem Pseudonym Pierre Carnac geschrieben hat, besagt, daß die megalithische Kultur sich von Westen nach Osten ausgebreitet hat, nicht umgekehrt, wie normalerweise angenommen wird. Der Autor bezieht sich auf keltische Berichte über frühe Atlantik-Überquerungen und zieht außerdem Schlüsse aus dem, was 1973 über die Stätte in Bimini und am Mystery Hill in New Hampshire bekannt war. Carnac gibt auch einen interessanten sprachlichen Hinweis auf den möglichen Ursprung des Wortes Bimini. Einige der frühen Beobachter der Kultur, die Kolumbus bei seiner Ankunft auf den Bahamas fand, berichteten, daß die Eingeborenen sehr stark den Taino von Haiti ähnelten, einem Stamm, der eng mit den Arawak verwandt ist. 1645 bereitete Pater Raymond Breton, ein Missionar auf den Antillen, ein Wörterbuch der Taino-Sprache vor. Carnac arbeitete damit und übersetzte Bimini mit Insel des Kranzes (oder: der Krone) oder Insel der alten Mauer (oder: Ruine). Diese sprachlichen Spuren deuten auf mögliche Besuche auf Bimini hin, als die Anlage noch eindeutig als archäologische Ruine zu erkennen war.

Anders als die Mutmaßungen dieser beiden Autoren und die Voraussagen von Cayce fanden unsere Nachforschungen sozusagen in geschichtlichem Niemandsland statt. Sollte die Stätte bei Bimini einmal allgemein als frühgeschichtliche, megalithische Anlage anerkannt werden, wäre die Entdeckung eine wichtige Bereicherung für die Frühgeschichte der Neuen Welt. Sie würde aber ebenso dazu beitragen, das Gefühl dafür zu vertiefen, wie lange der Mensch schon auf diesem Planeten lebt. Diese Perspektive taucht zu einer Zeit auf, in der sich der Mensch zunehmend für seine Vergangenheit interessiert, denn die Gegenwart hat erdrückende Proportionen erreicht und verspricht kaum Antworten in einer quälenden Ausweglosigkeit.

197

Ich habe versucht, die innere Entwicklung bestimmter Überzeugungen darzulegen, die den akademischen Traditionen hinsichtlich der Frühgeschichte, die noch zu meiner Ausbildung gehörten, zuwiderlaufen. Zusätzlich zu dem, was meine Gefühle hoffentlich klar wiedergibt, habe ich versucht, die Zeugnisse vorzustellen, die meines Erachtens die Hypothese von Atlantis mindestens so gut stützen, wie das gegenwärtige Konzept die Entwicklung einer Zivilisation im Fruchtbaren Halbmond vor 10 000 Jahren aus dem Stand heraus.

Da das Problem sehr vielschichtig ist, wird ein endgültiger Beweis oder Gegenbeweis der früheren Existenz von Atlantis im Moment kaum zu führen sein. Im wesentlichen trägt dieses Buch Argumente vor, die auf der Wahrscheinlichkeit aufbauen, eine Form, Probleme zu erörtern, die in Wissenschaft und Technologie überhaupt nicht mehr ungewöhnlich ist. Man denke z. B. an die seltenen Glücksfälle in der Ölindustrie, wobei man sich vor Augen halten muß, welche Unsummen jede Bohrung verschlingt. Acht von 100 Bohrungen im Gebiet mit der größten Wahrscheinlichkeit sind erfolgreich, und von diesen acht sind nur zwei wirtschaftlich sinnvoll.

Meine Nachforschungen zu den hier angeschnittenen Problemen haben mich langsam, aber sicher dazu gebracht, Plato als eine maßgebliche Informationsquelle für eine historische Tatsache anzuerkennen: daß Atlantis wirklich existierte. Ich glaube so fest daran, daß ich weitere Nachforschungen und auch die damit verbundenen hohen Kosten für gerechtfertigt halte.

Es würde sich herausstellen, daß sich jetzt wie nie zuvor eine bedeutsame Erweiterung unseres Verständnisses der Frühgeschichte entscheidend auf unsere heutige Zivilisation, vielleicht sogar auf ihr Überleben auswirkt.

Anhang

1

Platos Legende
von Atlantis

Es ist wohl einmalig, daß, obwohl wahrscheinlich kein Werk des
klassischen Altertums die Gelehrten je mehr beschäftigt hat als
Platos Geschichte von Atlantis, vor meiner Übersetzung des »Timaios« in keiner modernen Sprache mehr als eine einzige Passage
von etwa 20 oder 30 Zeilen erschienen ist. Die modernen Schriftsteller haben viel über die Insel Atlantis gesagt und geschrieben,
aber von der Bedeutung der ursprünglichen Quelle hat man nicht
einmal etwas geahnt.

Daß viele moderne Menschen die Echtheit der folgenden Geschichte in Zweifel ziehen, ist keineswegs erstaunlich, wenn wir
berücksichtigen, daß es sich um die Geschichte einer Insel und eines Volkes handelt, die 9000 Jahre vor Solon existiert haben sollen, und das widerspricht der gängigen Meinung über das Alter-
tum. Dabei versichert Plato, daß es ein in jeder Beziehung wahrer
Bericht ist, und auch Crantor, der erste Interpret Platos, erklärt,
»daß die folgende Geschichte immer noch auf Pfeilern eingeritzt
und aufbewahrt ist, wie die ägyptischen Priester seiner Zeit behaupten«. Platos Bericht erscheint mir zumindest ebenso verbürgt
wie der irgendeines Historikers. Und in der Tat kann man nicht
annehmen, daß derjenige, der verkündet, »die Wahrheit ist die
Quelle alles Guten, für die Götter und die Menschen«, und dessen
ganzes Werk darin besteht, den Irrtum aufzudecken und die Gewißheit zu erforschen, wissentlich die Menschheit betrogen hat,
indem er einen ausgefallenen Abenteuerroman mit genauen, historischen Details als tatsächlich geschehen veröffentlicht.

Einige gelehrte Leute haben sich bemüht nachzuweisen, daß
Amerika Platos Insel Atlantis ist; und andere haben geglaubt, daß
Plato in seiner Erzählung die entferntesten Teile Afrikas im Süden
und Westen im Sinn hatte. Diese Ansichten sind jedoch offensichtlich so irrig, daß man kaum annehmen kann, die Autoren

hätten diesen Dialog und den ersten Teil des »Timaios« gelesen, denn dort wird verkündet, daß die Insel im Verlauf nur eines Tages und einer Nacht vom Meer verschlungen wurde.

Ich füge nur noch an, daß dieser Dialog ein Anhang ist zum »Timaios« und daß er nicht vollständig ist, da Plato durch den Tod daran gehindert wurde, ihn zu vollenden, wie Plutarch uns in seinem Leben Solons mitteilt. Es folgt nun Platos Legende von Atlantis.

Kritias:

Was nämlich irgendeiner von uns sagt, muß wohl notwendig zu einer Nachahmung und Nachbildung sich gestalten. Betrachten wir aber die Kunst der Maler in der Nachbildung göttlicher und menschlicher Gestalten, inwiefern es ihnen leicht oder schwer wird, den Beschauenden durch ihre Nachahmung zu genügen, so werden wir sehen, daß wir erstens bei der Erde, den Bergen, den Flüssen, dem Walde, dem ganzen Himmel und allem, was an ihm sich findet und bewegt, zufrieden sind, hat jemandes Nachbildung nur einige Ähnlichkeit mit diesen Gegenständen, sowie, daß wir außerdem, da wir von dergleichen Dingen keine genaue Kenntnis besitzen, das Gemalte weder prüfen noch streng beurteilen und mit einem ungenauen und täuschenden Schattenumriß uns begnügen; versucht es dagegen einer, unsere eigenen Gestalten abzubilden, dann werden wir vermöge der ständig uns beiwohnenden Beobachtung das Mangelhafte scharfsichtig wahrnehmend, zu strengen Richtern desjenigen, welcher nicht durchaus alle Ähnlichkeiten wiedergibt. Wir müssen fürwahr erkennen, daß dasselbe auch hinsichtlich der Vorträge geschieht: bei den auf die Götter und den Himmel sich beziehenden begnügen wir uns sogar mit einer geringen Wahrscheinlichkeit; die Darstellung des Sterblichen und Menschlichen unterwerfen wir dagegen einer strengeren Prüfung . . .

Rufen wir uns aber treu in das Gedächtnis zurück und teilen es mit, was einst von dem Priester verkündet, vom Solon hierhergebracht wurde, dann zweifle ich kaum, daß es dieser Sitzreihe bedünken wird, wir haben so ziemlich unserer Aufgabe genügt. Das soll also nun alsbald, ohne weiteren Aufschub geschehen.

Vor allem zuerst wollen wir uns erinnern, daß zusammengenommen 9000 Jahre verstrichen sind, seitdem, wie erzählt wurde, der Krieg zwischen den außerhalb der Säulen des Herakles und allen innerhalb derselben Wohnenden stattfand, von dem wir jetzt vollständig zu berichten haben. Über die einen soll unser Staat geherrscht und den ganzen Krieg durchgefochten haben, über die anderen aber die Könige der Insel Atlantis, von welcher wir behaupteten, daß sie einst größer als Asien und Lybien war, jetzt aber, nachdem sie durch Erdbeben unterging, die von hier aus die Anker nach dem jenseitigen Meere Lichtenden durch eine undurchdringliche, schlammige Untiefe fernerhin diese Fahrt zu unternehmen hindere.

Da nun in den 9000 Jahren, denn so lange Zeit ist von damals bis jetzt verstrichen, viele und mächtige Überschwemmungen stattfanden, so dämmte sich die in so langer Zeit und bei solchen Naturereignissen von den Höhen herabgeschwemmte Erde nicht, wie anderwärts, hoch auf, sondern verschwand, immer ringsherum fortgeschwemmt, in die Tiefe. Es sind nun aber, wie bei kleinen Inseln, gleichsam, mit dem damaligen Zustande verglichen, die Knochen des erkrankten Körpers noch vorhanden, indem nach dem Herabschwemmen des fetten und lockeren Bodens nur der hagere Leib des Landes zurückblieb.

Diese Aufzeichnungen aber befanden sich in den Händen meines Großvaters und befinden sich noch in den meinigen und wurden schon in meinem Knabenalter von mir durchforscht . . . Folgendes war der Eingang zu einer langen Erzählung.

Wie im Vorigen von der von den Göttern angestellten Verlosung erzählt wurde, daß sie unter sich die ganze Erde in bald größere, bald kleinere Lose verteilten und sich Tempel erbauen und Opfer darbringen ließen: so bevölkerte auch Poseidon, dem jene Insel Atlantis zum Lose fiel, dieselbe mit seinen eigenen Nachkommen, die er mit einem sterblichen Weibe an einer folgendergestalt beschaffenen Stelle der Insel erzeugte. An der Seeküste, gegen die Mitte der ganzen Insel, lag eine Ebene, die schöner und fruchtbarer als irgendeine gewesen sein soll. In der Nähe dieser Ebene aber, wiederum nach der Mitte zu, befand sich, vom Meer in einer Entfernung von etwa 50 Stadien, ein allerwärts niedriger Berg; auf diesem wohnte ein Mann, namens Euenor, aus der Zahl der anfänglich der Erde Entwachsenen, welcher die Leukippe zur Frau hatte. Beide erzeugten eine einzige Tochter, Kleito. Als das Mädchen bereits die Jahre der Mannbarkeit erreicht hatte, starben ihr die Mutter und auch der Vater; Poseidon aber, von Liebe zu ihr ergriffen, verband sich mit ihr und machte den Hügel, den sie bewohnte, zu einem wohlbefestigten, indem er ihn ringsum durch größere und kleinere Gürtel abwechselnd von Wasser und Erde abgrenzte, nämlich zwei von Erde und drei von Wasser, die er mitten aus der Insel gleichsam herausdrechselte, überallhin gleich weit voneinander entfernt, so daß der Hügel für Menschen unzugänglich war, da es damals noch ebensowenig Schiffe wie Schifffahrt gab. Er selbst verlieh, als ein Gott, ohne Schwierigkeit der in der Mitte liegenden Insel fröhliches Gedeihen, indem er zwei Flüsse aus der Erde heraufführte, deren einer seiner Quelle warm, der andere kalt entquoll, und der Erde Nahrungsmittel aller Art zur Genüge entsprießen ließ.

Ferner zeugte er fünf männliche Zwillingspaare, ließ sie auferziehen und verlieh, indem er die ganze Insel Atlantis in zehn Teile teilte, dem zuerst Geborenen des ältesten Paares den Wohnsitz seiner Mutter und den diesen rings umgebenden Anteil, als den größten und vorzüglichsten, und machte ihn zum König der übrigen, die übrigen aber zu Statthaltern; jedem derselben bestimmte er eine Statthalterschaft mit zahlreichen Bewohnern und einem weiten Gebiete. Allen gab er Namen, dem Ältesten und Könige aber denjenigen, nach welchem auch die ganze Insel und das Meer genannt wurde, welches deshalb das Atlantische hieß, weil damals der erste König den Namen Atlas führte. Dessen nachgeborenen Zwillingsbruder, dem das äußerste, nach den Säulen des Herakles, dem Landstriche, der jetzt der Gadeirische heißt, gelegene Stück der Insel zugefallen war, nannte er in griechischer Sprache Eumelos, in der des Landes aber Gadeiros, was dann jenem Gebiet die Benennung geben konnte. Den einen der zweiten Zwillingsgeburt nannte er Ampheres, den zweiten Euaimon; den erstgeborenen der dritten Mneseus, den nach diesem geborenen Autochthon; den älteren der vierten Elasippos, den jüngeren Mestor; dem Erstling der fünften wurde der Name Azaes, dessen jüngerem Bruder der Name Diaprepes beigelegt. Diese insgesamt nun sowie ihre Nachkommen beherrschten viele Menschenalter hindurch noch viele andere im Atlantischen Meere gelegene Inseln und dehnten auch, wie schon früher berichtet wurde, ihre Herrschaft über die innerhalb der Säulen des Herakles nach uns zu Wohnenden bis nach Ägypten und Tyrrhenien hin aus.

Die Nachkommenschaft des Atlas aber wuchs nicht bloß im übrigen an Zahl und Ansehen, sondern behauptete auch die Königswürde viele Menschenalter hindurch, indem der Älteste sie stets auf den Ältesten übertrug, da sie eine solche Fülle des Reichtums erworben hatten, wie weder vorher bei irgendeinem Herrschergeschlecht in den Besitz von Königen gelangt war noch in Zukunft so leicht gelangen dürfte, und da bei ihnen für alles gesorgt war, wofür in bezug auf Stadt und Land zu sorgen not tut. Denn vermöge ihrer Herrschaft floß von außen her ihnen vieles zu, das meiste für den Lebensbedarf aber lieferte ihnen die Insel selbst. Zuerst, was da an Starrem und Schmelzbarem durch den Bergbau gewonnen wird, und auch die jetzt nur dem Namen nach bekannte Art – damals dagegen war mehr als ein Name die an vielen Stellen der Insel aus der Erde gegrabene Gattung des Bergerzes, welche unter den damals Lebenden, mit Ausnahme des Goldes, am höchsten geschätzt wurde. Ferner brachte die Insel auch alles in reicher Fülle hervor, was der Wald für die Werke der Bauverständigen liefert, und an Tieren eine ausreichende Menge wilder und zahmer. Und so war denn auch das Geschlecht der Elefanten hier sehr zahlreich; bot sie doch ebenso den übrigen Tieren insgesamt, was da in Seen, Sümpfen und Flüssen lebt und was auf Bergen und in der Ebene haust, reichliche Nahrung wie auch in gleicher Weise diesem von Natur größten und gefräßigsten. Was ferner jetzt irgendwo die Erde an Wohlgerüchen erzeugt, an Wurzeln, Gräsern, Holzarten und Blumen oder Früchten entquellenden Säften, das erzeugte auch sie und ließ es wohl gedeihen, sowie desgleichen die durch Pflege gewonnenen Früchte; die Feldfrüchte, die uns zur Nahrung dienen, und das, was wir außerdem – wir bezeichnen die Gattung desselben mit dem Namen der Hülsenfrüchte – zu unserem Unterhalt benutzen; was Sträucher und Bäume an Speisen, Getränken und Salben uns bieten, die uns zum Ergötzen und Wohlgeschmack bestimmten, schwer aufzubewahrenden Baumfrüchte und, was wir als Nachtisch dem Übersättigten, eine willkommene Auffrischung des überfüllten Magens, vorsetzen; dieses alles brachte die heilige, damals noch von der Sonne beschienene Insel schön und wunderbar und in unbegrenztem Maße hervor. Da ihnen nun ihr Land dieses alles bot, waren sie auf die Aufführung von Tempeln und königlichen Palästen, von Häfen und Schiffswerften sowie anderen Gebäuden im ganzen Lande bedacht und schmückten es in solcher Aufeinanderfolge aus. Zuerst überbrückten sie die um den alten Hauptsitz laufenden Gürtel des Meeres, um nach außen und nach der Königsburg einen Weg zu schaffen. Diese Königsburg erbauten sie aber sogleich

vom Anbeginn in diesem Wohnsitze des Gottes und ihrer Ahnen;

indem aber der eine von dem anderen dieselbe überkam, suchte er durch jedesmalige Weiterausschmückung des Wohlausgeschmückten seinen Vorgänger nach Kräften zu übertreffen, bis sie ihre Wohnung zu einem durch Umfang und Schönheit Staunen erregenden Bau erhoben. Denn vom Meere aus führten sie einen 300 Fuß breiten, 100 Fuß tiefen und 50 Stadien langen Durchstich nach dem äußersten Gürtel, durch welchen sie der Einfahrt vom Meere nach ihm wie nach einem Hafen den Weg bahnten, indem sie einen für das Einlaufen der größten Schiffe ausreichenden Raum eröffneten.

Auch durch die Erdgürtel, welche zwischen denen des Meeres hinliefen, führten sie, an den Brücken hin, Durchstiche, breit genug, um einem Dreiruderer die Durchfahrt von dem einen zu dem anderen zu gestatten, und überdachten dieselben, damit man unter der Überdachung hindurchschiffen könne; denn die Erdgürtelränder erhoben sich hoch genug über das Meer. Des größten Gürtels, mit welchem das Meer durch den Graben verbunden war, Breite betrug 3 Stadien; ebenso breit wie dieser war der folgende Erdgürtel. Von den beiden nächsten hatte der flüssige eine Breite von zwei Stadien, und der feste war wieder ebenso breit wie der ihm vorausgehende flüssige. Ein Stadion breit war endlich der um die in der Mitte liegende Insel selbst herumlaufende. Die Insel aber, auf welcher die Königsburg sich erhob, hatte fünf Stadien im Durchmesser. Diese Insel sowie die Erdgürtel und die 100 Fuß breite Brücke umgaben sie von beiden Seiten mit einer steinernen Mauer und errichteten auf den Brücken bei den Durchgängen der See nach jeder Seite Türme und Tore. Die Steine dazu aber – teils weiße, teils schwarze, teils auch rote – wurden unter der in der Mitte liegenden Insel und unter der Innen- und Außenseite der Gürtel gehauen und so beim Aushauen zugleich doppelte Behälter für die Schiffe ausgehöhlt, die vom Felsen selbst überdacht wurden. Zu den Bauten benutzten sie teils Steine derselben Farbe, teils fügten sie zum Ergötzen, um ein von Natur damit verbundenes Wohlgefallen zu erzeugen, ein Mauerwerk aus verschiedenartigen zusammen. Den ganzen Umfang der den äußersten Gürtel umgebenden Mauer versahen sie mit einem Überzuge von Kupfer, übergossen den des inneren mit Zinn, den um die Burg selbst aufgeführten aber mit wie Feuer glänzendem Bergerz.

Der Königssitz innerhalb der Burg war folgendergestalt auferbaut. Inmitten desselben befand sich ein unzugängliches, der Kleito und dem Poseidon geweihtes Heiligtum, mit einer goldenen

Mauer umgeben, ebenda, wo einst das Geschlecht der zehn Herrscher erzeugt und geboren wurde. Dahin brachten sie jährlich aus den zehn Landschaften jedem derselben die Früchte der Jahreszeit als Opfer. Der Tempel des Poseidon selbst war ein Stadion lang, 500 Fuß breit und von einer entsprechenden Höhe, seine Bauart fremdländisch. Von außen hatten sie den ganzen Tempel mit Silber überzogen, mit Ausnahme der mit Gold überzogenen Zinnen. Im Innern war die Wölbung von Elfenbein, mit Verzierung von Gold und Silber und Bergerz; alles übrige, Wände, Säulen und Fußboden, bedeckten sie mit Bergerz. Hier stellten sie goldene Standbilder auf; den Gott stehend, als eines mit sechs Flügelrossen bespannten Wagens Lenker, der vermöge seiner Größe mit dem Haupt die Decke erreichte; um ihn herum auf Delphinen hundert Nereiden, denn soviel, glaubte man damals, gäbe es von ihnen. Auch viele andere, von Männern aus dem Volke geweihte Standbilder befanden sich darinnen; außerhalb aber umstanden den Tempel die goldenen Bildsäulen aller von den zehn Königen Abstammenden und ihrer Frauen sowie viele andere große Weihgeschenke der Könige und ihrer Bürger aus der Stadt selbst und dem außerdem ihrer Herrschaft unterworfenen Lande. Auch der Altar entsprach, seinem Umfange und seiner Ausführung nach, dieser Pracht, und ebenso war der königliche Palast angemessen der Ausschmückung der Tempel. So benutzten sie auch die Quellen, die kalt und warm strömenden, die einen reichen Zufluß an Wasser hatten und wovon jede durch Annehmlichkeit und Güte des Wassers wundersam zum Gebrauche geeignet war, indem sie dieselben mit Gebäuden und am Wasser gedeihenden Baumpflanzungen umgaben sowie mit teils unbedeckten, teils für die warmen Bäder im Winter überdeckten Baderäumen, den königlichen abgesondert von denen des Volks sowie denen der Frauen, geschieden von den Schwemmen der Pferde und des anderen Zugviehs, diese alle mit einer der Bestimmung eines jeden angemessenen Einrichtung. Von dem abfließenden Wasser aber leiteten sie einen Teil nach dem Haine Poseidons, zu Bäumen aller Art, vermöge der Trefflichkeit des Bodens von überirdischer Schönheit und Höhe; den anderen aber, vermittels neben den Brücken hinlaufender Kanäle, nach den Gürteln außerhalb, wo vielen Göttern viele Tempel auferbaut waren, außerdem viele Gärten und Übungsplätze für Menschen und davon geschieden für Pferde, auf jeder der beiden Inseln; unter anderem war mitten auf der größten

Insel eine Rennbahn abgegrenzt, deren Breite ein Stadion betrug und welche ihrer Länge nach, zum Wettrennen der Pferde bestimmt, die ganze Insel umkreise. Zu beiden Seiten dieser Rennbahn befanden sich für die Masse der Leibwächter bestimmte Wohnungen; die zuverlässigeren aber waren auf dem kleineren, der Königsburg näheren Gürtel als Wachtposten verteilt, und denjenigen, die durch ihre Treue vor allen anderen sich auszeichneten, Wohnungen in der Burg um die der Könige selbst herum angewiesen. Die Schiffswerften waren mit Kriegsschiffen und allem Zubehör eines solchen Schiffes angefüllt, alles aber war vollkommen ausgerüstet.

Solche Einrichtungen waren im Umkreise des Königssitzes getroffen. Hatte man aber nach außen die Häfen, deren drei waren, überschritten, dann lief vom Meere aus eine Mauer rings herum, welche allerwärts vom größten Hafen und Gürtel 50 Stadien entfernt war und welche mit dem Eingang zum Durchstich ihren am Meere gelegenen Teil in eins verband. Diesen ganzen Raum nahmen zahlreiche und dicht gereihte Wohnhäuser ein; die Einfahrt und der größte Hafen aber waren mit allerwärtsher kommenden Fahrzeugen und Handelsleuten überfüllt, welche bei solcher Menge am Tag und in der Nacht Geschrei, Lärm und Getümmel aller Art erhoben.

So ward also jetzt so ziemlich das erzählt, was einstmals über die Stadt und die Umgebung des ursprünglichen Wohnsitzes berichtet wurde. Aber wir müssen auch zu berichten versuchen, wie die Natur und die Art der Einrichtung des übrigen Landes beschaffen war. Erstens also war, der Erzählung nach, die ganze Gegend vom Meere aus sehr hoch und steil, das die Stadt Umschließende dagegen durchgängig eine ihrerseits von bis an das Meer herablaufenden Bergen rings umschlossene Fläche und gleichmäßige Ebene, durchaus mehr lang als breit, nach der einen Seite 3000 Stadien lang, vom Meere landeinwärts aber in der Mitte deren 2000 breit. Dieser Strich der ganzen Insel lief, nordwärts gegen den Nordwind geschützt, nach Süden. Von den ihn umgebenden Bergen wurde gerühmt, daß sie an Menge, Größe und Anmut alle jetzt noch vorhandenen überträfen. Sie umfaßten viele reiche Ortschaften der Umwohnenden sowie Flüsse, Seen, Wiesen zu ausreichendem Futter für alles wilde und zahme Vieh, desgleichen Waldungen, die durch ihren Umfang und der Gattungen Verschiedenheit für alle Vorhaben insgesamt und für jedes einzelne vollkommen ausreichend waren.

Diese Ebene hatte sich nun von Natur und durch die Bemühungen   207

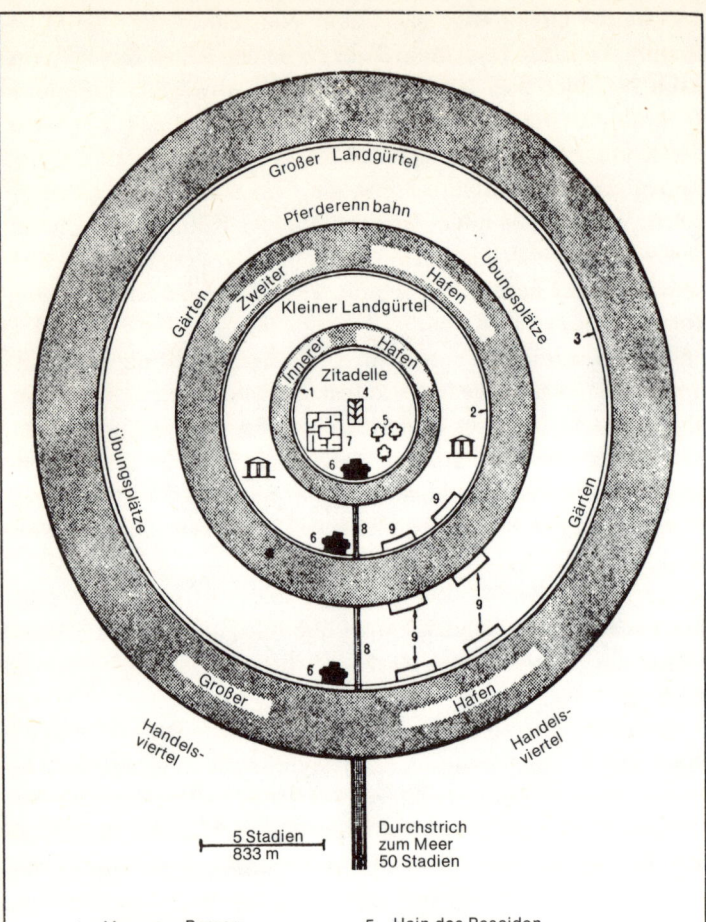

Der Hauptsitz von Atlantis nach Plato

Legende:

1. Mauer aus Bergerz
2. Mauer mit Zinnüberzug
3. Mauer mit Kupferüberzug
4. Mit goldener Mauer umgebenes Heiligtum von Kleito und Poseidon
5. Hain des Poseidon
6. Wohnungen der Leibwächter
7. Alte Königsburg
8. Durchfahrt für Dreiruderer
9. Überdachte Schiffsliegeplätze

Beschriftungen in der Grafik:

- Großer Landgürtel
- Pferderennbahn
- Übungsplätze
- Gärten
- Zweiter Hafen
- Kleiner Landgürtel
- Innerer Hafen
- Zitadelle
- Übungsplätze
- Gärten
- Großer Hafen
- Handelsviertel
- 5 Stadien / 833 m
- Durchstrich zum Meer / 50 Stadien

DER HAUPTSITZ VON ATLANTIS NACH PLATO

208 *Das Zentrum von Atlantis nach Plato.*

einer langen Reihe von Königen in langer Zeit dermaßen gestaltet. Sie bildete ein größtenteils rechtwinkliges und längliches Viereck; was aber daran fehlte, war durch einen ringsherum aufgeworfenen Graben ausgeglichen. Obgleich aber das, was von seiner Tiefe, Länge und Breite erzählt wird, für ein Menschenwerk, mit anderen mühsamen Schöpfungen verglichen, unglaublich klingt, muß dennoch berichtet werden, was wir gehört haben. Der Graben war nämlich bis zu einer Tiefe von 100 Fuß aufgeworfen, seine Breite betrug allerwärts ein Stadion und, da er um die ganze Ebene herumgeführt war, seine Länge 10000 Stadien. Indem derselbe aber, die Ebene umschließend, die von den Bergen herabströmenden Flüsse in sich aufnahm und von beiden Seiten der Stadt sich näherte, so ward ihm da der Ausfluß in das Meer eröffnet. Von seinem weiter landeinwärts gelegenen Teil wurden wieder gerade, gegen 100 Fuß breite Durchstiche durch die Ebene nach dem dem Meere zuliegenden Graben geführt, deren einer von dem anderen 100 Stadien entfernt war. Auf diesem Wege brachten sie zu Schiffe das Bauholz aus den Bergen nach der Stadt und andere Erzeugnisse der Jahreszeiten, indem sie Durchfahrten von einem Durchstiche zum anderen in schiefer Richtung sowie nach der Stadt zu eröffneten.

Zwei Ernten brachte ihnen jährlich der Boden, den im Winter der Regen des Zeus befruchtete, während man im Sommer den Erzeugnissen desselben von den Durchstichen aus Bewässerung zuführte.

Was die Streiterzahl betraf, so war angeordnet, daß von den zum Kriege tauglichen Bewohnern der Ebene jeder Bezirk, dessen Flächenraum sich auf 10 mal 10 Stadien belief und deren überhaupt 60000 waren, einen Feldhauptmann stelle; die Anzahl der von den Bergen und anderweitigen Landstrichen her kommenden wurde als unermeßlich angegeben, und alle insgesamt waren, ihren Wohnorten und deren Lage nach, diesen Bezirken und Feldhauptleuten zugeteilt. Jeder Feldhauptmann mußte nach Vorschrift in das Feld stellen: zu 10000 Streitwagen den sechsten Teil eines Streitwagens, zwei berittene Streiter, ferner ein Zwiegespann ohne Wagenstuhl, welches einen leichtbeschildeten Streiter und nächst ihm den Lenker der beiden Pferde trug; zwei Schwergerüstete, an Bogenschützen und Schleuderern zwei jeder Gattung, so auch an Leichtgerüsteten, nämlich Steinwerfern und Speerschleuderern, von jeder drei; endlich vier Seesoldaten zur Bemannung von 1200 Schiffen. So war die Kriegsrüstung für den Herrschersitz 209 des Königs angeordnet, für die neun übrigen anderes anders, was anzugeben zu viel Zeit erheischen würde.

In Beziehung auf Herrsch- und Strafgewalt waren von Anbeginn an folgende Einrichtungen getroffen. Jeder einzelne der zehn Könige übte in seiner Stadt Gewalt über die Bewohner seines Gebietes und über die meisten Gesetze; er bestrafte und ließ hinrichten, wen er wollte. Aber die untereinander geübte Herrschaft und ihren Wechselverkehr bestimmte Poseidons Gebot, wie das Gesetz es ihnen überlieferte und eine Schrift, von den ersten Königen aufgezeichnet auf einer Säule von Bergerz, welche in der Mitte der Insel im Tempel Poseidons sich befand, wo sie sich das eine Mal im fünften, das andere im sechsten Jahre, um der geraden und ungeraden Zahl gleiche Ehre zu erweisen, versammelten. Bei diesen Zusammenkünften berieten sie sich über gemeinsame Angelegenheiten, untersuchten, ob jemand einem Gesetz zuwiderhandle, und fällten sein Urteil. Waren sie im Begriff, Urteile zu fällen, dann verpflichteten sie sich zuvor gegeneinander in folgender Weise. Nachdem die zehn Könige alle Begleitung entlassen hatten, jagten sie den im Weihbezirk Poseidons freigelassenen Stieren mit Knüppeln und Schlingen, ohne eine Eisenwaffe, nach, den Gott anflehend, sie das ihm wohlgefällige Opfer einfangen zu lassen; den eingefangenen Stier aber führten sie zur Säule und opferten ihn über jener Schrift auf dem Knaufe derselben. Auf der Säule aber befand sich außer den Gesetzen eine Eidesformel, die schwere Verwünschungen über die ihnen den Gehorsam Verweigernden herabrief. Wenn sie nun, nachdem sie ihren Vorschriften gemäß das Opfertier geschlachtet, die Weihung aller Glieder des Stiers vornahmen, dann füllten sie einen Mischkrug und schleuderten für jeden ein Klümpchen Blutes hinein, das übrige aber trugen sie, nachdem sie ringsum die Säule reinigten, in das Feuer. Darauf schöpften sie mit goldenen Trinkschalen aus dem Mischkruge, gossen ihr Trankopfer in das Feuer und schworen dabei, ihre Urteile den auf der Säule aufgezeichneten Gesetzen gemäß zu fällen und, wenn jemand in etwas dieselben übertreten habe, ihn zu bestrafen, in Zukunft aber in keinem Punkte das Aufgezeichnete zu übertreten sowie weder einen den Geboten des Vaters zuwiderlaufenden Befehl zu geben noch einem solchen zu gehorchen. Nachdem jeder von ihnen feierlich dieses Gelübde für sich selbst und seine Nachkommen getan, getrunken und die Schale in dem Tempel des Gottes geweiht hatte, sorgte er für seine Abendmahlzeit und anderer Bedürfnisse Befriedigung. Wurde es nun finster und war das Opferfeuer niedergebrannt, dann legten alle ein sehr schönes dunkelblaues Gewand an, ließen sich an der Brandstätte des beim Eidschwur dargebrachten Opfers nieder und empfingen während der Nacht, nachdem sie alle Feuer um den Tempel herum ausgelöscht, wenn etwa einer den andern einer Gesetzesübertretung beschuldigte, Urteilssprüche und fällten sie. Diese von ihnen gefällten Urteilssprüche verzeichneten sie, sobald der Tag anbrach, auf einer goldenen Tafel und weihten diese mitsamt ihren Gewändern zur Erinnerung.

Über die Ehrenrechte der einzelnen Könige gab es manche besonderen Gesetze, das wichtigste aber war, keiner solle gegen den andern die Waffen erheben und alle Beistand leisten, wollte etwa jemand unter ihnen versuchen, in irgendeinem Staate dem Königshause den Untergang zu bereiten, gemeinsam aber, wie ihre Vorgänger, sollten sie sich beraten über Krieg oder andere Unternehmungen und dabei dem atlantischen Geschlechte den Vorrang einräumen. Jedoch einen seiner Anverwandten zum Tode zu verurteilen, das sollte, ohne Zustimmung des größeren Teils der Zehn, in keines Königs Gewalt stehen.

Die damals in jenen Gegenden in solchem Umfange und so geübte Herrschgewalt stellte nun der Gott gegen unsere Lande, durch Folgendes, wie erzählt wird, dazu veranlaßt. Viele Menschenalter hindurch, solange noch die göttliche Abkunft bei ihnen vorhielt, waren sie den Gesetzen gehorsam und freundlich gegen das verwandte Göttliche gesinnt; denn ihre Gedanken waren wahr und durchaus großherzig, indem sie bei allen sie betreffenden Begegnissen sowie gegeneinander Weisheit mit Milde gepaart bewiesen. So setzten sie auf jeden Besitz, den der Tugend ausgenommen, geringen Wert und ertrugen leicht, jedoch als eine Bürde die Fülle des Goldes und des anderen Besitztums. Üppigkeit berauschte sie nicht, noch entzog ihnen ihr Reichtum die Herrschaft über sich selbst oder verleitete sie zu Fehltritten; vielmehr erkannten sie nüchtern und scharfen Blicks, daß selbst diese Güter insgesamt nur durch gegenseitige mit Tugend verbundene Liebe gedeihen, daß aber durch das eifrige Streben nach ihnen und ihre Wertschätzung diese selbst sowie jene mit ihnen zugrunde gehe.

Bei solchen Grundsätzen also und solange noch die göttliche Natur vorhielt, befand sich bei ihnen alles früher Geschilderte im Wachstum; als aber der von dem Gotte herrührende Bestandteil ihres Wesens, häufig mit häufigen sterblichen Gebrechen versetzt, verkümmerte und das menschliche Gepräge die Oberhand gewann: da vermochten sie bereits nicht mehr ihr Glück zu ertragen, sondern entarteten und erschienen, indem sie des schönsten unter allem Wertvollen sich entäußerten, dem, der dies zu durchschauen vermochte, in schmachvoller Gestalt; dagegen hielten sie die des Lebens wahres Glück zu erkennen Unvermögenden gerade damals für hochherrlich und vielbeglückt, wo sie des Vollgenusses der Vorteile der Ungerechtigkeit und Machtvollkommenheit sich erfreuten.

Aber Zeus, der nach Gesetzen waltende Gott der Götter, erkannte, solches zu durchschauen vermögend, daß ein wackeres Geschlecht beklagenswerten Sinnes sei, und versammelte, in der Absicht, sie dafür büßen zu lassen, damit sie, zur Besonnenheit gebracht, verständiger würden, die Götter insgesamt an dem unter ihnen vor allem in Ehren gehaltenen Wohnsitze, welcher im Mittelpunkt des gesamten Weltganzen sich erhebt und alles des Entstehens Teilhaftige zu überschauen vermag, und sprach zu ihnen . . .

Auszug aus Platon, Sämtliche Werke,
Bd. V, rk 47 © Rowohlt Taschenbuch
Verlag GmbH, Hamburg 1969

2

Das Problem
der Radiokarbonmethode

Bei dem Versuch, eine mögliche Chronologie über Bimini zu erstellen, stieß ich auf mehrere sich widersprechende Daten, vor allem im Zusammenhang mit der von John Gifford angewandten Radiokarbonmethode. Gifford entnahm dem Fels auf dem Meeresboden, der schon früher als ein Meereskalkstein aus dem Pleistozän identifiziert worden war, nahe der Oberfläche eine Probe. Die Altersbestimmung mit der Uran-Thoriummethode ergab für die Probe ein Alter von rund 15000 Jahren. Die Blöcke hätten also vor frühestens 15000 Jahren auf der jetzt vorhandenen Unterlage aufgestellt worden sein können. Gifford kam dann mit der C^{14}-Altersbestimmung bei einem Block aus der zum Meer hin liegenden Reihe auf ein Alter von 3200 Jahren für die Probe, für eine Blockprobe aus der zur Küste zeigenden Reihe auf ein Alter von 2500 Jahren. Ich glaube, diese Daten sind zu jung.

Die C^{14}-Altersbestimmung oder Radiokarbonmethode läßt sich für die Altersbestimmung von Material organischen Ursprungs, das nicht älter als 50000 Jahre ist, verwenden. Die Methode hängt im wesentlichen vom Verhältnis von C-14, einem radioaktiven Isotop, zum inaktiven C-12 ab, ein Verhältnis, das in allen Lebensformen identisch ist. Bei Eintritt des Todes verringert sich das C-14, und eine Analyse des Verhältnisses gibt einen ungefähren Zeitpunkt des Eintritts des Todes für den entsprechenden Organismus an. Aber je älter die Daten sind, desto ungenauer werden sie. Eine erst kürzlich entdeckte Ursache zusätzlicher Ungenauigkeit ergibt sich dadurch, daß vor rund 2000 Jahren sehr viel mehr C-14 vorhanden, sein Anteil in lebenden Organismen also höher war. Man kam darauf, als man mit der Radiokarbonmethode bestimmte Daten mit durch die Dendrochronologie gewonnenen verglich, jenem absolut sicheren System, das das Alter durch Zählen der Jahresringe von Bäumen ermittelt. Die notwendigen Korrekturen zeigen, daß eine C^{14}-Altersbestimmung von 3500 Jah- 213 ren tatsächlich bei etwa 3800 Jahren liegt, und ein festgestelltes Alter von 5000 Jahren in Wirklichkeit 5500 bis 6000 Jahre betragen kann.

Giffords Bericht über seine Datierungen stellt fest, daß die Proben so genommen wurden, daß man »angebohrtes oder verkrustetes Material« vermied, was die Proben verunreinige und sie jünger erscheinen lasse. Er sagt nichts (wie er es in bezug auf eine andere Probe tut) über den Grad der Rekristallisation. Kalziumkarbonat, die Grundlage von Kalksteinfels, kann viele Formen annehmen, die sich wiederum zusammen mit ihrer Umwelt verändern. Wenn eine Kristallstruktur einer anderen Platz macht, wird das Alter einer entsprechenden Probe geringer. Da wir nichts über den Grad der Rekristallisation dieser beiden entscheidenden Proben wissen, fehlt uns die Grundlage, ihre mögliche Verunreinigung durch Grundwasser zu schätzen, die sie in der Laboranalyse jünger erscheinen ließe. Weiter ist ungeklärt, ob bei diesen Daten auf der Dendrochronologie basierende Korrekturen angebracht worden sind.

Der Leser wird die ganze Schwere des Problems beurteilen können, wenn er erfährt, daß Gifford mehrere Reisen nach Bimini unternahm, sogar mit Unterstützung und Material der Universität von Miami und der National Geographic Society, und schließlich 1971 einen Zwischenbericht gab. 1973 aber veröffentlichte er seine These, in der er sowohl die Bestimmung einiger Felsarten wie auch seine Schlußfolgerungen über den Ursprung der Blöcke vor Paradise Point änderte. Unsere eigenen Ergebnisse, die den seinen widersprechen, machen einmal mehr deutlich, daß die Vergangenheit trotz guter wissenschaftlicher Methodik ihre Geheimnisse nicht so leicht preisgibt.

13 000 v. Chr.	Dieses Alter stellte Gifford mit der Uran-Thorium-Methode für den Meeresboden unter der Straße von Bimini fest. Zu dieser Zeit hatte der Meeresspiegel fast den niedrigsten Stand der letzten Eiszeit erreicht, und die Straße hätte etwa 120 m über dem Wasserspiegel gelegen. Konnte sich der Kalkstein unter diesen Umständen bilden?
4 000 v. Chr.	Nach Millimans und Emerys Werten für den Wasserspiegel des Atlantik hätte sich die Straße immer noch 7 m über dem Wasser befunden.

Doch Gifford behauptet aufgrund von Daten nach der C¹⁴-Altersbestimmung, daß sich zu dieser Zeit der Hauptteil der Straße als Küstenfels in dem Gebiet zwischen Flut und Ebbe bildete (so weit die Flut an der Küste reichte).

2000 v.Chr. Der Meeresspiegel bei Bimini liegt 2,4 m unter dem gegenwärtigen Niveau und steigt an. (Altersbestimmung einer Torfschicht nach der Radiokarbonmethode – Newell.)

1200 v.Chr. Das von Gifford mit der Radiokarbonmethode festgestellte Alter der zum Meer hin gelegenen kürzeren der beiden Reihen aus megalithischen Blöcken. Das ist kaum zu verstehen, denn 800 Jahre vorher scheint das Meer noch mindestens 2,1 m über den Blöcken gestanden zu haben, mit anderen Worten, die Ebbe hätte sie wahrscheinlich nicht freigelegt – eine Bedingung, die erfüllt sein muß, wie man annimmt.

500 v.Chr. Das von Gifford mit der Radiokarbonmethode festgestellte Alter der zur Küste hin gelegenen kürzeren der beiden Reihen. Da die Blöcke in der gleichen Tiefe liegen, ist die Altersangabe von 1200 v.Chr. noch problematischer, denn der Wasserspiegel ist um 500 v.Chr. noch höher.

3

Die
Santorin-Frage

Einer der interessantesten Versuche, Platos Legende von Atlantis neu zu interpretieren, ist die Behauptung von James Mavor und anderen, Plato habe in Wirklichkeit die minoische Kultur beschrieben, die er und andere auf Santorin vorfanden, einer Insel im Ägäischen Meer.

1966 lenkte der Beitrag John Lears in der »Saturday Review«: »Der Vulkan, der die westliche Welt formte«, meine Aufmerksamkeit auf die Theorie, das Atlantis Platos habe im östlichen Mittelmeer gelegen, genauer in der Ägäis oder auf der Insel Thera, auf Santorin. 1939 hatte der griechische Archäologe Dr. Spyridin Marinatos als erster erklärt, der Ausbruch von Santorin könnte der minoischen Zivilisation ein Ende gemacht haben. Später, im Jahr 1965, wurde diese Theorie durch ein gelehrtes Papier von Dr. Bruce C. Heezen vom Lomont Geological Observatory und Dragoslav Ninkovich in England gestützt. Sie führten den Beweis an, daß um 1400 v. Chr. die ägäischen Inseln um Santorin herum über 10 cm hoch mit vulkanischer Asche bedeckt waren; eine solche Ablagerung hätte jede Form von Landwirtschaft unmöglich gemacht. Der Untergang der minoischen Kultur beschleunigte dann die Entwicklung einer späten mykenischen Kultur auf dem griechischen Festland, als minoische Flüchtlinge dort um 1411 v. Chr. ankamen und ihre Kunst und ihr Alphabet mitbrachten. Rückblickend ist das vielleicht die wirkliche Grundlage des goldenen griechischen Zeitalters, und damit der Beginn der westlichen Kultur gewesen.

Vor dem Papier von Heezen-Ninkovich erschien 1960 ein anderes von Professor Angelos Galanopoulos, Direktor des seismischen Laboratoriums der Universität von Athen, das Santorin ebenfalls mit Platos Atlantis in Verbindung brachte. Galanopoulos behauptete, Plato habe sowohl Größe wie auch Alter von Atlantis übertrieben. Um auf das Datum des Ausbruchs auf Santorin um

1400 v.Chr. zu kommen, reduzierte er Platos Angabe von 9000 Jahren (vor Solons Zeit) auf ein Zehntel (900 + 590 v.Chr. = 1490 v.Chr.). Galanopoulos verringerte auch die Größe des Inselkontinents, damit er in die Ägäis paßte. Die Ausmaße des Hauptsitzes ließ er unverändert und legte eine Zeichnung von Santorin darüber, wie es Plato beschrieben hatte, zumindest dort, wo es sich einfügte. Der unter Wasser liegende, erloschene Krater schien ein Muster aus konzentrischen Kreisen zu zeigen, ähnlich denen, die Plato bei der Beschreibung des Königssitzes erwähnt.

Die These von Galanopoulos erregte später das Interesse von Dr. James W. Mavor jun., Erfinder des zweisitzigen Forschungsunterseebootes »Alvin« und Forscher an der Woods Hole Oceanographic Institution. Auf einer Fahrt im Mittelmeer erkundete daher die »Chain«, das Forschungsschiff von Woods Hole, 1966 einen Tag lang Santorin. Mavor war davon überzeugt, daß die Vorarbeit weitere Erforschungen und Bohrungen auf dem Meeresboden in Richtung Kreta rechtfertigten.

Diese Arbeiten veranlaßten Lear, den Wissenschaftsredakteur der »Saturday Review«, seinen begeisterten Bericht zu schreiben. Über Mavors angekündigtes Projekt schrieb er: »Selten sind die Natur- und Geisteswissenschaften gleichermaßen so stark betroffen wie bei den historischen Folgen des großen Vulkanausbruchs auf Santorin. Nur ein- oder zweimal im Leben hat man ein so eindringliches Material zur Hand, die Menschen daran zu erinnern, daß sie sich entwickelnde Geschöpfe sind, abhängig von der Entwicklung ihrer Umwelt – der ruhelose Planet eines gelben Sterns.«

Lear erinnert uns mit Recht an die entscheidende Notwendigkeit, unsere Vergangenheit auf diesem Planeten in einem sehr viel dynamischeren Sinn zu sehen. Seine Begeisterung über Santorin entspringt dem tiefen Bedürfnis, das Rassengedächtnis aus den Anfängen unserer Vergangenheit wiederzuentdecken, damit wir unsere Zukunft vielleicht klarer sehen.

Im Jahr darauf, 1967, brachte es Mavors Expedition nach Thera in der »New York Times« vom 19. Juli zu folgender Schlagzeile: Nach 3400 Jahren gefundene minoische Stadt wird mit Atlantis in Verbindung gebracht. Mavor und Emily Vermeule, Professorin für Kunst und Griechisch am Wellesley College, fanden unter einer 9 m dicken Schicht vulkanischer Asche eine minoische Stadt. Sie zogen eine Verbindung zu Atlantis, da ihr Ende gewaltsam kam und sie eine fortgeschrittene Zivilisation hatte. In seinem

Buch »Edgar Cayce on Atlantis« (Edgar Cayce über Atlantis) nannte Edgar Evans Cayce dies später »den neuesten Versuch, die Atlantis-Legende der Vernunft unterzuordnen, indem man Örtlichkeiten und Daten verändert«. Mavor und Vermeule glaubten offensichtlich, die Theorie von Galanopoulos bestätigt zu haben. 1969 brachte Mavor sein Buch »Reise nach Atlantis« heraus, befriedigt darüber, daß er es gefunden habe. Die geologischen und hydrographischen Daten haben erhebliches Gewicht, falls wir die Grundvoraussetzung akzeptieren, Plato habe die Zahlen seiner Legende aufgebauscht. Ich kann dem aus Gründen, die dieses Buch hoffentlich klarmacht, nicht zustimmen.

4

Sakrale
Geometrie

Die Erforschung vermutlich megalithischer Anlagen verlangt, sich mit den Grundzügen sakraler Geometrie vertraut zu machen. Für mich war John Michell die beste Informationsquelle, und ich halte die folgende Darstellung über das Wesen sakraler Geometrie für seine bedeutsamste: »Hinter dem Plan und der Lage des Tempels standen astronomische, geometrische, numerische, aber auch geologische Überlegungen, denn sein Standort war bestimmt durch das Magnetfeld der Erde. Er befand sich dort, wo der Magnetstrom der Erde und die Kräfte kosmischer Strahlung sich auf natürliche Weise vereinten.

Wie jede Kunst ist die Geometrie sakralen Ursprungs. Sie ist der sichtbare Ausdruck des Einklangs der Proportionen. In der Praxis der sakralen Geometrie werden die verschiedenen Arten universaler Bewegung durch Formen und Symbole verkörpert, die durch ihre Zusammenstellung die gegenseitige Einflußnahme schöpferischer Kräfte widerspiegeln. Die Synthese aller ist der Plan des kosmischen Tempels.

Der kosmische Tempel glich aus. Seine Funktion war, alle unterschiedlichen und sich widersprechenden Aspekte der Natur in Einklang zu bringen. Das ist auch die Aufgabe des Universums, als dessen Mikrokosmos der Tempel daher gestaltet war. Er war das magische Kontrollzentrum allen Lebens auf der Erde.«

Wie wir schon früher gesehen haben, liefert die auf europäische und aus der Zeit vor Kolumbus stammende Stätten angewandte Archäo-Astronomie eindeutige Beweise für die große Genauigkeit der beobachtenden Astronomie – selbst bei Kulturen, denen nur die Technologie der Stein- oder Bronzezeit zur Verfügung stand. Dieses wissenschaftliche Geschick war die Grundlage für die Ausrichtung der Tempel dieser Kulturen auf die Sonne, den Mond und die Sterne – ein wesentliches Element sakraler Geometrie.

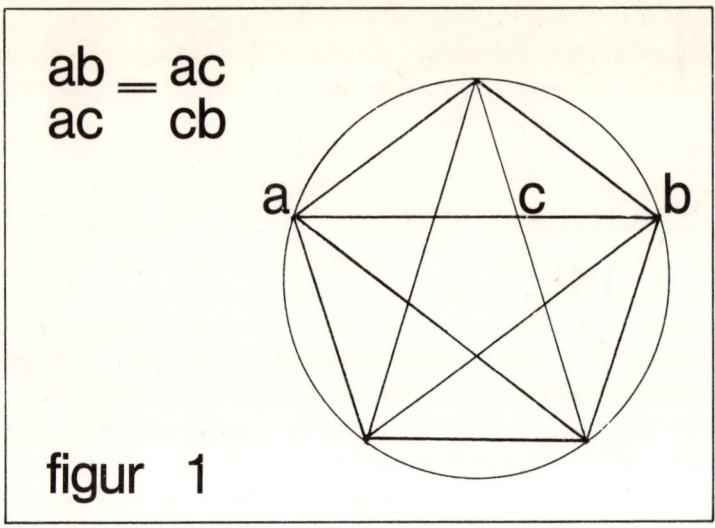

figur 1

Darüber hinaus gibt es noch andere Seiten sakraler Geometrie, so die weite Verbreitung bestimmter geometrischer Formen und Zahlen, die oft miteinander zusammenhängen, und alle in vielen Kulturen zumindest seit der Zeit der frühen Ägypter als heilig gelten. Der Schriftsteller Tons Brunés verfolgte wichtige Aspekte sakraler Geometrie bis zu den Ägyptern zurück, von denen nach seinen Worten Pythagoras und später Plato ihre sakrale Geometrie abgeleitet haben. In seinem Buch »The Secrets of Ancient Geometry« (Die Geheimnisse frühgeschichtlicher Geometrie) behauptet er, daß in der alten ägyptischen Kultur die Geometrie der Mathematik vorausging und daß Kreis, Quadrat, Kreuz und Dreieck, die wir alle in der Großen Pyramide wiederfinden, als heilig galten. Brunés berichtet, daß der Geometer jener Zeit zuerst das Quadrat und den Inkreis zeichnete, es durch das Kreuz vierteilte und dann das Fünf-, Sechs-, Acht- und Zehneck konstruierte: alles mit Lineal und Kompaß. Die sakrale Geometrie hat ihre feste Grundlage in der eigenen Geometrie der Natur und kann scheinbar entgegengesetzte Elemente, die in der Natur in Wirklichkeit im Einklang stehen, symbolisch miteinander verbinden. Man könnte demnach folgern, daß der Mensch der Frühgeschichte durch eine inzwischen vergessene Wissenschaft die sakrale Geometrie dadurch schuf, daß er die Natur beobachtete.

Es hat den Anschein, als gäbe es in der Natur eine Grundlage, im Fünfeck die heiligste der geometrischen Figuren zu sehen. Die Linien eines fünfzackigen Sterns in einem Fünfeck (in einen Kreis einbeschrieben) ergeben den berühmten Goldenen Schnitt oder das Verhältnis 0,618034 zu 1 – die Griechen hatten dafür den Ausdruck »goldene Mitte«. Da ihnen anscheinend die den Ägyptern bekannten mathematischen Grundkenntnisse fehlten, stellten sie das Verhältnis geometrisch her.

Jede Linie des fünfzackigen Sterns im Fünfeck teilt eine andere Linie in dem Verhältnis in zwei Abschnitte, daß der kleinere Abschnitt sich zum größeren so verhält wie der größere Abschnitt zur ganzen Linie. Als dieses Verhältnis in der Renaissance wieder aufgegriffen wurde, erlangte es große Bedeutung in der Kunst. Etwa zur gleichen Zeit erkannte man, daß es in der gesamten Natur weit verbreitet war. Drückt man das Verhältnis in einem Rechteck mit den Seitenlängen 1 und 0,618034 aus, wird es zum, wie Pythagoras und Euklid es nannten, Rechteck mit dem göttli-

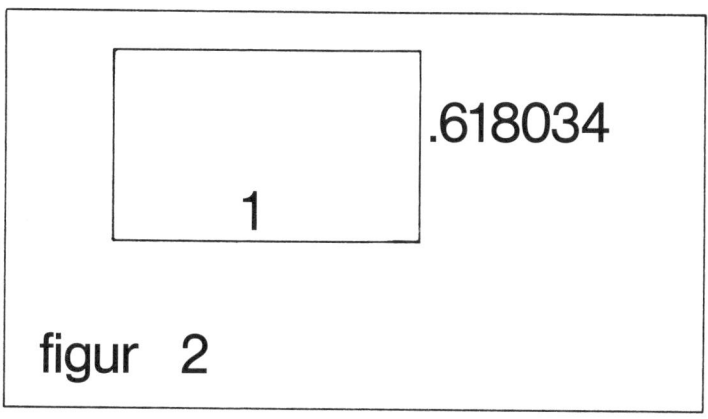

figur 2

chen Schnitt. Im 17. Jahrhundert stellte Jakob Bernoulli fest, daß dieses Verhältnis die geometrische Grundlage für eine wichtige Kurve in der Natur ist, die sich oft zu einer Spirale auswuchs, die er die logarithmische Spirale nannte. Als der englische Kunstkritiker John Ruskin im 19. Jahrhundert diese Kurve am Horizont über den Alpen sah, gab er ihr den Namen unendliche Kurve. (Wie ich in meiner Dissertation erwähnt habe, war Ruskin unter seinen viktorianischen Zeitgenossen einmalig, da er ein objektives psychologisches Fundament für das ästhetische Verständnis zu entdecken suchte.) Diese Kurve findet sich überall in der Natur: im Querschnitt einer sich brechenden Meereswelle, der Wachs- 221 tumskurve der Nautilus-Schnecke und den spiralförmigen Milchstraßen des Universums.

Wenn man mit einem Quadrat beginnt, erreicht man das Verhältnis folgendermaßen: Zunächst wird das Quadrat senkrecht geteilt, dann eine Diagonale AB konstruiert, die Radius einer Kurve BC wird. Setzt man das Quadrat plus seine Verlängerung als 1, dann ist EC 0,618034, das Rechteck mit dem göttlichen Schnitt. Dann wird rechts oben im Rechteck ein Quadrat konstruiert, dann rechts unten, usw. Verbindet man die Mittelpunkte der so konstruierten Quadrate miteinander, erhält man eine Reihe von Linien, die, wenn man sie zu einer sanften Kurve ausweitet, die in der Natur so oft vorkommende logarithmische Kurve bilden. Wenn man diese Geometrie und die mit ihr zusammenhängenden mathematischen Grundregeln begreift, wird einem offenbar, daß die Schönheit (und die Ordnung) der Natur von mathematischen Prinzipien abhängen.

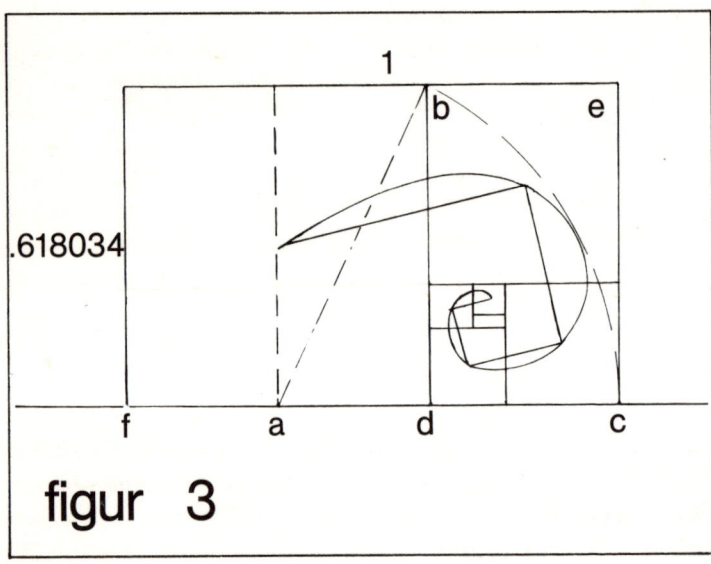

figur 3

Als Ausdruck vollkommener Schönheit findet das Rechteck mit dem göttlichen Schnitt Ausdruck in vielen Gegenständen, vom Format einer Spielkarte bis zu den architektonischen Standardmaßen für rechteckige Gebilde wie Grundrisse, Fenster und Türen. Gleichgültig, von welcher Grundlage man ausgeht, die Proportion befriedigt umfassend das künstlerische Empfinden des

222

Menschen. Die sakrale Geometrie scheint somit den Menschen ästhetisch anzusprechen wie auch eine der Natur inhärente Ordnung auszudrücken.

Neben dem aus dem Fünfeck abgeleiteten Goldenen Schnitt scheinen das Zahlenelement 5 und fünfseitige Symmetrie gängige Elemente im Leben auf diesem Planeten zu sein. In »The Art of Organic Forms« (Die Kunst organischer Formen) schreibt Philip C. Ritterbush, die Arbeit Louis Pasteurs mit polarisiertem Licht und bestimmten Kristallen zeige, »daß Symmetrieeigenschaften auf der Ebene der Moleküle das Lebende vom Nichtlebenden unterscheiden«. Schon früher hatte Abbé Rene Just Hauy (1743–1822) »entdeckt, daß die Form von Kristallen begrenzt wurde durch Flächen, deren Verhältnis zueinander vollkommen regelmäßig war. Ein Kristall mit einem fünfeckigen Querschnitt kann daher z. B. nicht vorkommen, da sich eine fünffache Symmetrieachse nicht auf rationale Zahlen zurückführen läßt«. Fünfseitige Symmetrie findet man daher im allgemeinen bei organischen Formen, sechsseitige bei anorganischen.

Auch beim Menschen selbst läßt sich das Element 5 feststellen: fünf Gliedmaßen des Körpers, fünf Sinne und fünf Rassen. Eine der ältesten noch bestehenden Lebensformen, der Hai, hat fünf Kiemen. Viele Blüten, wie z. B. die Rose, sind fünfseitig symmetrisch.

Die Zahl Sechs ist mit der Fünf durch verschiedene geheime Traditionen eng verbunden. Ihre geometrische Entwicklung, das Sechseck, findet sich in erster Linie bei den unbelebten Formen der Natur wie den Zellen einer Honigwabe, Schneeflocken und kristallinen Strukturen. Der Giant's Causeway, eine natürliche, geologische Formation in County Antrim in Nordirland, setzt sich aus senkrecht aufragenden Pfeilern aus Basaltfels zusammen, alle mit sechseckigem Querschnitt von ca. 45 cm Durchmesser. Für die Menschen der Frühgeschichte verkörperte das Fünfeck den Mikrokosmos, das Sechseck den Makrokosmos, ihre geometrische Verbindung stellte daher ein Symbol der Beziehung zwischen dem Menschen und dem Universum dar.

Wie John Michell in seinem Buch »City of Revelation« (Stadt der Offenbarung) zeigt, läßt sich der geometrische Ausgleich zwischen den Zahlen Fünf und Sechs dadurch erreichen, daß man eine Figur benutzt, die mit den christlichen Mysterien in Verbindung steht, aber wahrscheinlich sehr viel älter ist, die »vesica piscis«, die Mandorla. Sie besteht aus zwei gleich großen, sich überschneidenden   223

Kreisen, deren Mittelpunkt jeweils auf der Kreislinie des anderen Kreises liegt. Michell bezieht sich auf »Unterweysung der Messung mit dem Zirkel und Richtscheyt in Linien«, ein Werk Albrecht Dürers, um den geometrischen Ausgleich der Zahlen Fünf und Sechs zu behandeln. Zur Lösung des Problems beschreibt man zwei Kreise, deren Mittelpunkt an je einem Ende des gemeinsamen Radius liegt. Dann zieht man eine Linie, die die Schnittpunkte ihrer Kreislinien verbindet. Dann beschreibt man einen dritten Kreis, dessen Mittelpunkt der untere Schnittpunkt der beiden ersten Kreise ist. Die beiden ausgezogenen Konstruktionslinien markieren auf den oberen Kreislinien die Punkte für das Fünfeck, dessen Scheitel Schnittpunkt zweier weiterer Radien

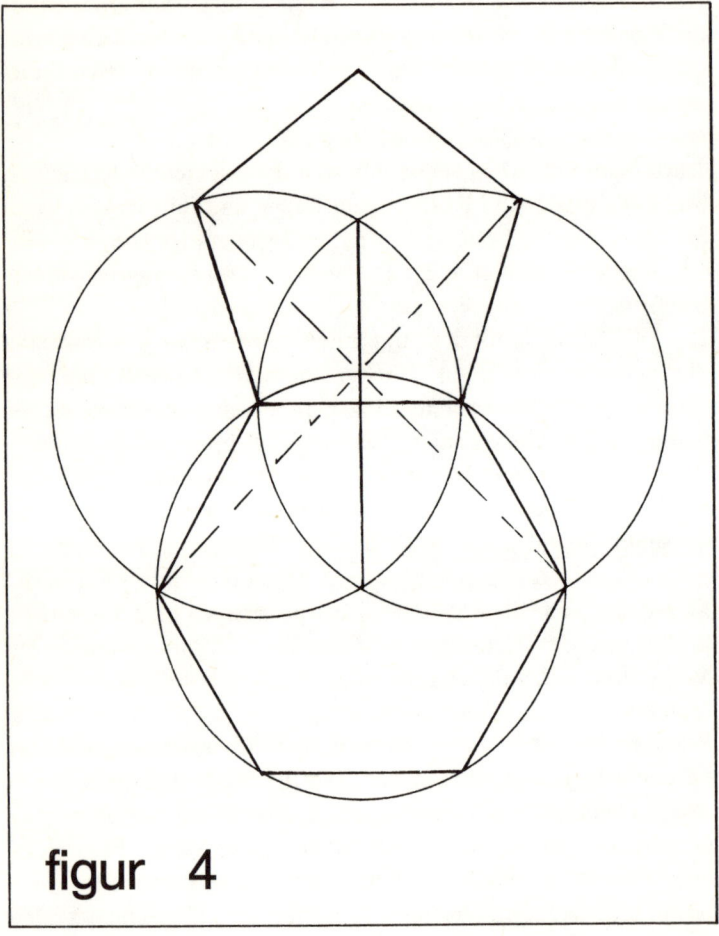

figur 4

ist. Der Anfangsradius ist die erste (gemeinsame) Seite des Sechs- und des Fünfecks. Der Anfangsradius ist auch die Länge aller Geraden in dieser Figur mit Ausnahme der beiden Konstruktionslinien.

Als Michell den Plan der Großen Pyramide untersuchte, fand er die Bestätigung für die Möglichkeit der Quadratur des Kreises, die die geheimen Traditionen für sich reklamieren. Wir müssen uns vergegenwärtigen, daß die Tempelanlage nicht nur Zahlenelemente in sich vereint, sondern ebenso geometrische Elemente.

»Die Traditionen der Magie deuten darauf hin, daß man, wenn man ein Quadrat und einen Kreis aus den gleichen Umkreisen konstruieren will, zuerst ein Dreieck zeichnen muß. Die größten und auffälligsten Dreiecke auf der Welt sind die vier Seiten der Großen Pyramide, die sich den vier Himmelsrichtungen zuwenden und den Ort markieren, den man früher für den Mittelpunkt der Welt hielt. Die ursprüngliche Funktion der Pyramide, die Vereinigung der kosmischen und irdischen Kräfte zu unterstützen, kommt im Symbolismus ihrer Geometrie klar zum Ausdruck, denn die Pyramide ist vor allem ein Denkmal der Kunst der Quadratur des Kreises.«

Im Anschluß an diese Feststellung geht Michell von der Vermessung der ägyptischen Regierung aus dem Jahr 1924 aus, die einen Umfang von 1760 königlichen Ellen (921,41 m) und eine Höhe von 280 Ellen (146,58 m) ergab, um zu erklären, wie die Pyramide geometrische Probleme löst: Beginne mit einem Quadrat, dessen Umfang 921,41 m beträgt. Dann zeichne eine Waagerechte, die die senkrechten Seiten des Quadrates teilt. Dann errichte ein gleichseitiges Dreieck, dessen Basiswinkel 51° 51' betragen. Die Höhe des Dreiecks ergibt den Radius eines Kreises, dessen Umfang sich dem des Quadrates nähert($2 \times$ pi $\times 280 = 1759,29$). Wenn man bedenkt, daß die exakte Höhe der Pyramide nur geschätzt werden kann, da die Spitze fehlt, liegen diese beiden Werte sehr dicht beieinander.

Noch interessanter ist Michells Behauptung, die Lösung zum Problem der Quadratur des Kreises finde sich ebenfalls in der Natur. Die gegenwärtige Geometrie ist für unsere unmittelbaren Zwecke nicht anwendbar, doch scheint es klar, daß die relativen Dimensionen von Mond und Erde nicht nur die Lösung der Quadratur des Kreises enthalten, sondern daß man mit ihnen auch das heilige, rechtwinklige Dreieck des Pythagoras bilden kann (ein Dreieck mit den Seitenlängen 3, 4 und 5). Erneut stoßen wir auf

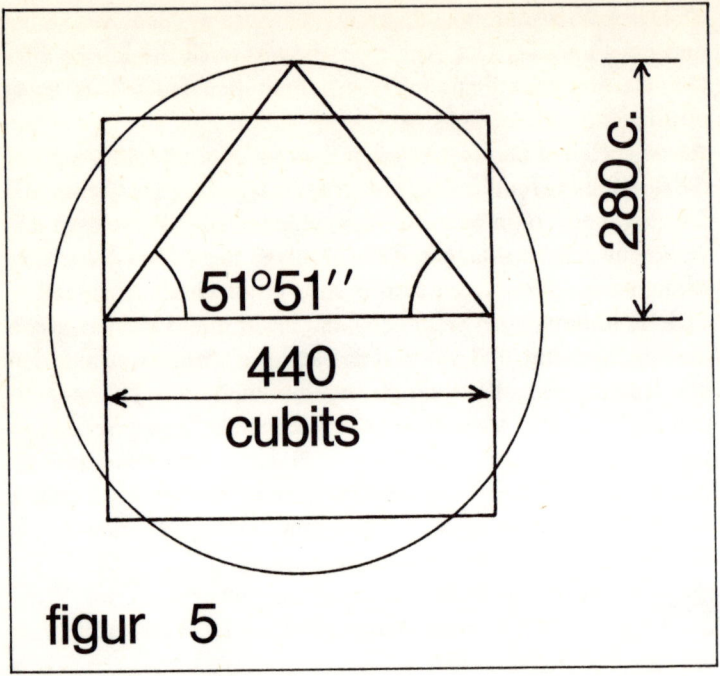

figur 5

den Gedanken, daß eine sakrale Geometrie, auch wenn sie von den Menschen der Frühgeschichte hergeleitet wurde, in der Natur zu existieren scheint..

Das letztlich wesentliche Element sakraler Geometrie ist die Form des Tempels. Sie hat die Aufgabe, mit den irdischen Strömen zu schwingen und sie zu verstärken (einschließlich der geomagnetischen Felder, des durch fließendes Wasser erzeugten Stroms usw.), ebenso aber mit kosmischer Energie, um eine Bewußtseinsveränderung bei denjenigen hervorzurufen, die den Tempel betreten. Auch hier ist die Große Pyramide von Giseh das beste Beispiel. Wie schon früher erwähnt, ist dieses Bauwerk sogar in der Lage, außerkörperliche Erfahrungen anzuregen. Die anscheinend einfachste geometrische Form, die diese Funktion erfüllen kann, ist der Dolmen, ein megalithisches Bauwerk, das aus einem tischähnlichen Stein besteht, der auf aufrecht stehenden Steinen ruht. Sie werden im allgemeinen für eine Abart der Grabkammern gehalten, die man auf megalithischen Fundstätten entdeckt hat. In »Die Geheimnisse der Kathedrale von Chartres« berichtet Louis Charpentier, daß der waagerechte Stein als Sammler irdischer und kosmischer Energie dient. Da er außerdem auf mehreren (meist drei bis vier) senkrechten Stützen ruht, steht er unter Spannung und kann wie die Saiten eines Musikinstrumentes schwingen. »Er ist«, schreibt Charpentier, »Sammler und Verstärker.« Obwohl er es nicht ausdrücklich sagt, bin ich sicher, daß das Innere des Bauwerks ebenfalls als Resonanzraum fungiert, der diese schwachen Energieströme verstärken soll, etwa analog einem Magnetron, das Energie im Mikrowellenbereich erzeugt. Diese Energien werden so dem Menschen nutzbar gemacht, der sie sich sonst nicht dienstbar machen könnte. Wenn man den Tempel in all seinen Dimensionen begreift, wird klar, daß er nicht einfach ein Ort ist, an dem mechanisch Worte rezitiert werden, sondern wo tatsächlich Bewußtseinsveränderungen möglich sind.

5

Das Labyrinth als heilige Stätte

Ob durch die Architektur verwirklicht oder als Irrgarten gezeichnet (wie der aus dem 13. Jahrhundert, den man auf dem Boden der Kathedrale von Chartres fand), symbolisiert das Labyrinth den Weg des Menschen durch verwirrende, verschlungene Gänge zur Enthüllung des Geheimnisses. In »The Way of the Sacred« (Der Weg des Heiligen) bemerkt Francis Huxley über die symbolische Bedeutung der Mosaiklabyrinthe als »die irdische Pilgerfahrt«, daß »die Tradition unermeßlich alt ist«. Er fährt fort, daß »alte Labyrinthe aus Rasen oder Stein oft nach Troja benannt sind, selbst anscheinend ein Wort mit der Bedeutung ›sich drehen‹. Diese Irrgärten werden in Verbindung gebracht mit Tänzen auf Plätzen, die man für Zugänge zur anderen Welt hielt. Daher hat derjenige, der den Wegen folgen oder sie aufzeichnen kann, Zutritt zur anderen Welt und ruht im Gott, oder vielmehr in der Göttin, da das Labyrinth die Frau und den Mutterleib ehrt.«

Man hat Labyrinthe sogar bei vergleichsweise primitiven Kulturen im Raum des westlichen Pazifik gefunden. In »Stone Men of Malekula« (Steinmenschen von Malekula) berichtet der Anthropologe John Layard über eine megalithische Kultur auf den Neuen Hebriden, deren sakrale Stätte Altäre, Monolithe und Dolmen aufwies, die denen auf europäischen Schauplätzen bemerkenswert ähnlich waren. Ihre wichtigste Zeremonie, die Reise der Toten, gebraucht das künstlerische Motiv des Labyrinthes, das als geometrischer Irrgarten aufgezeichnet ist. Layard sieht in dieser Zeremonie von der Insel Malekula eine Parallele zu den ägyptischen Totenmonumenten, in denen »Begräbnisstätte, Labyrinth und eine den Toten darstellende Statue« vorhanden sind. Er fügt hinzu, daß »man die Motivation für die Reise des Toten nicht in der Tatsache des Todes selbst zu suchen hat, sondern in dem Verlangen nach Erneuerung des Lebens durch Kontakt mit den verstorbenen Vorfahren, die bereits ein Leben jenseits des Grabes führen«.

In eine bemalte Säule aus dem Hause des Lucretius in Pompeji vor 2000 Jahren eingeritztes Labyrinth.
Münze aus Knossos, der Heimat des »ursprünglichen« Labyrinthes. Das Motiv enthält den Hirtenstab wie auch die Symbole für das Yin und Yang.

Das eigenartigste Labyrinth der Geschichte ist das auf Kreta, das der legendäre Architekt Daedalus schuf, damit es dem Minotauros als Behausung diene, jenem Ungeheuer, das Theseus später besiegte. Bisher kennen wir nur die Legende, die sich auf den verschlungenen Grundriß des Königspalastes von Knossos bezieht. Das Labyrinth selbst ist noch nicht gefunden worden, obwohl es   229

in Darstellungen auf Münzen aus Knossos noch im 4. Jahrhundert
v. Chr. erscheint. Der römische Gelehrte Plinius schrieb über dieses und drei weitere Labyrinthe, die die moderne Archäologie inzwischen mehr oder weniger nachgewiesen hat.

Das bekannteste historische Labyrinth war das in Ägypten östlich
des Möris-Sees, das sowohl Herodot wie auch Strabo besucht haben. Der Bau wird Amenemhet III. (um 1800 v. Chr.), König der
12. Dynastie, zugeschrieben. Flinders Petrie fand 1888 die
300 × 240 m großen Fundamente. Ägyptologen behaupten, das
Wort Labyrinth sei ägyptischen Ursprungs und bedeute »der
Tempel am Eingang des Sees«. Gerade dieses Labyrinth muß sehr
eindrucksvoll gewesen sein. Eine Mauer umgab 12 Höfe und 3000
Räume, von denen sich die Hälfte unter der Erde befand. Man
erzählte Herodot, der diese unterirdischen Räume nicht sehen
durfte, sie enthielten die Gräber der Könige, die das Labyrinth
erbauen ließen, und die Räume mit den heiligen Krokodilen.

Zwei weniger bekannte Labyrinthe, über die Plinius geschrieben
hat, liegen auf der griechischen Insel Lemnos bzw. in Italien. Vom
ersteren mit 150 Säulen nimmt man an, das es dem ägyptischen
Vorbild nachgebaut worden ist. Letzteres, Clusium, soll der
Etrusker-König Porsenna als seine Grabstätte erbaut haben.
Man hält einen Erdhügel mit dem Namen Poggio Gajella in der
Nähe von Chiusi für dieses Grabmahl.

In seinem »Wörterbuch der Symbole« hat J. E. Cirlot eine interessante Interpretation der Begriffe »Irrgarten« und »Labyrinth«
gegeben. Es ist »der Verlust des Geistes beim schöpferischen Prozeß – der ›Fall‹ im neuplatonischen Sinn – und die sich daraus ergebende Notwendigkeit, den Weg durch die ›Mitte‹ zurück zum
Geist zu suchen«. Die okkulten Befragungen von Bimini ergaben,
genau das sei die zeremonielle Funktion der Stätte in Bimini gewesen. Cirlot, der auf das Werk von Mircea Eliade, der anerkannten französischen Autorität auf dem Gebiet der Mythen und
Symbole, zurückgreift, fügt hinzu, daß »es wesentliche Aufgabe
des Irrgartens gewesen sei, die ›Mitte‹ zu verteidigen – die sie in
der Tat war, ein erster Schritt zur Heiligkeit, Unsterblichkeit und
absoluter Wirklichkeit (im platonischen Sinn). Als solches war es
anderen ›Versuchen‹ ebenbürtig, dem Kampf mit dem Drachen
z. B. (zu der Zeit die etwas dezentere Version des Minotauros).
Gleichzeitig läßt sich das Labyrinth als Lehre für den Neubekehr-
ten begreifen, der den rechten Weg in das Land der Toten finden
230 wollte.«

In einer ihrer Befragungen während der Expedition 1975 gab Carol eine andere mögliche Erklärung für das Labyrinth: »Die Windung und das Labyrinth verkörpern den Planeten, der um einen zentralen Kern kreist, Verkörperung des sich aus dem Innern dieser Milchstraße Hinauswindens, um dann wieder zurück und hineinzukommen.« Das ließe an das Motiv der Spirale denken, die man bei vielen frühen Kulturen gefunden hat, die aber eine ganz besondere Bedeutung in den Felszeichnungen irischer megalithischer Stätten hat. So ist die Spirale vielleicht eine andere Ausdrucksform des Labyrinths, ein Ort für Einführungszeremonien. Möglicherweise ist das geflochtene Gitterwerk (die Leiter zu den Sternen), ein bevorzugtes Motiv auf Töpferwaren in Tiahuanaco, eine andere Deutung der Einführung oder der Bewußtseinserhöhung auf eine andere Stufe. Das Labyrinth scheint außerdem der Schlüssel zum Verständnis des Kosmos zu sein.

Als wir unsere Expedition durchführten, war mir von der langen Geschichte des Labyrinths nichts bekannt. Auch Carol schien davon nichts zu wissen. Aber ihre nachfolgende Befragung förderte eine Darstellung der sakralen Funktionen der Stätte zutage, die sich völlig mit diesen traditionellen symbolischen und geistigen Funktionen des Labyrinths deckte. Vielleicht hatten wir Glück, die eigentliche Wurzel dieser bedeutsamen Idee entdeckt zu haben. Unmittelbar nach der Expedition machte Anne eine Befragung über die sakrale Geometrie der Stätte, bei der sie sogar auf Krokodile auf Bimini anspielte. Das war etwa sechs Monate bevor ich bei meinen Forschungen eine historische Verbindung zwischen Krokodilen und Labyrinth entdeckte.

6

Ein Durchbruch
zum Jungbrunnen –
von Richard Wingate

Im Jahr 1612 wurde eine indianische Sage übersetzt, die eine Insel beschrieb: »Eine Insel, etwa 325 Meilen von Hispaniola (Haiti und Dominikanische Republik) entfernt . . ., Boiuca oder Agnaneo genannt, auf der eine Quelle entspringt, deren Wasser so wunderbar ist, daß es, wenn man davon trinkt, und vielleicht etwas dazu ißt, Alte wieder jung macht.« Die Insel Boiuca oder Agnaneo war auch unter dem Namen Bemene bekannt.

Juan Ponce de Leon, der gerade seines einträglichen Postens als Gouverneur von Puerto Rico enthoben worden war, gelang es, vom spanischen König die Erlaubnis zur Kolonisierung und Ausbeutung Floridas und der Bahama zu bekommen. Sein Glaube an die Sage war so stark, daß er ein riesiges Vermögen an spanischem Gold für die vergebliche Suche nach der Insel Bemene und dem legendären Jungbrunnen opferte. Ohne Erfolg besuchte er fast jede große oder bedeutende Insel der Bahama, verfehlte aber dennoch aus irgendeinem Grund die beiden kleinen Inseln von Bimini.

1926 sagte Edgar Cayce im Zustand tiefer Trance voraus, man werde in der Nähe dieser Inseln unter Wasser die Überreste eines alten Tempels finden. Von Bimini sagte er, es sei »der höchstgelegene, sich noch über dem Wasser befindliche Teil eines einst großen Kontinents . . . Atlantis.« Weiter sagte er voraus, auf Bimini könnte eines der größten Heilbäder der Welt gebaut werden, um die Heilquellen zu nutzen, die die Menschen des frühen Atlantis verjüngten und ihnen zum gesegneten Alter von 200 oder mehr Jahren verhalfen. Cayce meinte, man könne Brunnen bohren, aus denen herrliches, heilendes Wasser entspränge, das die Kranken beleben und den Alternden Wohlbehagen bereiten würde.

Melaney Freeman, eine der ersten lizenzierten Pilotinnen der Vereinigten Staaten, ging danach auf Anraten von Cayce nach Bimini und telegraphierte zurück, sie habe eine Süßwasserquelle entdeckt, die mit einer Mauer aus seltsam zusammengesetzten Steinen umgeben sei; die Steine selbst wiesen fremdartige, hieroglyphische Symbole auf. Unglücklicherweise verlor man sie aus den Augen, und diejenigen, die nach Bimini kamen und den außergewöhnlichen Brunnen suchten, haben ihn nicht gefunden. Ein Hurrikan muß ihn später unter Schlamm begraben haben, da man ihn nicht mehr auffinden konnte.

Der neuzeitliche Teil unserer Geschichte beginnt im September 1970 in Elsinore in Kalifornien. Da fast alle Heilwasser auf der ganzen Welt wertvolle Mineralien enthalten, vermutete ich, daß auch Edgar Cayces Quelle auf Bimini reich an Mineralien sein müsse. Warum sollte ich eigentlich nicht versuchen, sie mit Hilfe eines Wünschelrutengängers zu finden? Man nannte mir einen Kalifornier, Verne Cameron, der in dem Ruf stand, mehr Erfahrung im Auffinden heißer und kalter Mineralquellen zu haben als irgend jemand sonst. Verne hatte außerdem sein ungeheueres Talent unter Beweis gestellt, als er so unterschiedliche Materialien wie Kaolin-Töpferton für einen Keramikhersteller in Oaxaca in Mexiko entdeckte, Goldminen im Südwesten Amerikas, Ölquellen für professionelle Ölsucher und Radiumlager für Bergwerksgesellschaften. Er suchte mit der Wünschelrute sogar eine Landkarte von Neuseeland ab und ortete 85 % der ölhaltigen Schichten, die heute dort ausgebeutet werden. Und was das Erstaunlichste ist: Als Verne die Orte auf der neuseeländischen Karte bestimmte, war er in Elsinore in Kalifornien. Dokumente, die die Wünschelrutengängerei im Fall Neuseeland belegen, finden sich in seinem Buch »Aquavideo«, das bei El Cariso Press herausgekommen ist.

Verne arbeitete mit einem Gerät zum Messen der Aura, einer besonderen, von ihm entworfenen Wünschelrute, und »Peter«, seinem ihn führenden Geist. Verne bediente sich einer Karte von Bimini, und Peter führte seine Hände zu einer Stelle im Hafen der nördlichen Insel, deren Wasser sich als heilend, belebend und gesundheitsfördernd erweisen sollte. Wir konnten das Wasser bis zu einer Tiefe von 6 m unter dem Boden anzapfen. Je tiefer wir bohrten, desto heißer und reiner wurde das Wasser. Auf die ideale Badetemperatur von 37° konnten wir höchstwahrscheinlich in nur 61 m Tiefe stoßen. Verne markierte auf der Karte ein Quadrat von 9 × 9 m, das er für ein altes Bad zu halten schien, und das vielleicht von den Atlantern benutzt worden war, um sich zu verjüngen.

Zehn Tage darauf flogen Verne und ich nach Südbimini, wo wir in das kleine Fährboot stiegen, das regelmäßig auf dem Kanal zwischen der Nord- und Südinsel verkehrt. Als wir die Südinsel verließen, begann Vernes Wünschelrute auszuschlagen und zeigte auf die Mitte des weiten, seichten Hafens. Die Fähre fuhr an der kleinen Mangroveninsel vorbei, und als wir auf die Landestelle zusteuerten, drehte sich die Rute in Vernes Händen vollkommen herum und zeigte auf die kleine Mangroveninsel, die jetzt hinter uns lag.

Am nächsten Tag erforschten wir die Gegend auf eigene Faust. Als wir uns der kleinen Insel näherten, begann Vernes Wünschelrute zu tanzen und bewegte sich vor und zurück. Verne fand seine Ortsangabe bestätigt, die er in Elsinore gemacht hatte, als er mit der Wünschelrute auf der Karte über die kleine Mangroveninsel gegangen war. Zu unserer großen Freude entdeckten wir ein 9×9 m großes Badebecken, das auf einem tiefen Spalt ruhte. Peter sagte, daß immer noch etwas Wasser durch die 3,65 m dicke Sandschicht, die die Quelle bedeckte, nach oben drang, man durch die Gezeiten davon aber kaum etwas feststellen konnte.

Wir flogen zurück nach Miami, um die Bohr- und Pumpversuche vorzubereiten. Verne befragte Peter über das Wasser und bekam zur Antwort, daß dies tatsächlich der lange verschollene Jungbrunnen war, daß das Wasser heiß, heilkräftig, verjüngend und reich an Mineralien war, daß aber weder die Mineralien noch die Hitze den Hauptanteil an der Heilwirkung hatten.

Wenn nicht die Mineralien und die Hitze, was dann? Ich erinnerte mich, daß Pierre Curie und A. Laborde in vielen europäischen Heilquellen radioaktive Gase festgestellt hatten. Eine der Quellen, die sich nur 36 km von den heilenden Wassern von Lourdes entfernt befand, sondert immer noch radioaktive Gase ab – wahrscheinlich wie seit Tausenden von Jahren. Als Verne Peter leise fragte, ob unsere Quelle bei Bimini radioaktiv sei, schlug die Wünschelrute aus. Selbstverständlich gibt es Unmengen medizinischer Beweise für den heilsamen Einfluß der Radioaktivität auf den Kreislauf. In einem Beitrag über Erkrankungen der Herzgefäße schreibt Victor B. Ott in »Medical Hydrology«, es habe den Anschein, daß Alphastrahlen ionisierend wirken, was zur Verjüngung der menschlichen Zellen führt.

Als später Wasserproben von verschiedenen Stellen der kleinen Insel analysiert wurden, stellten wir fest, daß das Wasser tatsächlich geringfügige Alphastrahlung aufwies. Die Proben, die wir mit beschwerten Probenflaschen direkt über der 9×9 m großen, mutmaßlichen Quelle entnommen hatten, zeigten eine deutlich höhere Strahlung. Verne hatte wirklich einen »heißen Fleck« herausgesucht. Die erste Bestätigung, daß das Wasser wirkte, kam Monate später. Georgina Thompson, ein bekanntes Modell, erzählte mir, daß, als sie uns bei der Arbeit half und im Wasser über dem »heißen Fleck« tauchte, sich ihre Hautfarbe vorteilhaft verändert hatte und daß kleine Falten an ihren Augen verschwunden waren, obwohl sie sich in der prallen Sonne und im Salzwasser aufgehalten hatte. Ihr Haar war weicher geworden und ließ sich besser frisieren. Sie war von der Veränderung zum Guten so überzeugt, daß ich begann, mir meine eigene Haut etwas genauer anzusehen. Und in der Tat schien sie geschmeidiger geworden zu sein.

Man sagte mir später, das Wasser wirke sich günstig auf die Körperdrüsen aus und rege die Produktion bestimmter Hormone an. Auch solle es die Hypophyse und den Bereich der Nebenniere verjüngen, das Allgemeinbefinden deutlich verbessern und den Schwung und das Wohlbefinden der Älteren steigern. Bestand irgendeine Gefahr? Ich wußte es nicht so recht, denn Strahlung in zu großen Mengen und falsch angewandt konnte schrecklichen Schaden anrichten. Aber ich machte die Erfahrung, daß das Wasser ungefährlich war, wenn man seine Anwendung über einen Zeitraum von insgesamt acht Wochen langsam steigerte, wobei die beiden ersten und letzten Wochen zum Eingewöhnen bzw. Abklingen waren. Wenn ich auch annahm, daß die Quelle nicht die von Melaney Freeman entdeckte war, konnten wir doch eine heilsame Wirkung nicht abstreiten. Dick Wingate setzt die Suche nach der ursprünglichen Quelle fort.

Peter wies uns darauf hin, daß das Wasser Radon und eine Menge anderer radioaktiver Stoffe ausstrahlte. Verne flog nach Elsinore zurück, und ich richtete mich ein, mir meinen Lebensunterhalt zu verdienen und die Vorbereitungen für die Wasserbohrungen zu treffen. Leider starb Verne einige Zeit darauf, und wir konnten nicht mehr zusammen auf Bimini bohren.

7

Die wissenschaftliche Forschung verändert sich

Chaos und Ungewißheit scheinen stets das Ende eines Zeitalters zu begleiten. Wir befinden uns heute in einer Zeit, in der viele in sehr unsicheren Verhältnissen leben. Andere beginnen zu erkennen, daß solche Augenblicke in der Geschichte den Keim für neues Wachstum und Umwälzungen in sich tragen. Ohne Chaos, ohne die alten, verbrauchten Formen niederzureißen, wäre die Entwicklung am Ende. Und so werden die letzten Fragen wieder in der Erwartung gestellt, eine neue Qualität von Antworten zu erhalten. Die Geheimnisse der Entwicklung des Lebens auf diesem Planeten werden immer unwiderstehlicher.

Eine der authentischen Antworten, die sich mehr und mehr mit Leben füllt, ist ein steigendes Bewußtsein einer planetarischen Dimension. In »Passages About Earth« (Reisen über die Erde) berichtet William Irwin Thompson von seiner eigenen Entwicklung in dieser Richtung. Eine Seite des Auflebens eines planetarischen Bewußtseins ist das Verlangen nach Harmonie. Als sie vom Mond zurückblickten, waren die Astronauten des Apollo-Raumfahrtprogramms unter den ersten, die die dringende Notwendigkeit planetarischer Harmonie auf dem Raumschiff Erde verspürten. Ohne diese Harmonie erlischt die Entwicklung planetarischen Lebens auf Teilhard de Chardins Punkt Omega hin vielleicht langsam (durch eine verödende Umwelt) oder abrupt (durch einen Krieg mit Nuklearwaffen). Unter diesen Umständen kann es uns eigentlich nicht überraschen, daß wir jetzt damit beginnen, uns ernsthafter mit unserer Vergangenheit auf diesem Planeten zu beschäftigen. Wir versuchen, unseren vorübergehenden Aufenthalt hier zu begreifen und sind manches Mal verblüfft über die Beweise tiefer Harmonie mit der Natur, selbst in Kulturen, die wir als steinzeitlich bezeichnen.

Wir bestehen auf unserer eigenen Technologie als dem Maß für den Fortschritt, was uns oft dazu verleitet, frühere Zivilisationen zu unterschätzen. Deren Artefakte haben immer bestimmte Fertigkeiten erkennen lassen, wie Töpferei, das Bauen von Booten, Steinmetzarbeiten und ein gewisses Maß an sozialer Organisation. Aber da wir oft nur Augen für ihre Technik haben, übersehen wir leicht ihre »Software«: ihre Harmonie mit der Umwelt. Psychologie und geistiges Bewußtsein sind zugegeben schwer zu erfassen, und wir buchen, nachdem wir ihre reinen Gebrauchsgegenstände gründlich untersucht haben, den Rest als Beweis eines unwissenden Aberglaubens.

Doch ist es nicht immer so. In »The Rivers Ran East« (Die Ströme flossen nach Osten), dem Bericht einer modernen Erkundungsexpedition zu den sogenannten primitiven Stämmen im oberen Amazonas-Becken, erzählt Leonard Clark von der Entdeckung einer außerordentlich wirksamen Medizin bei den »brujos« oder Medizinmännern, die dem Oberst wiederholt bei gefährlichen Krankheiten halfen, manchmal mit atemberaubenden Mitteln. Penicillin, Kokain und Belladonna waren gleichzeitig in Gebrauch. In seinem Bericht an die peruanische Regierung zählte Clark später 71 einheimische Heilmittel auf. Der nüchterne, ehemalige Geheimdienstmann, der fünf Kontinente bereist hatte, gab auch zu, der Nutznießer paranormaler Heilungsmethoden gewesen zu sein, die Medizinmänner der Campa und Jivaro angewendet hatten. Clark bezeichnete sie ganz konsequent als Steinzeitvölker, war aber oft genug hilflos dem Dschungel ausgeliefert und auf ihr medizinisches Wissen angewiesen, um zu überleben. Die Vergangenheit enthält viele Hinweise dieser Art auf Zeiten, als der Mensch im Einklang mit seiner planetarischen Umwelt und dem Kosmos lebte. Aber diese Botschaft scheint den modernen Menschen zu verwirren, dessen Ego sich an dem Gedanken berauscht, daß die Wissenschaft erst im 17. Jahrhundert unserer Zeit begonnen hat.

Die Entwicklung, die uns diese Überlegungen mit größerer Dringlichkeit als je zuvor aufzwingt, ist die unaufhaltsame Revolution durch die Archäologie. Solange wir das Bild unserer vorgeschichtlichen Ahnen in die stereotype Form des primitiven Höhlenmenschen pressen konnten, hielten unsere leichtgewichtigen Vorstellungen von Fortschritt einer Überprüfung stand. Aber dank der Entwicklung der Technik und vieler neuer Entdeckungen, die den Zeitsinn der Archäologen gedehnt haben, nähern wir uns einem völlig neuen Konzept vom Ablauf der Entwicklung des Menschen.

Was meiner Meinung nach not tut, ist die phantasievolle Leichtigkeit, mit der der Paläontologe Loren Eisely sich zurückbegibt zu den im Nebel liegenden Anfängen des Lebens, wie er es in seinem Buch »The Night Country« (Das Nachtland) tut. Nach dem Zweiten Weltkrieg hat eine Reihe von Entdeckungen die bisher frühesten, 20 000 Jahre alten Zeugnisse des Menschen in der Neuen Welt zutage gefördert. Vor kurzem hat der kalifornische Chemiker Jeffrey Bada von der Scripps Institution of Oceanography eine neue Datierungsmethode entwickelt. Sie arbeitet mit Aminosäuren und stellte für den frühgeschichtlichen Menschen im San-Diego-Gebiet ein Alter von 50 000 Jahren fest. Wenn dieses Ergebnis Bestand hat, wäre die erste Überquerung der Bering-Straße durch den frühgeschichtlichen Menschen von Asien in die Neue Welt vor 70 000 oder gar 100 000 Jahren erfolgt. Vor mehr als 50 000 Jahren – das wären die einzigen Hinweise auf eine Landbrücke (infolge der Veränderungen des Meeresspiegels während der Eiszeiten).

1967 fand der Archäologe Laszlo Vertes vom Ungarischen Nationalmuseum in einem Steinbruch westlich von Budapest einen Schädel, der von einem 500 000 Jahre alten Homo sapiens stammen soll. Der Besitzer dieses Schädels hätte 100 000 Jahre vor dem Peking-Menschen gelebt.

Zwischen diesen erstaunlichen Daten und dem 3,75 Millionen Jahre alten Schädel, den die Leakeys in Afrika fanden, liegt eine andere, weit größere Zeitspanne, das psychologische Äquivalent zu den Afrika-Karten des frühen 19. Jahrhunderts, deren riesige weiße Flecken die Forscher in unbekannte Gebiete lockten. Die Erweiterung des Zeitsinns wird ähnliche Fortschritte in der Archäologie möglich machen. Fairerweise sollte man vielleicht sagen, daß, wie begrenzt die Wissenschaft auch immer sein mag, ihr Zeitbewußtsein wahrscheinlich sehr viel weiter reicht, als man allgemein annimmt.

Außer einem ungewöhnlich erweiterten Bewußtsein für die ganze Reichweite der Frühgeschichte muß die Archäologie uns aber noch etwas mehr geben. Wegen methodologischer Beschränkungen ist es allerdings eine Leistung, die zu erbringen die Disziplin nicht vorbereitet wurde. In der Existenzkrise der letzten Jahrzehnte dieses Jahrhunderts entwickeln wir vielleicht eine klarere Vorstellung für die Richtung und ein tieferes Verständnis unserer Ursprünge – das würde vor allem dann eintreffen, wenn sich das

Geschehen so entwickelte, wie uns die alten Metaphysiker berichten. Falls der Mensch als Geist begann, als ein Energiesystem, das im Anfang nicht auf einen Körper angewiesen war, sich dann aber schrittweise an das Körperliche anpaßte, stellt die Entwicklung des Menschen einen sehr viel weitreichenderen Prozeß dar, als die Darwinsche Biologie erdachte. Biologisches Überleben ist dann nur die Vorbedingung; die »Fortsetzung des Weges« würde auch eine moralische und geistige Entwicklung erfordern.

Bis um 1893 ließ es Thomas Henry Huxley, langjähriger Meister und Vertreter der biologischen Evolution, gelten, daß die Erfordernisse für ein biologisches Überleben in kaum einer Beziehung standen zu jenen, die die sittliche Entwicklung hervorriefen. Unter anderem erzählte er seinem Auditorium in Oxford, eine Weiterentwicklung hänge davon ab, den Evolutionsprozeß durch ein sittliches System zu ersetzen. Heute würden Huxley viele tadeln, weil er ein System vorschrieb, aber das berührt seinen Hauptgedanken nicht, daß der Mensch die biologische Entwicklung hinter sich lassen muß, wenn er alle Möglichkeiten ausschöpfen will. Wir erkennen langsam, daß ohne ernsthafte Beachtung auch dieser anderen Elemente der Entwicklung die materiellen Errungenschaften einer Zivilisation allein nicht ausreichen, in Wirklichkeit vielleicht sogar gefährlich sind.

Die Archäologie kann natürlich diese Seiten der Kultur nur mit größten Schwierigkeiten behandeln. Der Archäologe stößt sofort auf die materiellen Überreste der Vergangenheit, und wie der Weiße Bär, der Häuptling der Hopi-Indianer sagt, »kann man die Seele eines Menschen nicht in ein paar Topfscherben auf einem Müllhaufen finden«. Trotz dieser Einschränkung hat das ernsthafte Studium der Vergangenheit des Menschen dennoch zumindest einen europäischen Archäologen über die Geringschätzung viktorianischer Wissenschaftler für Zeugnisse frühgeschichtlicher Geistigkeit (oder »Aberglaube«) hinausgeführt; er spricht von unzähligen Hinweisen auf das Gottesbewußtsein, das man in den Artefakten der Vergangenheit auf der ganzen Erdkugel findet.

Wenn man Archäologen allerdings um mehr als eine allgemeine Auskunft bittet, kommen sie in Verlegenheit, es sei denn, sie hatten das Glück, auf Geschriebenes zu stoßen (das sie auch auswerten konnten). Aber selbst wenn schriftliche Zeugnisse vorliegen, wirken die Vorstellungen der Wissenschaftler wie kognitive Filter, die alle Zwischentöne abhalten und nur ein oberflächliches Bild übriglassen. Glücklicherweise beginnt man, zwischen der Technik und dem Gedankengut der Vergangenheit zu differenzieren. Und

239

dank der völlig neuen Methoden in der Archäologie, die langsam den Wert von Informationen aus paranormalen Quellen erkennt, öffnet sich ein Weg, auch den geistigen Hintergrund untergegangener Zivilisationen zu untersuchen. Es ist richtig, daß man mit konventionellen Methoden viel erreichen kann; ich habe bereits Beispiele angeführt, in welchem Umfang die Wissenschaft megalithischer Kulturen durch Anwendung moderner Vermessungsmethoden sowie von Mathematik und Astronomie rekonstruiert worden ist. Doch es ist etwas ganz anderes, hinter die offenkundigen wissenschaftlichen Erkenntnisse zu schauen, den Fragen nachzugehen, welche umfassendere Bedeutung eine solche Wissenschaft für diejenigen hatte, die sie angewendet haben. Die Erforschung des Bewußtseins der Menschen aus der Frühzeit wird letztlich nicht ohne die professionelle Anwendung und Bewertung übersinnlicher Informationen auskommen.

Bibliographie

Bücher

Aveni, Anthony F. *Archaeoastronomy in Pre-Columbian America*. Austin, Texas: University of Texas Press, 1975.

Berlitz, Charles. *Das Atlantisrätsel*. Wien: Zsolny, 1976.

Geheimnisse versunkener Welten. Frankfurt: Societäts Verlag, 1973.

Boland, Charles M. *They All Discovered America*. New York: Doubleday and Co., 1961.

Braghine, Colonel Alexander Pavlowitch. *The Shadow of Atlantis*. New York: E. P. Dutton, 1940.

Brinton, Daniel G., M. D. *Myths of the New World*. Intro. by Paul M. Allen. Blauvelt, New York: Multimedia Pub. Corp., 1976.

Bronowski, Jacob. *Der Aufstieg des Menschen*. Berlin: Ullstein, O.J.

Calder, Nigel. *Erde, ruheloser Planet*. Reinbek: Rowohlt Taschenbuch, o.J.

Camp, L. Sprague de. *Versunkene Kontinente*. München: Heyne, o.J.

Carnac, Pierre: *Geschichte beginnt in Bimini*. Freiburg/Br.: Walter, 1978.

Cayce, Edgar Evans. *Edgar Cayce on Atlantis*. New York: Paperback Library, 1968.

Ceram, C. W. *Götter, Gräber und Gelehrte*. Reinbek: Rowohlt, 1977.

Charpentier, Louis. *Die Geheimnisse der Kathedrale von Chartres*. Köln: Gaia, 1972.

Charroux, Robert. *Versunkene Welten*. Düsseldorf: Econ, 1974.

Cirlot, J. E. *A Dictionary of Symbols*. Trans. by Jack Sage. New York: Philosophical Library, 1962.

Craton, Michael. *A History of the Bahamas*. London: Collins, 1968, Second rev. ed.

241

David, A. Rosalie. *The Egyptian Kingdoms*. Oxford: Elsevier-Phaidon, 1975.

Donnelly, Ignatius. *Atlantis: The Antediluvian World*. Ed. by Egerton Sykes. New York: Gramercy Publishing Co. with Harper and Row, 1949.

Eiseley, Loren. *The Invisible Pyramid*. New York: Charles Scribner's Sons, 1970.

The Night Country. New York: Charles Scribner's Sons, 1971.

Fairbridge, R. W. Eustatic Changes in Sea Level, in *Physics and Chemistry of the Earth*, Vol. IV. pp. 99–185. New York: Pergamon Press, 1961.

Fawcett, P. H. *Lost Trails, Lost Cities*. New York: Funk and Wagnalls, 1953.

Ferro, Robert and Michael Grumely. *Atlantis: The Autobiography of a Search*. New York: Doubleday and Co., 1970.

Garvin, Richard. *The Crystal Skull*. New York: Doubleday and Co., 1973.

Goodman, Jeffrey. D. *Psychic Archaeology*. New York: G. P. Putnam's Sons, 1977.

Gordon, Cyrus H. *Before Columbus: Links Between the Old World and Ancient America*. New York: Crown Publishers, 1971.

Graves, Robert. *The White Goddess*. New York: Farrar, Straus and Cudahy, Inc., 1948.

The Greek Myths. Two vols. New York: Braziller, 1959.

Gribben, John and Stephen Plagemann. *The Jupiter Effect*. New York: Walker and Co., 1974.

Hawkins, Gerald S. *Stonehenge Decoded*. New York: Doubleday and Co., 1965.

Beyond Stonehenge. New York: Harper and Row, 1973.

Hawkes, Jacquetta. *Bildatlas der frühen Kulturen*. Gütersloh: Bertelsmann Lexikon, 1977.

Hapgood, Charles H. *Maps of the Ancient Sea Kings; Evidence of Advanced Civilization in the Ice Age*. Philadelphia: Chilton Books Co., 1966.

The Path of the Pole. Rev. ed. of Earth's Shifting Crust. 1958. Philadelphia: Chilton Books Co., 1970.

Hoyle, Fred. *From Stonehenge to Modern Cosmology*. San Francisco: W. H. Freeman, 1972.

Jacobi, Jolande. *Der Weg zur Individuation*. Freiburg/Br.: Walter, 1971.

Kuhn, Thomas S. *The Structure of Scientific Revolutions.* Chicago: University of Chicago Press, 1962. Vol. II, No. 2 of International Encyclopedia of Unified Science.

Lévi-Strauss, Claude. *Das Rohe und das Gekochte.* Frankfurt: Suhrkamp, 1971.

Lissner, Ivar. *Die Rätsel der großen Kulturen.* Freiburg/Br.: Walter, 1974.

Marshack, Alexander. *The Roots of Civilization.* New York: McGraw-Hill, 1972.

Masters, R. E. L. and Jean Houston. *The Varieties of Psychedelic Experience.* New York: Holt, Rinehart and Winston, 1966.

Mavor, James W., Jr. *Reise nach Atlantis.* Wien: Molden Taschenbuch, o.J.

Michell, John. *The View Over Atlantis.* New York: Ballantine Books, 1969.

City of Revelation. New York: Ballantine Books, 1972.

Ostrander, Sheila and Lynn Schroeder. *PSI. Die wissenschaftliche Erforschung und praktische Nutzung übersinnlicher Kräfte des Geistes und der Seele im Ostblock.* München: Scherz, 1974.

Renfrew, Colin. *Before Civilization: The Radiocarbon Revolution and Prehistoric Europe.* New York: Alfred A. Knopf, 1973.

Ritterbush, Philip C. *The Art of Organic Form.* City of Washington: Smithsonian Institution Press, 1968.

Roberts, Anthony. *Atlantean Traditions in Ancient Britain.* Llanfyndd, Carmarthen, Wales: Unicorn Bookshop, 1974.

Santillana, Giorgio de and Hertha von Deschend. *Hamlet's Mill; an Essay on Myth and the Frame of Time.* Boston: Gambit Inc., 1969.

Solecki, Ralph S. *Shanidar.* New York: Alfred A. Knopf, 1971.

Spence, Lewis, *Atlantis in America.* Detroit: Springing Tree Press, 1972.

Atlantis Discovered. (Reprint of *The Problem of Atlantis*) New York: Causeway Books, 1974.

Steiger, Brad. *Atlantis Rising.* New York: Dell, 1973.

Stevenson, Ian, M. D. *Reinkarnation.* Freiburg/Br.: Aurum, 1976.

Steward, Julian H. (ed.). *The Circum-Caribbean Tribes*, Vol. IV of *Handbook of South American Indians.* New York: Cooper Square Publishers, 1963.

Sykes, Egerton. *Bibliography of Classical References to Atlantis.*

243

Rome, 1945. Sykes ist Herausgeber der Zeitschrift *Atlantis*.

Thom, Alexander, *Megalithic Sites in Britain*. New York: Oxford University Press, 1967.

Tompkins, Peter. *Cheops, die Geheimnisse der Großen Pyramide*. München: Scherz, 1975.

Die Wiege der Sonne. München: Scherz, 1977.

Ushakov, S. A. *Physics of the Earth*. Vol. 1 of *The Structure and Development of the Earth*. Geophysics series edited by A. P. Kapitsa, USSR Academy of Sciences. Boston: G. K. Hall and Co., 1977.

Velikovsky, Immanuel. *Welten im Zusammenstoß*. Frankfurt: Umschau, 1978.

Wuthenau, Alexander von. *Unexpected Faces in Ancient America* (1500 B.C.–A.D. 1500). New York: Crown, 1975.

Zink, David D. *Leslie Stephen*. New York: Twayne, 1972.

Zink, Joan and David D. *You Are the Mystery*. Lakemont, Ga.: CSA Press, 1976.

Zeitschriften

Abrahamsen, N. Do the Pyramids Show Continental Drift? *Science* Vol. 179 (2 March 1973), pp. 892–893.

Chapin, Brady. A Study of Adjacent Samples Taken from a Beachrock Formation off Paradise Point, Bimini, Bahamas. Independent study for Dr. Herbert Tischler, Earth Sciences Department, University of New Hampshire (1976).

Charlier, Roger H. and Albert M. Gessman. Perennial Atlantis. *Sea Frontiers* Vol. 18 Part I (January-March 1972); Part II (March-April 1972); pp. 40–49, 76–85.

Cox, Allan., G. Brent Dalrymple, and Richard R. Doell. Reversals of the Earth's Magnetic Field. *Scientific American* Vol. 216 (February 1967), pp. 44–54.

Cox, Allan. Geomagnetic Reversals. *Science* Vol. 169 (1 January 1969), pp. 237–244.

Cruxent, Jose M. and Irving Rouse. Early Man in the West Indies. *Scientific American* Vol. 221 (November 1969), pp. 42–52.

Dow, J. W. Astronomical Orientation at Teotihuacan, A Case Study in Astroarchaeology. *American Antiquity* Vol. 32 (1967), pp. 326–334.

Eddy, John A. Astronomical Alignment of the Big Horn Medicine Wheel. *Science* Vol. 184 (7 June 1974), pp. 1035–1043.

Emiliani, Cesare. A Magnificent Revolution. *Sea Frontiers* Vol. 18 (November-December 1972), pp. 357.

Gifford, John. A Description of the Geology of the Bimini Islands, Bahamas. Unpublished Master's Thesis, University of Miami, Miami, Fla. (June 1973).

The Bimini »Cyclopean« Complex. *International Journal of Nautical Archaeology and Underwater Exploration* Vol. 2 (1973), p. 1.

Glass, Billy P. and Bruce T. Heezen, Tektites and Geomagnetic Reversals. *Science American* Vol. 217 (July 1967), pp. 32–38.

Goodman, Jeffery D. Psychic Archaeology: Methodology and Empirical Evidence. Paper presented at a symposium: Parapsychology and Anthropology 23 November 1974 at the 73rd annual meeting of the American Anthropological Association, Mexico City.

Greenman, E. F. The Upper Paleolithic and the New World. *Current Anthropology* Vol. 4 (1963), pp. 41–91; Vol. 5 (1964), pp. 321–324.

Harrison, W. Atlantis Undiscovered – Bimini, Bahamas. *Nature* Vol. 230 (2 April 1971), pp. 287–288.

Harwood, J. M. and S. R. C. Malin. Present Trends in the Earth's Magnetic Field. *Nature* Vol. 259 (12 February 1976), pp. 469–471.

Hays, J. D., John Imbrie, and N. J. Shackleton. Variations in the Earth's Orbit: Pacemaker of the Ice Ages. *Science* Vol. 194 (10 December 1976), pp. 1121–1132.

Heirtzler, J. R. Project FAMOUS – Man's First Voyages Down to the mid-Atlantic Ridge. *National Geographic* Vol. 147 (May 1975), pp. 586–603.

Hoffer, William. A Magic Ratio Recurs Throughout Nature. *Smithsonian* Vol. 6 (December 1975), pp. 111–124.

Hsü, Kenneth J. When the Mediterranean Dried Up. *Scientific American* Vol. 227 (December 1972), pp. 26–36.

Kolbe, R. W. Fresh-Water Diatoms from Atlantic Deep-Sea Sediments. *Science* Vol. 126 (22 November 1957), pp. 1053–1056.

Kornicker, L. S. Bahamian Limestone Crusts. *Transactions Gulf Coast Association of Geological Societies* Vol. 8 (1958), pp. 167–180.

Lear, John. The Volcano that Shaped the Western World. *Saturday Review* (6 November 1966), pp. 57–66.

Were Comets the Midwives at the Birth of Man? *Saturday Review* (6 November 1966), pp. 57–66.

Malaise, Rene. Ocean Bottom Investigations and Their Bearings on Geology. *Geologiska Foreningens I* Stockholm Forhandlinger (March, April 1957), pp. 195–224.

MacNeish, R. S. Early Man in the New World. *American Scientist* 64 (1976), pp. 316–327.

McLean, R. F. Origin and Development of Ridge-Furrow Systems in Beachrock on Barbados, West Indies. *Marine Geology* Vol. 5 (1967), pp. 181–193.

Marsh, Jacquelyne. The *Mary Rose*: A Relic of History. *Sea Frontiers* Vol. 18 (November–December 1972), pp. 322–328.

Milliman, John D. and K. O. Emery. Sea Levels During the Past 35000 Years. *Science* Vol. 162 (6 December 1968), pp. 1121–1123.

Morner, Nils-Axel and Johan P. Lanser. Gothenburg Magnetic »Flip«. *Nature* Vol. 251 (4 October 1974), pp. 408–409.

Newell, Norman D., et al. Organism Communities and Bottom Facies: Great Bahama Bank. Bulletin *American Museum of Natural History* Vol. 117 (1959), pp. 177–288.

Rebikoff, Dimitri. Precision Underwater Photomosaic Techniques for Archeological Mapping; Interim Experiment on the Bimini »Cyclopean« Complex. *International Journal of Nautical Archaeology and Underwater Exploration* Vol. 1 (1972), pp. 184–186.

Richards, Douglas, G. Poseidia 76: A Progress Report. ARE *Journal* Vol. 12 (May 1977), pp. 95–104.

Simpson, J. F. Evolutionary Pulsations and Geomagnetic Polarity. *Geological Society of America Bulletin* Vol. 77 (February 1966), pp. 197–204.

Stoddart, D. R. Three Caribbean Atolls; Turneff Islands, Lighthouse Reef and Glover's Reef. British Honduras. *Atoll Research Bulletin* Vol. 87 (1962), pp. 1–151.

Sykes, Egerton. The Bermuda Mystery. *Atlantis* Vol. 28 (June 1975), the entire issue.

Valentine, J. Manson. Archaeological Enigmas of Florida and the Western Bahamas. *Muse News* (Miami Museum of Science) Vol. 1 (June 1969), pp. 26–29, 41-47.

Culture Pattern Seen. *Muse News* Vol. 4 (April 1973), pp. 314–315, 331–334.

Danksagung

Forschungen auf Bimini, auf denen das vorliegende Werk aufbaut, wären ohne die großzügige Mitarbeit vieler Personen nicht möglich gewesen. Natürlich kann nicht allen namentlich gedankt werden. Ich möchte mich bei allen, die hier nicht erwähnt sind, besonders herzlich bedanken, vor allem bei den Expeditionsmitgliedern. Besonders verpflichtet fühle ich mich folgenden Personen: Larry E. Arnold, Frank Aumann, William Beidler, Ph. D.; Dr. William Bell, Neville und Harcourt Brown, Edgar Evans Cayce, Gail Cayce, Hugh Lynn Cayce, C. W. Conn jur., John De Garmo, Rick Frehsee, Karen Getsla, Dick und Buffy Hart, Carol Huffstickler, Linda E. Larson, Roy Lemon, Ph. D.; Joseph Libbey, Jerry Long, Raymond McAllister, Ph. D.; John Parks, Douglas G. Richards, John O. Sherman jr., Capt. USN i. R.; Jon Douglas Singer, Frank O. Spampinato, John Jacob Steele, Kiiri Tamm, Peter Tompkins, William Trigg, J. Manson Valentine, Ph.D.; Debbie und Ben VanDerSwan, Marcel Vogel, Ph.D.; John Whitford, Richard Wingate, David Paul Zink und Laurie Wilson Zink.

Mein Dank gilt ebenso Senator Doris L. Johnson, Ed.D., Präsident des Senats der Bahamas und Direktor des Bahamas Antiquities Institute; der Edgar Cayce Foundation wie auch Dale und Barbara Boden, deren Gastfreundschaft diese Niederschrift erleichterte, Ray Jones vom Aqua Lung Tauch-Center und Gamma Industries. Dank auch Claire Gerus, meiner Lektorin, ohne deren Geduld, Einfühlungsvermögen und viele Stunden schöpferischer Arbeit dieses Buch nicht seine jetzige Form gefunden hätte, und Allan Stormont, meinem Verleger, dessen Weitblick dieses Manuskript zu verdanken ist. Aufrichtige Wertschätzung meiner langjährigen Freundin und Beraterin Anne.

Ungeachtet der Hilfe, die mir auf verschiedenen wissenschaftlichen Gebieten zuteil wurde, übernehme ich die volle Verantwortung für alle Aussagen und Interpretationen, falls sie sich aufgrund weiterer Nachforschungen als falsch erweisen sollten.

Register

Bildnachweis

Zeitsprung

In aller Welt passieren täglich
die merkwürdigsten Dinge —
Atomraketen verschwinden
am Himmel und tauchen Tage
später an derselben Stelle
wieder auf, englische Ladies
werden auf ihrer Urlaubsreise
in das Schicksal der Königin
Marie-Antoinette 100 Jahre
zuvor verwickelt, eine Polizei-
streife findet sich innerhalb von
Sekundenbruchteilen in einer
weit entfernten Stadt wieder,
ein biederer Bürger verwirklicht seinen nächtlichen Traum
und mordet usw. — und diese
Dinge passieren nicht nur, sie
werden auch beobachtet und
aufgezeichnet.

223 Seiten

Das UFO-Phänomen

Der neue Buttlar.
Der sensationelle UFO-Report
nach authentischen Quellen
und Geheimdokumenten.
Gibt es reale Beweise für
unheimliche Begegnungen der
ersten, zweiten und dritten Art?
Der Wissenschaftspublizist und
Bestsellerautor Johannes von
Buttlar hat erstmals geheime
Protokolle und Aussagen von
Militärs, Piloten, Astronauten
und Wissenschaftlern aus-
gewertet. Er kommt zu dem
brisanten Fazit: UFOs gibt es.

260 Seiten

C. Bertelsmann

Das Leben nach dem Leben

Es gibt viele Bücher über Psi, doch bisher sind alle von Wissenschaftlern geschrieben, die parapsychologische Erscheinungen mit naturwissenschaftlichen Mitteln zu erklären suchen — nach Dethlefsen ein Irrweg. Hier stellt der Verlag zum ersten Mal ein Buch zur Diskussion, dessen Autor selbst an die Richtigkeit esoterischer Lehren glaubt und ihren Sinn überzeugend zu interpretieren weiß.

271 Seiten

Das Erlebnis der Wiedergeburt

Der Hypnotiseur Thorwald Dethlefsen, Leiter des Instituts für Außerordentliche Psychologie in München, macht uns in diesem Buch mit zwei grundlegenden sensationellen Entdeckungen auf dem Gebiet der Psychologie vertraut: Jeder kann im hypnotischen Zustand seine früheren Leben erfahren, auch derjenige, der bisher nicht an eine Reinkarnation geglaubt hat.
Das Erlebnis der Wiedergeburt verhilft psychisch kranken Menschen zur Heilung.

286 Seiten

C. Bertelsmann